개혁교회와 현대 개혁신학

개혁교회와 현대 개혁신학

초판 1쇄 발행 2024년 11월 15일

지 은 이 이승갑
펴 낸 이 민대홍
교정교열 양천섭
펴 낸 곳 서로북스
출판등록 2014.4.30 제2014-141호
주　　소 경기도 파주시 회동길 480 A-407호
전자우편 minkangsan@naver.com
팩　　스 0504-137-6584

I S B N 979-11-87254-59-1 (93230)

ⓒ 이승갑, 2024, printed in Paju, Korea

이 책은 저작권법에 따라 보호받는 저작물이므로 무단 전제와 복제를 금합니다. 내용의 전부 또는 일부를 재사용하려면 반드시 저작권자와 서로북스 양측의 동의를 받아야 합니다. 책값은 뒤표지에 있습니다.

Reformed Churches & Contemporary Reformed Theologies

개혁교회와 현대 개혁신학

이승갑 지음

프롤로그

"개혁교회와 현대 개혁신학"

현대신학이 아니라 개혁신학을 배우러 왔다?

장신대 윤철호 교수(조직신학, 명예교수)는 오래 전 자신의 책『현대신학과 현대 개혁신학』(장로회신학대학교출판부, 2003) 〈머리말〉(3-6쪽)을 시작하면서 자신이 겪은 이야기 하나를 소개한 적이 있다. 내용인 즉, 언젠가 한 학생으로부터 "자신은 개혁신학을 배우러 왔지 현대신학을 배우러 온 것은 아니다"라는 말(불평?)을 들은 적이 있다고 한다. 개혁교회 전통에 속한 장로교단을 대표하는 신학대학에서 다른 것도 아닌 개혁신학을 공부하고 싶다는 말을 학생으로부터 들었을 때 교수로서 느꼈을 적지 않은 난감함에 필자 역시 공감이 간다. 그 학생이 말한 것은, 자신은 장로교 배경을 가진 학생으로서 슐라이어마허, 바르트, 몰트만 등 현대신학자들이 아니라 개혁교회 전통의 초석을 놓은 신학자, 이를테면 개혁신학이라 하면 떠오르는 이름인 종교개혁가 칼뱅의 신학을 배우고 싶다는 의미였을 것이다. 윤철호 교수는 현대신학을 가르치는 교수로서 느낀 아쉬움을 이렇게 표현했다. 자신이 볼 때, 학생들은 "개혁신학과 현대신학이 서로 다르거나 심지어는 상충되는 신학이라고 생각하는 경향이 있고,

이는 지나치게 단순화된 이분법적 오해라고 볼 수 있다"는 것이다.

이러한 문제를 고려할 때, 우리는 "What is 'Reformed'?", 즉 "개혁교회 전통이란 무엇인가?"라는 질문 앞에 서게 된다. 먼저 개혁교회(改革教會, Reformed Churches) 전통, 다시 말해 개혁신학의 기원과 정체성을 논의하고 이해한 후에야, "오늘의 개혁교회는 어떤 모습이어야 하며, 개혁교회 전통을 계승해야 할 우리는 어떤 신학을 추구해야 하는가?"라는 질문 앞에 보다 적합하게 설 수 있을 것이다.

개혁교회의 기원

소위 "Reformed", 즉 개혁교회 전통의 정체성을 말하기 위해서는 먼저 그 기원(起源)에 주목하는 것이 순서일 것이다. 사전 〈브리태니커〉(온라인)에서는 "개혁교회"를 다음과 같이 정의하고 있다.

> 개혁교회는 16세기 종교개혁 때 생긴 고전적 개신교를 대표하는 몇몇 교파들의 총칭으로, 종교개혁시대에 로마 가톨릭교회로부터 분리된 개신교 교파의 하나이고, 신학적으로는 칼뱅주의(Calvinism)를 표방한다. 본래 모든 종교개혁 교회들은 "개혁되지 않은" 또는 "변화되지 않은" 로마 가톨릭교회와 자신들을 구별하기 위해 "개혁교회" 또는 "복음교회"라는 이름을 썼다. 이 개혁교회들 간에 성만찬을 둘러싼 대 논쟁이 있은 후(1529년 이후), 루터 추종자들은 루터파라는 특수한 명칭을 사용했고, 따라서 개혁교회라는 이름은 칼뱅주의를 신봉하는 교회를 뜻하게 되었다. 얼마 동안 그것은 영국 국교회를 뜻하기도 했다. 그러다가 영국을 배경으로 하는 칼뱅주의 교회들은 대부분의 개혁교회가 교회 정치형태를 가리키는 데 쓰는

"장로교회"라는 말을 채택하였다. 그러므로 오늘날 개혁교회의 기원은 본래의 이름을 보존하고 있는 유럽 대륙의 칼뱅주의 교회이다.

요약하자면, 개혁 전통은 16세기 종교개혁시대에 로마 가톨릭교회로부터 분리된 여러 종교개혁 전통들 가운데 하나, 즉 개신교 교파의 하나로, 신학적으로는 종교개혁가 칼뱅의 이름을 딴 칼뱅주의(Calvinism)를 표방한다. 16세기 종교개혁 시대에 발생한 5가지 개혁의 흐름들, 즉 독일에서 루터가 일으킨 종교개혁(Lutheran), 스위스에서 츠빙글리, 외콜람파디우스, 칼뱅 등이 일으킨 종교개혁(Reformed), 스위스의 취리히에서 일어난 재세례파 운동(Anabaptists)과 독일의 토마스 뮌처 등이 일으킨 좌경화 종교개혁을 포함하는 급진주의(Radicals), 영국의 성공회(Anglican), 그리고 마지막으로는 로마 가톨릭교회의 반(反)종교개혁(The Counter-Reformation)을 나열할 때, 이들 가운데 스위스에서 일어난 츠빙글리파와 칼뱅파를 한데 묶어 "개혁교회"(the Reformed Churches)라고 부르는 것이다.[1]

한편, 종교개혁의 다른 흐름들과 비교할 때 개혁교회가 보여준 특징은 성격상 그 발생과 확산이 말 그대로 "국제주의적"이었다는데 있다. 즉, 개혁교회 전통 안에 있는 교회는 16세기 초와 중반에 스위스의 일부 자유 도시들과 주(州)들, 독일, 헝가리, 보헤미아, 그리고 프랑스 남부 등에서 일어난 개혁으로부터 생겨난 교회들을 모두 가리킨다. 특히 스위스에서 기원한 개혁주의 신학과 교회문화는 프랑

---

[1] 롤란드 베인턴, 『세계교회사』 (크리스챤다이제스트, 2008), 328.

스, 네덜란드, 독일, 폴란드, 스코틀랜드, 영국 등 유럽의 여러 나라들로 확산되었고, 이 가운데 영국의 청교도적 장로교회가 1620년대에 미국으로 건너갔으며, 19세기에 한국으로 들어왔다.

다음으로 개혁교회 전통의 기원을 논의할 때 반드시 다루어야 할 주제는 개혁교회 전통과 제네바의 개혁가 칼뱅(John Calvin, 1509-1564)의 관계이다.

개혁교회 전통과 칼뱅의 관계

칼뱅은 개혁교회 전통, 특히 그 신학 전통의 토대를 놓은 신학자로서 그것을 대표하는 인물이다. 개혁교회를 말하고자 할 때 가장 먼저 칼뱅을 언급하는 것이 당연할 정도이다. 그러나 존슨(Robert Johnson)이 그의 글 「개혁신학은 무엇인가?」("What is Reformed Theology?")[2]에서 지적한 바와 같이, 간과해서는 안 되는 점은 개혁교회 전통이 칼뱅에게 국한되는 것은 결코 아니라는 사실이다. 또한 칼뱅이 개혁 전통을 시작했다고 생각해서도 안 되고, 칼뱅주의적 관점들이 개혁교회 전통의 사고 전체를 구성한다고 생각하는 것도 적절하지 않다.

앞서 언급한 바와 같이, 스위스는 개혁교회 전통의 발상지이자 요람이었다. 흔히 개혁신학을 "칼뱅주의"라고만 부르는 경향이 있으

---

2 Robert Johnson, "What is Reformed Theology?," in *Christian Reformed Ink Archives*, https://christianreformedink.wordpress.com/reformed-theology-2/an-overview-of-reformed-theology/what-is-reformed-theology/.

나, 이는 역사적 사실을 지나치게 단순화하는 것이다. 1536년 칼뱅이 스위스 제네바에 도착했을 때(그가 개혁에 참가한 것은 바로 직전이었다), 이미 그곳에서는 파렐(Guiliaume Farel, 1489-1565)의 주도로 개혁이 진행 중이었다. 더욱이 스위스의 동쪽 취리히(Zurich)에서는 츠빙글리(Huldrych Zwingli, 1484-1531)가 칼뱅보다 훨씬 이전인 1519년에 이미 개혁을 시작하였다. "교회는 성경에 대한 연구와 설교에 의해 정화되고 개혁되어야 한다"는 취지로 시작된 취리히 종교개혁은 "원전으로 돌아가라"(ad fontes), 즉 성경에 나오는 신앙의 원천으로 돌아가자는 인문주의적 양식을 따른 것이었다. 츠빙글리 사후에는 불링거(Heinrich Bullinger, 1504-1575)가 그의 개혁정신을 계승, 발전시켰다. 한편 1538년 제네바에서 추방된 칼뱅이 머물렀던 스트라스부르크(Strasbourg)에서는 이미 1523년부터 부처(Martin Bucer)가 개혁운동을 이끌고 있었으며, 칼뱅은 이곳에서 부처로부터 상당한 신학적 영향을 받았다. 이처럼 개혁신학은 여러 개혁가들의 상호작용과 영향 관계 속에서 형성된 전통이며, 이후 제네바가 개혁교회의 중심지가 된 것은 이러한 다양한 성격의 개혁전통이 칼뱅을 통해 종합되고 체계화된 결과로 보아야 할 것이다.

개혁신학의 기원을 칼뱅 한 사람에게만 귀속시켜서는 안 된다는 설명과 관련하여 존슨(Johnson)은 위의 같은 글에서 다음과 같이 적절하게 서술하고 있다.

베른, 콘스탄츠, 뮐하우젠, 프랑스, 독일, 폴란드, 보헤미아, 영국,

또는 이탈리아 등에서 삶과 사상으로 전개된 개혁 전통이 제각기 따로 존재하였다. 게다가 칼뱅은 유일한 개혁신학자가 아니다. 츠빙글리 (칼뱅이 개혁에 참여하기 4년 전에 사망했다), 불링거, 카피토(Wolfgang Capito), 우르시누스(Zacharias Ursinus), 외콜람파디우스(Johannes Oecolampadius), 카스파르 헤디오(Caspar Hedio), 부처(Martin Bucer), 버미글리(Peter Martyr Vermigli) 등이 신학적 글들과 예전들을 남겼으며, 그밖에 언급할 이름들도 헤아릴 수 없이 많다. 흔히 칼뱅은 개혁신학의 대표자로 불리운다. 그러나 개혁신학은 결코 그 한 사람에게 국한되어서는 안 된다. 개혁신학의 기원을 말함에 있어 칼뱅을 유일한 기원으로 추적하기 보다는 오히려 많은 자원들이 흘러들어 갔고, 많은 줄기들이 유래하여 나온 하나의 강으로 생각하는 것이 더 좋을 것이다(Rather than tracing Reformed theology to Calvin as the sole source, Reformed theology is better imagined as a river into which many sources flow and from which many streams originate).

이제 "Reformed", 즉 개혁교회와 개혁신학의 정체성에 대해 말해 볼 차례다.

개혁교회와 개혁신학의 정체성

일반적으로 16세기에 로마 가톨릭교회에 대항해 일어난 모든 교회들을 "Protestant"(개신교)라고 부른다. 하지만 위에서 말한 대로 "Reformed"(개혁교회)라는 용어는 서방 교회의 종교개혁으로 비롯된 특정 분파를 지칭하며, 이는 개혁교회만의 고유한 신학적, 역사적 정체성을 내포하고 있음을 말한다. 따라서 개혁교회와 개혁신학의 정체성에 대한 정의가 뒤따를 수 있다. 예를 들어 앞서 언급한 존슨의 글에 따르면, 개혁교회 전통에 속하는 교회들은 고(高)교회론(high ecclesiology)[3]을 가지고 있지만 성서나 초대 교회로 추적 가능하지 않은 교회전통에는 전혀 관심이 없는, 즉 특징적으로 루터교회가 아니면서(non-Lutheran), 동시에 어거스틴의 성례전 신학(Augustinian sacramental theology)[4]으로 특징지어지는 전통 안에 있는 교회들을 가리킨다. 다시 말하면, 개혁교회의 정체성은 고(高)교회론을 가지되 그 전통이 반드시 성서나 초대 교회로 추적 가능해야 하며, 그럼에도 동시에 루터교회와는 구별된다. 한편, 개혁신학들에서 나타나는 공통된 특징들과 관련해서는 특히 리스(John H. Leith)의 책(*Introduction to the Reformed Tradition*, John Knox Press, 1978)을 참고할 수 있다.[5] 본 서론에서는 편의상 앞서 언급한 존슨의 글에서 발췌한 내용으로 대신하고자 한다. 존슨은 대부분의

---

[3] 고(高)교회론(High Church Ecclesiology)은 서방교회의 전통으로 교회역사와 전통을 중시하면서 전례(典禮), 특히 성만찬을 강조한다. 일반적으로 교회정치구조는 감독제이다. 특히 성례전 참여를 통한 교회 안에서의 구성원 자격을 구원과 연결시키며, 따라서 유아 세례를 고수한다. 반대로 저(低)교회론은 일반적으로 역사와 전통에 대해 회의적이며 성서를 교회의 궁극적 권위로 강조한다. 따라서 설교는 성만찬이나 예전보다 더 중심적 위치에 있게 된다. 교회정치구조는 지역 회중이나 회중들이 임명한 소수의 장로들에 의해 이끌려지는 회중교회를 지향한다. 주관적 동의와 그리스도에 대한 신앙고백으로서 구원을 강조하며, 따라서 신자세례를 고수한다.

[4] 어거스틴은 성례전의 정의와 관련된 일반적인 원리들을 제시하면서 통해 성례전적 표지들(signs)에 대한 신학을 발전시켰는데, 그에 따르면, 성례는 표지이며 "표지"가 신적인 것들에 적용될 때 성례라 불리며, 모든 종교는 사람들을 연합시키기 위해 가시적 표지들을 필요로 한다.

[5] 존 H. 리스 지음, 황승룡·이용원 옮김, 『개혁교회와 신학』(한국장로교출판사, 1989), 64-118. 참고. 3장, 개혁 전통의 근본 정신; 4장, 신학과 개혁 전통.

개혁신학들에서 공통된 요소들을 일반화시키려는 목적으로 다음과 같이 요약하였다.

첫째, 개혁신학은 새로운 계시나 신학적 사고를 나타내는 새로운 이름이 아니라, 교회가 역사를 통해 올바르게 지켜온 신앙의 결과물이다. 그러므로 개혁신학의 교리와 다른 전통들의 교리 사이의 유사점들은 환영받아야 하고 하나님의 집 안에서 "가족적 일치"로 축하받아야 한다.

둘째, 개혁신학들은 하나님의 주권(God's sovereignty) 관념을 그 어떤 것보다도 중요하게 생각한다. 그러므로 개혁신학자들은 하나님의 만물 창조의 함의들을 시간과 공간 안에서 찾는다.

셋째, 전통적으로 개혁신학들은 그들의 확신들을 신/구약 성서 안에 있는 하나님의 말씀에 기초를 둔다. 대부분 개혁신학자들이 계속해서 말하는 것은, 하나님의 말씀은 무엇보다 먼저 예수 그리스도이며, 신학은 언제나 그에 대한 우선적인 충성을 발견해야 한다는 것이다.

넷째, 개혁신학은 예수 그리스도가 사랑, 은총, 자비, 그리고 정의라는 의미에서 세상을 향한 하나님의 증거라고 확언한다. 개혁신학은 예수 그리스도 안에서 주어지는 하나님의 구원이 인간의 공로와 관계없이 항상 베풀어진다는 것을 일관되게 확증해 왔다.

다섯째, 개혁신학들은 두 개의 성사(즉, 세례와 성만찬)를 지지해 왔으며, 그 두 가지가 함께 성사의 요소들의 본질에 있어서 실제적 변화가 아니라 다만 영적 실재 안에서 상호적 영향들을 가진다고 주장한다.

여섯째, 개혁신학들은 하나님의 지속하시는 섭리가 만물을 가득 채

우고 있다고 믿으며, 모든 피조물을 위한 하나님의 준비에 대한 적절한 응답은 열렬한 감사이며 그러한 감사가 신앙적 생각과 말, 그리고 행동으로 나타나야 한다는 것을 그리스도인들을 향해 항상 말해 왔다. 그러므로 개혁교회 공동체들은 그들이 살고 있는 시민사회들을 형성하고 향상시키는 일에 항상 참여해 왔다.

일곱째, 개혁신학들은 평신도의 목회적 잠재력과 관련하여 매우 진지하게 접근한다. 전부는 아니지만 많은 개혁교회 진영이 장로와 집사로서 교회의 목회에 참여할 수 있도록 특정한 평신도 구성원들에게 안수를 하는 특별한 전통을 가지고 있다. 물론 그 경우에 안수받은 구성원들이 성직자가 되는 것은 아니다.

다음으로 개혁교회 전통의 계승을 말하기 위해서는, 역사신학적 관점에서 "Reformed"의 의미가 본래 어떻게 사용되었고, 나아가 "개혁신학"(Reformed Theology)이란 용어가 지금은 어떻게 사용되고 있는가? 라는 질문도 가능하고, 또한 필요하다.

"Reformed"의 의미와 오늘의 개혁신학

"Reformed", 즉 "개혁된"이란 무엇을 의미하나?

먼저 종교개혁 당시로 돌아가 보자. 즉 종교개혁자들에게 적용되었을 때, "Reformed"는 크게 두 가지 의미를 가진다고 할 수 있다. 첫째로, "개혁된"이란 말은 종교개혁 당시 개혁자들이 당시 부패한 로마 가톨릭교회의 "결점이 있는 관행"(defective practice)이라고 간주했던 것들로부터 "개혁되었다"는 의미다. 다음으로 종교개혁자들에게 "개혁된"이란 말은, 다름 아닌 '전통'이 신앙문제들에 대해 충분한 형태를 제공할 수 있다는 생각을 개혁자들이 거부했다는 것을 의미한다. 말하자면, "개혁된 교회는 항상 개혁되어야 한다."(Ecclesia reformata semper reformanda)는 말의 의미는 자칫 오해의 소지가 있을 수 있다. 적어도 16세기의 상황에서, 그리고 종교개혁자들 사이에서 이 말이 의미하는 바는, 단지 교회가 시간이 흐르면서 항상 새로운 어떤 모습으로 변화되어 가야 한다는 말은 아닐 것이다. 스스로를 혁신한다는 말이 아니라, 오히려 "본질로 돌아가자"(Ad Fontes) 말하자면 "근원으로 다시 돌이킨다"는 의미였다. 좀 더 구체적으로 말하면, 최초의 복음내용, 즉 예수 그리스도가 시작했고, 최초의 사도들과 초기 교회가 살았던 교회와 믿음 형식으로 돌아가는 것을 가리켰다. "오직 하나님의 말씀으로(Sola Scriptura!) 돌아가자!" 종교개혁자들은 주장하기를, "하나님의 말씀"은 신앙문제에 있어서 유일하고 궁극적인 호소의 원천(source)이며, 따라서 교회의 전통을 포함한 모든 다른 지식의 원천들(sources)은 이 중심적인 원천에 호소하여야 한다는 것이었다.

한편, 오늘날 "개혁신학"이란 말은 대략 3가지 의미로 사용되고 있다고 말할 수 있다.

그 첫째는 가장 포괄적인 용례이다. 즉, 역사신학적 의미에서, "종교개혁적 신학 전체"를 포괄하는 의미로 사용하는 것이다. 그렇게 되면 16세기에 일어난 종교개혁적 전통을 유지하는 사실상의 '모든' 신학이 이에 포함될 것이다. 분명하게는 로마 가톨릭교회의 신학(Roman Catholic theology)과 동방 정교회의 신학(Greek Orthodox theology, 1054년 동/서교회 분리)과 대조되는 것으로, 개혁파 신학, 루터파 신학, 성공회의 저(低)교회파 신학, 심지어는 재세례파의 과격한 종교개혁의 신학까지 이에 포함될 것이다.

다음으로 둘째 용례는, 종교개혁적 신학들 가운데서 루터파나 과격한 종교개혁파 신학과 대조되는 것으로, 즉 대략 츠빙글리와 칼뱅으로부터 비롯된 신학적 전통을 유지하거나 그 전통으로부터 나온 신학 모두를 포괄하는 의미로 사용하는 경우이다. 이것은 그 전통을 따져 볼 때(즉, 어떤 신학이 과연 어떤 전통에서 나온 것인가를 생각할 때) 개혁신학이라는 말이 사용되어야 하는 용례라고 할 수 있다. 예를 들어 칼 바르트나 에밀 브루너의 신학은 이렇게 전통을 따질 때에 가톨릭 신학도, 루터파 신학도 아니고 개혁파 신학의 전통에 서 있다고 할 수 있다. 몰트만의 신학도 전통적 개혁파의 입장에 가깝게 서 있다고 할 수 있다. 이렇게 보면, 톰 토랜스의 신학, 오토 웨버의 신학 등도 개혁신학이 될 수 있다. 또한 이종성, 이형기, 김명용의 신학도 개혁신학 전통 위에 있는 것이다.

여기서 개혁신학과 함께 "칼뱅주의" 용어를 함께 사용하는 것에 관해 언급할 필요가 있다. 개혁파 신학을 칼뱅주의와 동등하게 보는 경향이 있지만, 전적으로 옳은 것은 아니다. 사실상 개혁파 신학의 특징은 칼뱅 이전에 발전하였다. 앞에서 '기원'에 대한 기술에서 언급한 것처럼, 칼뱅 이전부터, 그리고 칼뱅이 살아있을 때 여러 신학자들이 개혁파 전통수립에 기여하였다. 그들은 스스로 자신들을 개혁파라고 불렀다. 또한 본래 "칼뱅주의" 용어는 루터교회와 대립하여 쓰인 것으로, 좀 더 정확하게 말하면, 루터파와 가톨릭에서 이단이라고 규정하기 위해 사용한 말이다. 칼뱅이란 말에서 나온 명칭이지만, 칼뱅주의는 엄밀하게 보아 칼뱅의 기독교강요 신학과도 차이가 있다.

개혁신학의 셋째 용례는 그 전통의 교리적 정체성에 강하게 입각해 있다. 이는 전통적 개혁파의 전통에 서 있으면서 동시에 그 전통적 특성들, 특히 성경을 정확무오한 하나님의 말씀으로 보는 점, 제한 속죄를 받아들이는 점, 구원 사역에서의 하나님의 "독력주의"(monergism)를 받아들이는 점 등을 절대 포기하지 않고 그 특성을 계속 유지하려는 신학만을 개혁신학으로 부르려고 하는 것이다. 여기서 개혁신학의 핵심 특징은 "하나님의 절대 주권을 중심으로, 오직 성경에 근거하여 인간의 전적 타락과 하나님의 은혜로만 얻는 구원을 강조하며, 모든 영역에서 하나님의 영광을 추구하는 신학 체계"로 요약될 것이다. 이와 관련하여 자연스럽게 소위 칼뱅주의 5대강령인 TULIP(전적 타락/Total Depravity, 무조건적 선택/Unconditional Election, 제한 속죄/Limited Atonement, 불가항력적 은혜/Irresistable Grace, 성도의 견인/Perseverance of Saints)을 떠올릴 수 있을 것이다.

그런데 이상 세 가지 용례에 추가하여, 넷째 용례로서 근래에 들어와 예장(통합측) 교단의 역사신학 전공 교수들을 중심으로 개혁교회의 교회적 정체성과 신학적 정체성을 역사적 상황의 전개 속에서 보려고 하는 방식을 제안하였다. 예를 들어 어떤 교회는 오직 16세기 칼뱅신학을 절대화하고 어떤 개혁교회는 17세기 웨스트민스터 신앙고백과 개혁주의 정통교의학을 절대화한다. 또한 어떤 개혁교회는 18~19세기 복음주의 부흥운동을 절대화하며 어떤 개혁교회는 칼 바르트 등 신정통주의를 절대화한다. 그러므로 우리는 각 시대의 개혁교회가 그 당시의 역사적 상황에서 그와 같은 신학을 펼칠 수밖에 없었다고 하는 사실을 중요시하면서 모든 개혁신학을 역사적으로 이해해야 한다는 것이다. 어떤 의미에서 이것이야말로 "개혁된 교회는 항상 개혁되어야 한다."(*Ecclesia reformata semper reformanda*)라는 표현에 담긴 개혁교회 전통의 영성이 가리키는 것이라고 할 수 있겠다.

윤철호 교수의 표현에 따르면, 모든 신학은 그 시대의 특수한 상황 속에서 하나님의 말씀에 대한 신실한 응답어야 한다. 바로 이러한 의미에서 16세기의 개혁신학은 그 당시에 개혁신학이라고 불리었다는 것이다. 따라서 모든 시대의 개혁신학이란 그 '본래의' 16세기 신학을 보존하고 계승하여 당대의 상황에 적용하는데 있다는 생각도 가능하다. 이러한 관점에서 보면, 후대의 모든 개혁신학은 16세기의 개혁신학에 대한 충실한 반복이 되는 셈이다. 윤철호 교수는 개혁신학과 현대신학이 결코 이분법적인 관계에 있지 않다는 점을 다음과 같이 강조한다.[6]

개혁신학이란 과거의 어느 특정한 시기의 신학을 무시간적으로 반

---

6 윤철호, 『현대신학과 현대 개혁신학』(장로회신학대학교출판부, 2023), 4.

복하는 것이 아니라 그 신학적 전통을 계승하되 항상 그 시대의 특수한 상황 속에서 하나님의 말씀에 신실하게 응답하는 가운데 그 전통을 재해석하고 새로운 개혁신학 전통을 창조해 나아가는 신학이어야 한다.

우리가 개혁신학으로부터 계승해야 하는 가장 중요한 유산이 있다면 그것은 어떤 특정한 신학자의 특정한 신학체계나 교리체계라기보다는 바로 자신의 상황 속에서 하나님 앞에서 신실하게 응답하는, 따라서 끊임없이 개혁적인 영성 그 자체일 것이다.

그렇다면 우리는 어떤 입장을 견지해야 할 것인가?

이 질문에 답하기 전에, 글을 시작하면서 소개했던 윤철호 교수에게 질문했던 그 학생의 경우, 왜 그와 같이 이분법적으로 사고하게 되는가? 이에 대해 생각해 볼 필요가 있다. 첫째, 오늘날 현대신학의 패러다임이 매우 다양하고 다원적이며, 그 가운데에는 전해져 내려오는 개혁신학 전통들과 쉽사리 조화되지 않는 신학 전통들이 있는 것이 사실이다. 둘째, 더 근본적인 이유로는 비록 일부이기는 하지만 개혁신학을 16세기 종교개혁 시기의 어느 특정한 신학자의 신학으로 한정하는 협소한 이해를 갖고 있기 때문이다. 윤 교수의 말처럼, 오늘날 한국 장로교회 안에는 철저하게 보수주의적이며 비역사적이고 편향된 성격의 개혁신학 전통을 유지하고자 하는 교회들과 신학자들이 여전히 적지 않다. 따라서 개혁교회의 전통과 그 신학적 특징들에 대한 객관적이고 건설적인 논의와 이해의 시도들이 요구된다. 특히 개혁신학에 관심 있는 독자들에게는 개혁신학 전통의 대표적 신학자들의 신학적 성격을 이해하는 것뿐만 아니라, 역사를 관통하는 개혁신학의 주요 특징을 개괄적으로 정리하는 것이 중요하다.

그렇다면 우리는 어떤 입장을 견지해야 할 것인가?

필자의 생각은, 앞서 언급한 용례들을 지나치게 경직된 선택의 문제로 보기 보다 각 용례의 선택을 존중하고, 또는 각자의 전통에서 선택의 문제가 될 수는 있겠으나 그 가운데 적어도 넷째 용례를 필수로 보자는 것이다.

즉, 각각의 신학은 당대의 고유한 상황 속에서 하나님 앞에서 고유한 신앙적, 신학적, 실천적 응답을 해야 한다.

슐라이어마허, 바르트, 몰트만 등 신학자들은 모두 자신의 시대(contemporary)에 성실하게 응답하면서 개혁신학의 전통을 재해석하고 새로운 전통을 수립하는 데 공헌을 했다. 물론 이들의 신학은 시대적 제약과 개인적 한계 안에서 형성된 것들이기 때문에 후대의 관점에서 비판될 수 있다. 다양성을 가진다는 것은 각자가 나름의 한계를 가지고 있음을 의미하기 때문이다. 어떤 의미에서 모든 신학자는 자신의 시대의 개혁신학자라고 할 수 있다. 이러한 의미에서 우리는 다음과 같이 말해야 한다. 개혁신학과 현대신학은 이분법적인 관계에 있는 것이 아니다. 과거의 개혁신학이 있었던 것처럼, 현대의 개혁신학이 있으며, 또한 미래의 개혁신학이 있을 것이다.

본 저술의 목적과 구성

본 저술은 개혁교회 신학전통의 계승이라는 맥락에서 특징적인 개혁신학의 주요 주제들을 보다 심층적으로 살펴보려는 목적을 가지고 각각의 시대를 대표하는 신학자 혹은 신학 주제를 선별하여 그 사상적 배경과 중심 사상의 의미를 오늘의 한국 장로교회의 목회와 신학 현장에 비추어 토론하는 방법을 취하였다. 따라서 필자는 개혁교회의 기초자들인 츠빙글리와 칼뱅 등으로부터 시작되었고 대략 칼뱅, 슐라이어마허, 바르트, 몰트만 등을 각 시기의 대표자들로 하여 이어진 개혁교회의 신학(전통)을 살펴봄에 있어 특히 개혁신학(의 주요 주제들)에 대한 비평적이고 건설적 대화(논의)를 통해 개혁교회 신학전통의 특징들을 개략적으로 다룰 뿐만 아니라 필자 자신의 개혁신학의 특징 및 관점을 피력하고자 하였다. 독자들, 특히 한국장로교회의 범주 안에 있는 신학도들과 목회자들은 오늘의 교회들이 여전히 직면해 있는 신학적, 목회적 논쟁의 주요 문제들을 개혁교회 전통의 주요 신학자들과의 비평적, 건설적 대화를 통해 숙고해 봄으로써 먼저는 개혁신학의 주요 특징들을 이해하고 나아가 종교개혁 사상에 기초한 개혁주의 혹은 복음주의 신학의 노선 위에서 계승해 나가야 할 개혁교회 신학의 특징과 방향을 모색해 보도록 도전받게 될 것이다.

본 저술에는 개혁교회의 신학전통에 있어 각 시기를 대표하는 신학자들을 선택, 특히 시대들을 관통해 중요하게 취급되어야 할 주제들을 중심으로 비평적, 건설적, 그리고 특히 현대(신학)적으로 조명한 글들이 포함되었다. 그리고 각각의 주제 연구를 통해 도출된 함의들을 적용함을 통해 한국 장로교회의 현장과 신학논의들에 던져지는 도전들과 중요성들을 평가하였다. 이 책에 피력된 필자의 견해들은 개혁교회 신학전통에 대한 하나의 해석이며, 우리 시대에 요구되는 현대개혁신학에 대한 논의에 작은 기여가 되길 소망해 본다.

본 저술에 포함된 글들을 소개함에 있어, 각각의 내용을 개략하면 다음과 같다.

먼저 첫째 글은 종교개혁 당시 후브마이어와 츠빙글리를 중심으로 재세례파와 시(市)개혁가들 사이의 세례 논쟁에 주목하고, 이것이 개혁신학 전통의 발전에 미친 의의를 숙고한다.

둘째 글은 개혁신학 전통의 주요 기초자 중 한 사람인 칼뱅의 신학에서 나타나는 윤리적 성격을 논한다.

셋째 글은 자유주의 신학의 아버지로 불리는 슐라이어마허의 신학, 특히 그의 삼위일체론에서 확인되는 인간학적 삼위일체론을 추적한다.

넷째 글은 칼뱅과 바르트의 비교를 통해 성경의 권위에 대한 그들의 "자유주의적" 접근을 논한다.

다섯째 글은 20세기 개혁신학을 대표하는 칼 바르트의 신학을 특히 "신학의 중심"이란 주제로 접근한다.

여섯째 글은 20세기를 대표하는 조직신학자 틸리히의 신학과 그의 신학이 지닌 생태학적 함의를 탐구한다.

끝으로 일곱째 글은 20세기 개혁신학의 대표적 신학자 몰트만의 신학을 조명하되, 특히 종말론에 집중된 그의 신학이 가지는 생태윤리적 의의와 문제점을 논한다.

본 저술은 개혁교회 신학 전통에 속한 신학자들을 다루고 있지만, 여섯째 글에서 논의된 신학자 틸리히는 독일 출신의 루터교 신학자이다. 틸리히는 루터교 전통에서 시작했으나, 그의 신학사상은 범기독교적이고 철학적인 성격을 지니고 있다. 따라서 특정 기독교 종파에 한정되지 않고 널리 영향을 미쳤기에 이곳에 포함시키기로 하였다. 이와 관련해서 독자들의 이해와 양해를 동시에 구한다.

또한 본 저술에 실린 일곱 편의 논문 중 둘째와 셋째를 제외한 나머지는 영문으로 발표된 글들을 이번 책을 위해 번역하여 실었다. 사실 이 책을 만들기로 한 주요 동기 가운데는 영어로 된 글들을 우리말로 옮겨보고자 함도 있었다. 하지만 나름대로 힘썼음에도 과정과 결과 모두 아쉬움이 남는다. 번역 과정에서 원문의 의도가 충분하고 명확하게 전달되지 못한 부분들이 있으며, 영어식 표현으로 인한 어색한 문장들도 다수 있다. 이 점에 대해서도 독자들의 너그러운 이해를 구한다. 원문을 확인하고자 하는 분들은 〈각 글의 게재 이력〉(24쪽)을 참조하기 바란다.

차례

프롤로그 4

첫째 글 재세례파와 시(市)개혁가들의 세례 논쟁과 개혁신학의 발전
후브마이어와 츠빙글리를 중심으로 25

  1. 서론: 아나뱁티즘과 개혁주의 신학의 발전 28
  2. 급진파와 시(市)개혁가들의 세례 논쟁 33
  3. 개혁주의 신학 형성과 세례 논쟁의 의의 45
  4. 요약 및 결론 63

둘째 글 칼뱅(Calvin) 신학의 윤리적 차원
에릭슨(E. H. Erikson)의 발달심리학으로 본 칼뱅 신학 71

  1. 서론: 칼뱅 신학의 윤리적 지향 74
  2. 에릭슨의 도덕 발달론 77
  3. 칼뱅의 윤리적 신학 재(再)고찰 82
  4. 결론 및 한국 장로교회를 위한 함의 96

셋째 글 슐라이어마허의 삼위일체론
『신앙론』에 나타난 인간학적 삼위일체 해석 101

  1. 서론: 슐라이어마허의 삼위일체론 이해 104
  2. 사상적 배경 및 슐라이어마허의 신학 107
  3. 슐라이어마허의 삼위일체론에 대한 비판 117
  4. 슐라이어마허의 인간학적 삼위일체 해석 131
  5. 결론 143

넷째 글 성경의 권위에 대한 건설적 이해
칼뱅과 바르트의 *자유주의적*(liberal) 접근 147

1. 연구의 배경과 의의 150
2. 칼뱅과 바르트의 기본 입장 152
3. 성경의 권위에 대한 자유주의적 이해 155
4. 성경의 권위에 대한 긍정적 논의 162
5. 현대 독자들을 위한 함의 170

다섯째 글 바르트 신학의 '중심의 개방성'(Openness of the Center)
신학에서 '중심의 개방성'과 한국 개신교회의 과제 183

1. 서론: 바르트와 한국 교회/신학 186
2. 바르트 신학에서 '중심' 개념 189
3. 신학에서 '중심의 개방성'과 한국 개신교회 199
4. 결론: 교회와 신학의 쇄신을 위한 제언 207

여섯째 글 틸리히와 생태신학
'동일성 원리'(the Principle of Identity)의 생태학적 비전 211

1. 서론: 생태신학자 틸리히 214
2. 생태학적 위기와 신학적 응답 217
3. '동일성 원리' 전통과 신학적 의미 224
4. 틸리히의 자연신학과 생태학적 비전 229
5. 결론: 생태학적 위기 시대의 신학적 과제 238

일곱째 글 몰트만의 생태-정치적 종말론
이 세상의(*this-worldly*) 역사와 희망, 종말(*Eschaton*), 하나님 나라의 통합적 이해 243

1. 서론: 종말론과 윤리 246
2. 생태-정치신학적 종말론 249
3. '영원한 시간' 개념의 비평적 재고찰 264
4. 결론: 인간·역사·자연에 대한 긍정으로서의 종말 274

각 글의 게재 이력

첫째 글은 「Korean Presbyterian Journal of Theology」 Vol. 49 No. 3(September 2017)에 게재("Baptismal Controversy Between Anabaptists and City Reformers in the 16th Century Reformation, and Its Significance in the Development of the Reformed Tradition in Theology: Focused on Zwingli's and Hubmaier's Writings")된 것을 책출판을 위해 번역/수정하였다.

둘째 글은 「기독교사회윤리」 제19집(2010년 6월)에 게재("칼뱅(Calvin) 신학의 윤리적 성격: 에릭슨(E. H. Erikson)의 발달심리학의 신학적 적용")된 것을 책출판을 위해 일부 수정하였다.

셋째 글은 「장신논단」 제28집(2007년 5월)에 게재("슐라이어마허의 인간학적 삼위일체론 - 『신앙론』을 중심으로")된 것을 책출판을 위해 일부 수정하였다.

넷째 글은 「Korean Presbyterian Journal of Theology」 Vol. 9(December 2009)에 게재("Calvin and Barth - Their *Liberal* Approaches to the Authority of the Bible")된 것을 책출판을 위해 번역/수정하였다.

다섯째 글은 「신학과 사회」 제24집 1호(2010년 8월)에 게재("The Openness of the Center in Barth's Theology and Its Challenges for the Presbyterian Churches of Korea")된 것을 책출판을 위해 번역/수정하였다.

여섯째 글은 「Korean Journal of Christian Studies」 Vol. 75(April 2011)에 게재("The Principle of Identity in Paul Tillich's Theology as a Resource for Ecological Theology")된 것을 책출판을 위해 번역/수정하였다.

일곱째 글은 「Korean Presbyterian Journal of Theology」 (May 2008)에 게재("Moltmann's Eschatology as an Eco-political theology: Hope for the Future, *Eschaton*, and the Kingdom of God in relation to this-Worldly History")된 것을 책출판을 위해 번역/수정하였다.

첫째 글

재세례파와 시(市)개혁가들의 세례 논쟁과 개혁신학의 발전:
후브마이어와 츠빙글리를 중심으로

개혁교회와 현대 개혁신학

16세기 종교개혁은 기독교 역사에서 예배와 전례 문화를 근본적으로 변화시킨 가장 혁신적인 시대를 열었다. 이 글의 목적은 16세기 종교개혁 당시 최초의 아나뱁티스트들과 츠빙글리(Ulrich Zwingli) 등 주요 시(市)개혁가들 사이에서 전개된 세례 논쟁의 과정을 추적하고, 이러한 논쟁이 개혁주의 전통(the Reformed Tradition)의 신학 발전에 가지는 의의를 설명하는 데 있다. 특히 본 연구는 단순히 세례 논쟁의 역사적 기술에 그치지 않고, 이 논쟁이 개혁신학의 방법론과 내용 형성에 미친 결정적 영향을 밝힘으로써 개혁신학이 대립적 논쟁 속에서 어떻게 자신의 신학적 정체성을 발전시켜 나갔는지를 규명하고자 했다. 영적, 도덕적, 사회적 갱신 등 모든 측면을 포함하는 급진적 운동이었던 아나뱁티스트 그룹은 근대를 여는 사회·경제적, 정치적 사상의 발전에 기여한 것은 물론이고, 무엇보다 당시 로마 가톨릭교회의 신학 전통에 대립하는 것으로 부상한 개신교 신학, 특히 개혁교회 전통 신학의 발전을 촉진시켰다. 특히 재세례파 지도자들의 급진주의적 목소리는 동시대 시(市)개혁가들로 하여금 자신들의 입장을 변호하는 과정에서 신학적 견해와 해석을 특징적이고 발전적으로 진술하게 했던 것이다.

비록 "종교개혁의 좌파" 또는 "급진주의자들"이라 호칭되지만, 아나뱁티스트들은 자신들 역시 교회의 본질과 실제적 형태를 구현한 것이라고 믿었는데, 다시 말해 그들은 신약성서에 나타난 사도적 형식 위에 근본적으로 참된 교회를 세우고자 했다. 따라서 시(市)개혁가들에게 있어서 세례 문제와 관련하여 재세례파와 가졌던 논쟁과 갈등은 종교개혁의 전례 개혁 과정에서 촉발된 신학적 이슈들을 무엇보다도 성서와 고대교회 신학의 전통에서 바라보게 했으며, 특히 츠빙글리와 불링거 등 개혁신학 전통의 기초자들에게 신학적으로 핵심이 되는 사항들이 무엇인가를 해석해 내는 데 필요한 통찰들을 제공했다. 이 글을 통해 독자들은 16세기 종교개혁 당시 초기 개혁가들이 전례 개혁의 문제로 자기 진영 안에서 충돌했다는 사실과 그 과정에서 명확해진 종교개혁의 원리들에 대한 해석에 있어서 개혁주의 전통의 특징적 측면들이 무엇이었는지를 이해할 수 있을 것이다.

이 글은 먼저 재세례파와 취리히 개혁가들 사이의 세례 논쟁의 전개를 역사적으로 살펴보고, 다음으로 후브마이어와 츠빙글리의 글을 중심으로 세례 논쟁의 신학적 이슈들을 조명한 후, 끝으로 개혁신학의 정체성의 발전에 대해 그들의 세례 논쟁이 갖는 의의를 성서 해석의 방법, 구원론에 있어서 인간 이해, 그리고 교회와 국가의 관계 등 몇 가지 주제로 나눠 숙고함으로써 "오직 성서"(*sola Scriptura*), "오직 은총"(*sola Gratia*), 그리고 "그리스도의 몸/기독교 국가"(*corpus Christianum*) 등 종교개혁의 핵심원리들에 대한 시(市)개혁가들의 특징적 접근들을 해석해 낸다.

1. 서론: 아나뱁티즘과 개혁주의 신학의 발전

　16세기 개신교 종교개혁은 기독교 역사상 가장 의미심장한 예배와 전례 혁명의 시대가 열린 것을 의미했다. 종교개혁 당시 초기 개혁가들이 로마 가톨릭교회를 상대로 제기한 문제들은 주로 교회와 관련된 이슈들에 초점이 맞추어졌고, 그 가운데 논쟁이 특히 극렬했던 쟁점은 성격상 특히 전례(典禮, liturgy)에 관한 것이었다. 주의 만찬(Lord's Supper)이나 유아 세례(Infant Baptism)와 같은 그 시대 전례와 관련된 이슈들에 대한 견해 차이를 조화시키려는 종교개혁가들, 즉 소위 시(市)개혁가들의 시도들에도 불구하고, "참된 교회"(rechte Kirche)를 회복하도록 영감 받은 운동으로서 종교개혁은 가히 표현해 보자면 "교파적 분열들과 기소들의 역사"(a history of denominational cleavages and prosecutions)로 정의될 만한 기독교의 비극적 이야기의 탄생을 피할 수 없었다. 한편 애초에 교회론에 있어서 견해의 차이들이 개신교권의 교파적 분열들에 대한 물리적 원인으로 작용했었기 때문에, 전례에 관한 이슈들에 대해 의견의 일치에 도달하고자 하는 다양한 노력이 현대 에큐메니칼 토론의 테이블에서도 계속되었다. 따라서 16세기 전례 개혁에서 가장 중요하고 논쟁의 여지가 있는 쟁점 중 하나인 세례 논쟁이 지난 세기 후반 에큐메니칼 대화의 주요 주제가 된 것도 어렵지 않게 이해될 수 있다.

　이 글의 목적은 16세기 당시 최초의 아나뱁티스들과 주요 시(市)

개혁가들 사이에서 전개되었던 세례 논쟁을 추적해 보고, 그 논쟁 과정이 이른바 "개혁주의 전통"(the Reformed Traditon)[1]의 신학 발전에서 가지는 중요성을 설명하는 것이다. 따라서 이 글은, 필자가 나름 기대하는 바이기도 하고, 특히 개혁주의 전통을 배경으로 가진 사람들이 여전히 낯설게 생각될 수 있는 재세례파, 즉 아나뱁티스트들을 좀 더 이해할 수 있도록 돕고, 말하자면 일종의 치유의 대화를 통해 서로에게서 배우도록 도전하는 시도로 사용될 수 있을 것이다. 이 글의 구성은 먼저 아나뱁티스트들과 취리히 종교개혁가들 사이의 유아 세례에 관한 초기 논쟁의 역사적 발전을 추적하고,[2] 특히 후브마이어와 츠빙글리의 상충되는 입장을 보여주는 저술들을 사용하여 초기 세례 논쟁의 신학적 문제를 명확히 한 다음, 마지막으로 개혁주의 전통의 신학적 정체성의 발전에서 위의 세례 논쟁이 얼마나 크게 그리고 의미 있게 기여하였는지를 숙고하는 것으로 되어 있다.

기독교 역사에서 특히 주목할 만한 부분이기도 하거니와, 소위 급진주의적 분리 성격을 가진 주요 운동의 하나인 아나뱁티즘은 16세기 서유럽에서 영적, 도덕적, 사회적 갱신 운동이었다. "재세례자들"

---

[1] 여기서 용어 "Reformed"는 칼뱅주의 (또는 개혁주의) 전통을 루터교 및 재세례파 전통으로부터 구별하는 데 사용된다. 개혁주의 전통은 취리히의 최초 개혁가인 츠빙글리(Ulrich Zwingli)와 제네바의 개혁가 칼뱅(John Calvin)의 신학에 뿌리를 두고 있다. 칼뱅의 경우, 그의 성서 주석들만이 아니고, 특히 그의 『기독교강요』 (*Institutes of the Christian Religion*)에서 자신의 개신교 신학을 발전시켰다.

[2] 올드(Hughes Oliphant Old)가 언급했듯이, 우리는 16세기 초 세례 예식의 개혁 운동을 살펴볼 때 특히 세례 예식을 개혁하는 것에 대한 초기 개혁가들의 서로 다른 접근들을 숙고할 필요가 있다. Cf. Hughes O. Old, "Origins of the Reformed Baptismal Rites in the Sixteenth Century," *Reformed Liturgy and Music* 19 (Fall 1985): 197.

을 의미하는 "아나뱁티스트들"(Anabaptists)[3]이란 용어는 유아 세례의 타당성을 완전히 부인한 급진주의자들에게 사용되었고, 그 결과 이들은 종교개혁의 "좌파"(the left wing)[4]라는 이단적 그룹으로 간주되었다. 울리히 츠빙글리(Ulrich Zwingli), 마틴 루터(Martin Luther), 존 칼뱅(John Calvin)과 같은 종교개혁자들은 그들의 업적이 기념비적이었던 만큼 역설적이게도 종교개혁의 과정에서 소외되고 주변화된 사람들의 업적과 중요성을 무색하게 만드는데 기여했다고 할 수 있으니 안타까운 일이 아닐 수 없다. 어떤 방식이든지 역사는 옳고 그름의 판단을 피할 수 없으며, 뿐만 아니라 패자들이 배제된 채 승자들에 의해 기록되는 경향이 있다. 그러하기에 아나뱁티스트들이 그토록 엄중한 혼란 속에서 패자들로 판명되었다는 사실은 그들의 가르침과 사상이 역사속에서 조롱당하지는 않더라도 적어도 무시되어야 한다는 것을 의미했다.[5] 따라서 지난 세기에 이르러서 점점 더 많은 학자들이 아나뱁티스들과 같은 종교개혁의 급진적 그룹들의 시작과 신학적 특성에 그들의 학문적 성찰의 초점을 맞추게 된 것은 놀라운 일이 아니다.

---

[3] 용어 "Anabaptist"는 헬라어 어원 *anabaptismos*(재-세례)의 라틴어 파생물이다. 독일어 단어 *Wiedertäufer*는 "다시 세례를 행하는 사람"이란 의미이다.

[4] 베인턴(Roland H. Bainton)이 이 용어 "종교개혁의 좌파"(the left wing of the Reformation)를 만든 후에 윌리엄스(George H. Williams)가 용어 "급진주의 종교개혁"(Radical Reformation)을 도입했다. 그 의미인 즉, 세속 정부의 지원과 조력 없이 기독교의 "뿌리들"(roots/*radix*)로 돌아가려고 했던 개혁가들을 가리킨다. Cf. Roland H. Bainton, "The Left Wing of the Reformation," *The Journal of Religion* 21/2 (Apr. 1941): 124-134. George H. Williams, *The Radical Reformation* (Philadelphia: Westminster, 1962).

[5] Daniel Liechty, trans. & ed., *Early Anabaptist Spirituality: Selected Writings* (NY: Paulist, 1994), XV.

특히, 세례에 관한 초기 아나뱁티스트들의 가르침들은 다른 영향력 있는 시(市)개혁가들에 의해 부당하게 무시되고 공격을 받았다. 세례에 관한 재세례파의 가르침이 그 시대의 종교 및 정치 지도자들 모두에게 도전을 주었음에도 불구하고, 또는 바로 그 이유 때문에[6] 취리히 종교개혁의 지도자로서 츠빙글리와 그 후계자로서 불링거와 같은 개혁 지도자들, 그리고 재세례주의에 대한 신앙고백적 응답들을 위해 논쟁에 참여한 루터와 멜랑히톤과 같은 루터교 지도자들은 결국 급진적 그룹들에게 매우 적대적인 태도를 취했고, 아나뱁티스트들의 입장을 반박했으며, 자신들의 글에서 본격적으로 그들을 공정하게 다루려고 시도하지 않았다. 그럼에도 불구하고, 적어도 아나뱁티스트들은 다른 개혁자들로 하여금 급진적인 목소리에 맞서 자신들의 편을 방어하는 과정에서 그들 자신의 견해와 해석을 만드는 데 에너지를 집중하도록 만들었기에, 그러한 맥락에서 그 시대의 에큐메니칼 논쟁에 기여했다고 말할 수 있다. 또한 아나뱁티스트들 역시 비록 그들이 "급진주의자"로 분류되어 왔지만, 성경에 기록된 바와 같이 교회의 본질과 실제적 형태를 깨달았을 때 신약성경에 나타난 사도적 패턴 위에 근본적으로 "참된 교회"를 세우려고 노력한 이들이다.[7] 따라서 츠빙글리를 위시한 초기 개혁주의 개혁가들이 유아

---

6 많은 수의 아나뱁티스트들이 세례에 대한 그들의 믿음과 실천 때문에 공식적으로 사회 속에서 자신들의 구성원 자격을 포기했고, 유아 세례가 아닌 성인 세례는 부모의 권위와 사회적 일치를 붕괴시켰다. 그 결과, 교회 당국 뿐만 아니라 세속 정부들은 이들 분리주의자들의 급진적 운동을 통제하거나 괴멸시키려고 나섰다.

7 참된 교회에 대한 기존과는 다른 비전을 가동시키면서 아나뱁티스트들의 그룹은 이를 테면, "국가로부터의 분리"라는 형태를 포함하여 혁명적 교회론을 발전시켰다.

세례를 놓고 아나뱁티스트들과 벌인 논쟁적인 투쟁은 종교개혁 과정에서 제기된 신학적 쟁점들의 본질과 개혁주의 신학전통의 발전에서 그 요점들을 특정하고 분별하도록 만드는 중요한 자원들을 제공한다.[8]

이 글의 목적을 달성하기 위해 필자는 먼저 초기 종교개혁의 진행 상황과 취리히에서 아나뱁티스들의 출현한 것에 대해 관련 내용을 간략하게 추적할 것이다. 그런 다음 이 문제에 대한 공개적 논쟁의 과정을 설명함으로써 초기 시(市)개혁가들과 재세례파가 세례 문제에 대해 가졌던 서로 다른 견해들을 분명하게 할 것이다. 마지막으로 츠빙글리와 후브마이어의 저술들에 대한 몇 가지 판단들을 기반으로 숙고함을 통해 성경을 이해하는 방식(the way of understanding Scripture), 자유의지와 구원(free will and salvation), 신학에서 개혁주의 전통의 본질들의 발전에 특히 영향을 미친 교회와 국가의 관계(the relation between church and state)와 같은, 즉 전체적으로 세례 예식과 관련된 것으로 볼 수 있는 신학적 이슈들을 탐구할 것이다.

---

8   여기서 베인턴의 적절한 말을 기억하는 것이 유익하다. "최근 루터교와 칼뱅주의 측 역사가들이 점점 더 크게 의식하게 된 것은, 그들 자신의 운동들에 대한 이해는 그들이 반대해 온 흐름들에 대한 파악 없이는 불가능하다는 사실이다." Bainton, "The Left Wing of the Reformation," 134.

2. 급진파와 시(市)개혁가들의 세례 논쟁

시대 묘사

연대순으로 볼 때 아나뱁티스트들이 처음 등장한 곳은 스위스 취리히였다.[9] 사실상 아나뱁티스트들의 직접적인 뿌리가 교회개혁 운동이었고, 이러한 운동은 재세례주의가 탄생하기 6년 전인 1519년 취리히에서 시작된 것으로 스위스에서 개혁교회의 설립자라고 할 수 있는 츠빙글리(1484-1531)의 주도로 진행되었다. 말 그대로 성경에 일치하는 바에 초점을 맞춘 급진적인 변화들을 기대하면서 풀뿌리 추종자들로서 츠빙글리와 연합했던 이른바 원시 아나뱁티스트(proto-Anabaptists) 그룹은 취리히에서 전개된 그간의 종교개혁 과정에 환멸을 느끼게 되었고, 당시 세속 당국과의 타협 속에 종교개혁을 주도하고 있던 시(市)개혁가들이 보여준 무기력과 신중함에 강한 반감을 드러내기에 이르렀다.[10] 특히 제2차 취리히 논쟁(the Second Zurich Disputation, 1523년 10월 26-28일)이 진행되면서 콘라드 그레벨, 펠릭스 만츠, 발타사르 후브마이어, 루트비히 헤처 등 그때까지는 츠빙글리를 지지해 왔던 이들이 이제 본격적인 분리주

---

9 Liechty, *Early Anabaptist Spirituality*, 2. 리히티(Daniel Liechty)에 따르면, 자료들을 더욱 주의 깊게 읽게 되면, 아나뱁티즘의 시작을 스위스 형제들의 경우 1525년, 남부 독일 재세례파의 경우 1526년, 네덜란드 운동의 경우 1530년으로 추정하게 된다.

10 Hughes O. Old, *The Shaping of the Reformed Baptismal Rite in the Sixteenth Century* (Grand Rapids: W. B. Eerdmans, 1992), 87.

의적 행동을 준비하기 시작했다.[11]

이와 같이 개혁의 기운이 요동치던 시기에 아나뱁티스트 그룹의 핵심 지도자는 콘라드 그레벨(Conrad Grebel, c. 1495-1526)이었다. 그는 취리히에서 가장 명망 있었던 가문 중 하나의 후손으로, 이전에 그의 처남인 바디안(Vadian)과 우정을 나눴고, 그를 통해 츠빙글리의 추종자가 되었다. 그리고 그레벨에게는 성직자의 녹(祿)을 받는 성직자의 아들이자 취리히 처녀의 아들인 만츠(Felix Manz)가 함께 했다. 빌헬름 루블린(Wilhelm Reublin), 게오르게 블라우록(George Blaurock), 그리고 제2차 취리히 논쟁에서 두드러진 역할을 한 발트슈트(Waldshut)의 개혁가이자 재세례파인 발타자르 후브마이어(Balthasar Hubmaier)가 급진파의 편에 섰다. 또한 이 시기에 독일에서 격렬했던 농민 봉기의 물결은 토마스 뮌처(Thomas Műntzer)[12]를 스위스 국경으로 몰아 부쳤다. 뮌처가 스위스에 접근하여 비슷한 견해를 가진 취리히인들과 교제를 가진 것이 후브마이어가 체류한 발트슈트에서 였다. 그리고 이곳에서 유아 세례를 평가절하고 강력하게 반대할 수밖에 없는 것으로 표출하기 시작한 새로운 공동체가 탄생하였고, 즉각적으로 구별(區別, distinction)의 표시(badge),

---

11 스위스에서 아나뱁티스트 운동은 평신도 독서 그룹들에서 시작되었다. 성경 공부를 위한 가정 집회들의 물결이 1522년과 1523년에 *Allied District*를 통해 번지면서, 스위스 도시들 전역에 많은 평신도 성경 독자들이 새롭게 떠오르는 아나뱁티스트 운동에서 지속적으로 유력한 인물들로 부상하였다.
12 뮌처(Thomas Műntzer)는 비텐베르크에서 공부했고, 그 후 독일 작센주에 위치한 츠비카우(Zwickau)에서 설교자로 일했는데, 그곳에서 그는 같은 생각을 가진 친구들과 함께 소위 "츠비카우 선지자들"이라는 아나뱁티스트 종파를 설립했다.

즉 재세례(re-baptism)가 시행되었다.[13]

1525년 1월 17일 있었던 재세례파와의 공개적인(세 번째) 논쟁에서, 마침내 츠빙글리는 세례를 통해 어린이들을 기독교에 입문시키는 것은 할례를 통해 유아를 유대교에 입문시키는 것과 양립 가능하다는 입장을 분명히 했다.[14] 취리히 시(市)의회 또한 츠빙글리와 그의 지지자들이 논쟁에서 최종 승리자라고 선언했고 유아 세례의 타당성을 부인되었다. 따라서 그레벨, 만츠 및 기타 몇몇 사람들은 츠빙글리와 시의회에 의해 취리히의 단합과 평화에 대한 위협으로 간주되었기 때문에 자신의 입장을 분명히 하도록 명령을 받았고, 그룹으로 만나는 것이 금지되었다. 그 후, 여전히 자녀에게 세례를 주지 않은 사람은 누구든지 취리히에서 추방되는 고통을 각오하고 8일 이내에 세례를 받도록 해야 한다는 취지의 명령이 내려졌다. 1525년 1월 21일 시의회의 결의가 확인되었다. 시의회는 그레벨과 만츠에게 유아 세례에 대한 "논쟁과 문제제기를 중단할 것"을 명령하는 법령을 발표함으로써 이를 거부할 경우 취리히에서 추방한다는 것과 재세례를 주장하는 지도자들에 대한 처벌을 명시했다. 이 결의는 재세례파 운동의 역사에서 매우 중요한 전환점이 되었다.

취리히 시민이 아닌 급진주의 그룹의 다른 주요 구성원들, 즉 루블린(Reublin), 브뢰틀리(Johannes Brőtli), 헤쳐(Ludwig Hätzer) 및 카스텔베르거(Andreas Castelberger)는 취리히 통치자들의 영토에

---

13 R. Christoffel, *Zwingli; the Rise of the Reformation in Switzerland*, trans. John Cochran, (Edinburgh: T.&T. Clark, 1858), 250.

14 F. H. Littell, *The Anabaptist View of the Church* (Boston: Starr King, 1958), 14.

서 추방되었다.[15] 마침내 시(市)개혁가들의 전례 개혁에 대한 저항으로 촉발된 신자들의 첫번째 세례가, 즉 "재세례파의 공식적 시작"이 취리히에서 거행되었다. 그 일은 1525년 1월 21일의 일어났는데, 대여섯 명의 남자들이 그레이트 민스터(the Great Minster) 근처에 있는 취리히의 노이슈타트가세(Neustadtgasse)에 있는 한 집에 모였다.[16] 스위스-남부독일 재세례주의의 핵심 창시자인 콘라드 그레벨(Conrad Grebel)은 쿠어(Chur)에서 취리히로 온 사제인 게오르그 블라우록(George Blaurock, 1492-1529)에게 세례를 주었고, 블라우록은 장차 취리히에 있는 최초의 스위스 형제회 창립자 중 한 명이 되었다. 그레벨의 손에 세례를 받은 블라우록은 곧이어 참석한 다른 모든 사람들에게 세례를 주기 시작했다.[17] 그리하여 "신자 세례"(believer's baptism), 즉 성인 세례는 아나뱁티스트 운동의 외적 표징이 되었다. 이 사건은 *antipaedobaptism*(반/反/유아 세례)이 아나뱁티즘(Anabaptism)으로 변형되었음을 의미했

---

15 Requoted in Paul Brand, "'They had said nothing about rebaptism': The Surprising Birth of Swiss Anabaptism," *German History* 22/2 (2004): 158-159.

16 성경 공부를 위한 그룹 모임들이 이미 잘 알려진 취리히에서 츠빙글리(Ulrich Zwingli)에게 자극을 받아, 학자들과 그밖에 관심있는 사람들이 츠빙글리 자신이 참여한 바 있는 1520년 이래 비슷한 세션들에서 자주 만났다. 그러나 이들 성경 공부 모임들의 일부 구성원들이 1월의 그날 밤에 그곳에 있었지만, 츠빙글리는 그곳에 있지 않았다. Walter Klassen, *Anabaptism: Neither Catholic nor Protestant* (Waterloo: Conrad, 1973), 3.

17 자신의 책 *The Anabaptist Story*에서 이 사건을 언급하면서, 이스텝(William R. Estep)은 이렇게 말한다. "아나뱁티즘이 탄생했다. … 이것은 분명히 종교개혁의 혁명적 행위였다. 다른 어떤 사건도 로마와의 단절을 그토록 완전히 상징하지는 못했다." William R. Estep, *The Anabaptist Story* (Grand Rapids: W. B. Eerdmans, 1996).

다.[18] 다시 말하면, 어린이 세례에 대한 반대(하나의 부정적인 태도, *antipaedobaptism*)는 신자 세례의 확산(긍정적인 프로그램, *proto-anabaptist*)으로 그 방향이 바뀌었다.[19] 새롭게 세례를 받은 사람들이 곧이어 취리히에서 쫓겨났을 때, 그들은 열정을 가지고 전장으로 나아가 자신들의 새로운 교리를 거의 모든 유럽 국가들에 퍼뜨렸고, 재세례파는 특히 중부 유럽의 독일어와 네덜란드어 사용 지역에 큰 세력으로 확산되었다.

1525년 3월 16일, 마침내 취리히 시의회는 그 이후로 재세례를 받는 모든 사람을 추방하도록 명령했다.[20] 따라서 아나뱁티스트 무리는 시(市)개혁가들의 무리와 완전히 결별했다. 1525년 6월 5일, 스위스 동부 지역 재세례파 박해의 주요 인물이며 복음주의자들의 지도자였던 바디안(Vadian / Joachim von Watt, 1484-1551)은 재세례파(*Taufbrüder*)에 반대하는 자신의 포괄적인 책을 통해 입장을 밝혔고, 박해가 시작되었다. 1525년 5월, 최초의 아나뱁티스트가 슈비츠(Schwyz) 주에서 그의 믿음을 지키기 위해 삶을 마감했다. 그로

---

18 Old, *The Shaping of the Reformed Baptismal Rite in the Sixteenth Century*, 93.
19 Littell, *The Anabaptist View of the Church*, 14.
20 시의회는 다음과 같은 조례를 발표했다. "세례와 관련하여 유아들이 분별력이 있는 나이에 이를 때까지, 그리고 신앙에 대한 지식에 도달할 때까지 세례를 받아서는 안된다는 취지의 오류가 발생했다. 그리고 어떤 이들은 그 결과로 그들의 자녀들을 세례받지 않은 채로 내버려 두었기에, 우리는 성경에 근거하여 이 문제에 대한 논쟁을 명령했으며, 이러한 오류에 관계없이 아이들은 태어나자마자 세례를 받아야 한다고 규정했다. 그리고 자녀들을 세례받지 않은 채로 내버려 둔 사람들은 앞으로 8일 이내에 이 의식을 거행하라. 누구든지 이 법령을 따르지 않는 자는 아내와 자녀와 함께 지갑과 재산을 가지고 우리 영주의 마을과 그들의 관할권과 영토를 떠나거나 자신에게 닥칠 수 있는 일을 각오해야 한다." Christoffel, *Zwingli*, 253.

부터 1년 후 그레벨은 집에서 멀리 떠나 있는 상황에서 전염병으로 사망했고, 1527년 1월 만츠 역시 재세례라는 죄목으로 취리히에서 공개 처형(익사형)되었다. 그러나 비록 이들 '사도들' 중 많은 사람들이 죽임을 당했지만, 아나뱁티스트 운동은 급속히 퍼져 나갔다.

유아 세례 vs 성인 세례

최초의 아나뱁티스트들은 여러 가지 이슈를 가지고 주류 개혁가인 루터와 츠빙글리의 신학에 도전했다. 그 가운데 가장 물리적이고, 또 논쟁적으로 발전한 사건은 그들이 성인 세례 또는 신자 세례의 실행에 가장 직접적으로 관여한 것이었다. 말하자면 아나뱁티스트들이 표출한 교회 개념의 핵심은 유아 세례에 대한 소위 주류 신학과 신자 세례에 대한 분리주의적 주장들의 새로운 반란 사이에서 촉발된 피할 수 없는 긴장이었다. 아나뱁티스트들은 처음부터 유아 세례에 대해 부정적인 견해를 가지고 있었고 심지어 그것을 정죄했다.[21] 일반적으로 재세례파는 성인 세례를 선호했고 그것이 그들의 신앙 고백이었다. 예를 들어 스위스 형제단의 『슐라이트하임 신앙고백』(*Schleitheim Confession of the Swiss Brethren*, 1527)은 다음과 같이 말한다: "세례는 회개와 삶의 개선을 배운 모든 사람, 자신의 죄가 그리스도에 의해 사해졌음을 진실로 믿는 모든 사람, 그리고 예수 그리스도의 부활 안에서 걷는 모든 사람에게 주어져야 한다."

---

21 그러나 아나뱁티스트들 사이에서도 세례 문제에 대한 태도는 매우 다양했는데, 세례를 공개적인 고백의 중요한 행위로 보는 것에서부터 어떤 육체적인 세례의 필요성을 완전히 부인하는 것에 이르기까지 다양했다.

또한 후브마이어(Balthasar Hubmaier) 역시 세례가 구원을 위해 필수적이라는 것은 부인하지만, 그럼에도 불구하고 세례가 교회 생활에 필수적이라고 주장한다. 후브마이어는 다음과 같이 쓰고 있다.[22]

> 그러므로 물(water)로 하는 세례는 영혼을 깨끗하게 하는 것이 아니라, 믿음으로 말미암아 내적으로 주어진 것으로, 하나님을 향한 선한 양심의 "예"이다.
>
> 그러므로 물세례는 *Remissionem Peccatorum*(사도행전 2장)에서의 세례, 즉 죄의 용서를 위한 세례라고 불린다. 그것을 통해 또는 그것에 의해 죄를 용서받는 것이 아니라, 죄의 사면은 마음의 내적인 "예"로 말미암는 것으로, 즉 사람이 물세례에 복종할 때 그것을 외적으로 증거하는 것을 말하며, 그의 죄가 예수 그리스도를 통하여 용서받았다는 것을 마음으로 믿고 확신하는 것이다.
>
> 물로 하는 세례가 존재하지 않는 곳에는 교회도, 형제도, 자매도, 형제적 훈육도, 배제나 회복도 없다.

더욱이 후브마이어는 그의 글 『물세례의 형식』(*A Form of Water Baptism*)에서 예배 속 요소들의 진행 순서를 강조함을 통해 물세례의 중요성을 강조했다.[23] 그 내용은 다음과 같다. "그리스도의 만찬에 앞서 세례가 없다는 것, 이는 분명하게 성경에 배치되는 것으

---

22 Estep, *The Anabaptist Story*, 89.
23 후브마이어는 그 말('아나뱁티스트')을 거절했다. 왜냐하면 그가 주장한 대로 어린이 세례는 세례가 아니었고, 세례 요한은 어린이에게 세례를 베풀지 않았다. 그리고 특히 "성경의 순서, 즉 설교, 회개, 믿음, 그런 다음에 세례라는 순서가 지켜져야 한다." G. R. Potter, *Zwingli* (Cambridge: Cambridge University, 1976), 192.

로, 성경은 다음과 같은 순서를 나타낸다: 첫째 설교, 둘째 믿음, 셋째 신앙고백, 넷째 물세례, 다섯째 떡을 떼기(행2:42)."[24] 한 걸음 더 나아가, 아나뱁티스트들에게 세례는 그리스도의 죽음으로 말미암아 변화된 삶을 의미했지만, 그러한 변화는 결코 개인주의적인 것이 아니다. 그들의 반복되는 주장에 따르면, 아무도 "매고 푸는 그리스도의 통치 없이는 세례를 받을 수 없다."(마18:15-22). 다른 말로 하면, 세례 받은 사람은 공동체의 규율에 헌신하고, 그럼으로써 새롭고 구속적인 방식으로 공동체 안에서 죄를 다루는 일에 참여할 준비가 되어 있다고 선언하는 것이다. 그 사람은 그리스도의 명령에 순종하여 새 삶을 살기로 결심할 뿐만 아니라, 그렇게 하는 데 있어 적극적이고 사려 깊은 도움을 받고 또한 그러한 도움을 주는 것에 동의한다.[25] 이런 의미에서 후브마이어는 세례가 교회 생활뿐만 아니라 기독교 제자도에도 필수적이라고 강조했다. 세례는 하나님과 맺은 언약의 봉인(sealing)이자 다른 사람들을 향한 증거이다. 즉, 헌신된 제자도의 표지로서, 그것은 그리스도에 대한 헌신과 교회 속 동료 신자들에 대한 복종을 상징하는 것이다.[26]

위에서 설명한 바와 같이 세례가 기독교 삶에 중요한 표징이었음에도 불구하고 아나뱁티스트들은 처음부터 유아 세례에 대해서는 심각한 반대를 제기했다. 1524년 9월 뮌처(Műntzer)에게 보낸 편지

---

24 Pipkin H. Wayne & John H. Yoder, *Balthasar Hubmaier: Theologian of Anabaptism* (Waterloo: Herald, 1989), 390.
25 Klassen, *Anabaptism: Neither Catholic Nor Protestant*, 17.
26 Estep, *The Anabaptist Story*, 90.

에서 그레벨(Conrad Grebel)은 취리히 서클의 *antipaedobaptism* (반/反/유아 세례)을 아주 노골적으로 드러냈다.

> 마찬가지로, 모든 사람은 믿음의 열매 없이, 유혹과 시험의 세례 없이, 사랑과 소망 없이, 그리고 참된 기독교 행위 없이 화려한 믿음으로 구원받기를 원한다. 그리고 모든 사람은 세례와 주의 만찬에 관한 이러한 일반적이고, 예식적이며, 반기독교적인 관습들과 그들 자신의 악덕들 속에 머물기를 원한다. 그들은 하나님의 말씀을 경멸하고, 교황의 말이나, 혹은 역시 하나님의 말씀과 일치하지 않는 반교황적 설교자들의 말에 주의를 기울인다.[27]

또한 그레벨은 위 편지의 마지막 부분에서 유아 세례의 효과에 반대하면서 다음과 같이 세례에 대한 이해를 명확히 했다.

> 성경은 세례가 믿음과 그리스도의 피(세례받은 사람과 신자의 마음을 완전히 변화시킴)를 통해 죄를 씻어낸다고 말한다. 그것은 사람이 죄에 대해 죽어야 하고 새 생명과 영으로 행해야 하며, 내적 세례를 통해 믿음의 내적 의미를 깨닫는다면 반드시 구원을 받는다는 것을 의미한다.[28]

1525년 취리히 시(市)의회 앞에서 개최된 논쟁에서 그레벨과 블라우록(George Blaurock)은 유아 세례 문제를 놓고 동료 성직자들인 츠빙글리와 주드(Leo Jud)와 맞서 토론을 주도했다. 이제 "급진

---

27 Conrad Grebel, "Letter to Thomas Muntzer," in *The Radical Reformation*, ed. & trans. Michael G. Baylor, (Cambridge: Cambridge University, 1991), 37.
28 *Ibid.*, 43.

파"는 유아 세례가 비성경적이고 비합리적이라고 생각했지만, 반대로 유아 세례를 옹호하는 시(市)개혁가들은 유아 세례를 성경적이고 합리적이라고 지지했다. 그들 가운데 핵심적인 인사들이 주도하는 논쟁들에서 그레벨, 만츠, 블라우록은 주드와 그로스만(Kasper Grossmann)과 함께 츠빙글리를 공격하기 위해 마을에 모였고, 그들은 다음과 같이 유아 세례를 강력하게 반박했다.

> 그리스도께서 말씀하시기를, "그러므로 너희는 가서 모든 족속으로 제자를 삼아 아버지와 아들과 성령의 이름으로 세례를 주라."고 하셨다. 이 구절에서 분명해지는 것은, 우리는 세례를 받기 전에 가르침을 받아야 한다는 것이다.[29]

> 하나님께서는 그분이 원하시는 것을 우리가 행하도록 그분의 말씀으로 명시적으로 명령하셨다. 그러나 그분은 어디에서도 유아 세례를 명하지 않으셨고, 그리스도와 그분의 사도들 또한 그것을 실행한 적이 없으므로, 그러므로 그것은 사람이나 사탄이 고안해 낸 것이다. 따라서 우리는 그것을 따른다.[30]

후브마이어는 그의 글 『물세례의 형식』에서 첫 번째 오류를 지목하면서 프랑스 북부 피가르딘, 러시아인, 모스크바인, 왈라키아인을 제외한 전체 유럽의 모든 사람이 "그것이 세례가 아님에도 불구하고 아이들에게 세례를 주었다는 점에서 진리의 길을 놓쳤다. 왜냐하면 아이들은 아직 하나님, 그리스도, 세례, 믿음 또는 서원

---

29 Christoffel, *Zwingli*, 259.
30 *Ibid.*, 272.

이 무엇인지 알지 못하기 때문이다."[31]라고 말했다. 자틀러(Michael Sattler)[32]는 이 세상을 떠나던 날 그야말로 오랜 재판 끝에, 자신을 정죄하는 그 세 번째 조항에 대해 "유아 세례는 구원에 아무 소용이 없다. 기록되었으되 우리가 오직 믿음으로만 산다고 하였느니라 다시 말하건대, 믿고 세례를 받는 사람이 구원을 얻으리라."[33]고 대답했다. 다시 말해, 아나뱁티스트들의 세례 전통은 구원에 있어서 하나님의 주권을 확언할 뿐만 아니라, 세례 행위를 구성하는 요소로서 회개와 믿음이라는 진정으로 자유롭고 책임 있는 역할을 온전히 허용하고 있다.

처음에는 츠빙글리 역시 그 자신이 교회로부터 모든 장식을 제거할 것을 주장했기 때문에 유아 세례 또한 반대했다. 츠빙글리가 강단에서의 그의 초기 연설에서 세례의 일반적인 주제에 대한 교회 교리의 비(非)성경적 성격을 폭로했고, 유아 세례를 "성경적 뒷받침이 부족하다"[34]고 판결하는 경향이 있었던 것은 사실이다. 그러나 신자의 세례에 기초한 교회의 회집과 국가 교회의 유지가 상호 양립할 수 없다는 것이 분명해지자 츠빙글리는 후자의 노선을 고수했다.[35] 유아 세례를 옹호하는 그의 첫 번째 저술인 『세례에 관하여』(*Of*

---

31 Wayne & Yoder, *Balthasar Hubmaier*, 389-390.
32 자틀러(Michael Sattler, 1490-1527)는 왈도파(the Waldenses) 형제 중 한 사람으로, 남부 독일 아나뱁티스 그룹을 대표하는 매우 탁월한 지도자이자 순교자가 되었다.
33 Thieleman J. van Bracht, *The Bloody Theater or Martyrs Mirror of the Defenseless Christians* (Waterloo: Herald, 1950), 417.
34 Samuel M. Jackson, *Ulrich Zwingli: Selected Works* (Philadelphia: University of Pennsylvania, 1901), 123-124.
35 Littell, *The Anabaptist View of the Church*, 13.

Baptism, 1525년 5월)³⁶에서 츠빙글리는 어린이들이 세례를 받아야 한다고 분명히 밝혔고, 그 후 1925년 11월의 공개 토론에서 재세례파에 반대하는 발언을 하면서 반대자들의 반대를 다음과 같이 반박했다.

> 헬라어로 된 구절은 여러분이 그것을 번역하는 방식과는 매우 다르게 되어 있다. 왜냐하면 우리가 "가르치다"로 번역한 것은, 원문으로는 "제자 삼으라"이다. 그러므로 헬라어 원문은 정확하게 다음과 같다. "너희는 가서 모든 민족을 내 제자로 삼고, 아버지와 아들과 성령의 이름으로 세례를 베풀고, 내가 너희에게 분부한 모든 것을 가르쳐 지키게 하라." … 비록 그 말씀이 성인인 여러분에게 유리해 보인다 할지라도, 이 구절은 유아 세례와는 전혀 관련이 없다. 따라서 유아들이 교리적 침례 이전에 세례 받아서는 안된다는 것은 근거가 없다. 유대인과 이방인들은 교리와 물세례를 통해 그리스도의 제자가 되어야 했지만, 이스라엘 백성의 자손이 하나님의 백성에게 속한 것처럼 신자의 자녀는 이미 그리스도의 교회에 속해 있다.³⁷
>
> 이제 "죄에 대하여 죽는 것"과 "죄로부터의 할례"는 하나이자 동일한 것이며, 한 경우에는 외적인 할례로, 그리고 다른 경우는 세례로 나타내어진다. … 그러므로 신약의 세례가 구약에 있는 할례의 자리에 들어왔음이 분명하다. 다시 말하지만, 유아 세례의 기원에 관해

---

36 또한, 츠빙글리의 마지막 작품, *In catabaptistarum strophas elenchus*(1527)는 "재세례파의 술책에 대한 논박"이라는 의미를 가진 라틴어 저작으로, 즉 아나뱁티스트 입장에 대한 두 가지 서로 다른 진술에 대한 반박이었다. 첫째는 그레벨(Conrad Grebel)이 쓴 것으로 추정되는 소책자이고, 둘째는 일반적으로 자틀러(Michael Sattler)가 작성한 『슐라이트하임 신앙고백』(*the Schleitheim Confession*)으로 불리는 문서이다.

37 Christoffel, *Zwingli*, 260.

서는 어거스틴이 말하듯이 비록 명확한 말로 언급이 있는 것은 아니지만 그것이 그리스도와 사도들의 시대에 시작되었다는 사실에 나로서는 의심의 여지가 없다.[38]

요약하면, 아나뱁티스트들에게 신앙고백으로서의 물세례는 비록 그것이 구원을 위해 필수적인 것은 아니지만 교회의 삶을 위해 본질적이었다. 또한 세례는 신자가 그리스도께 헌신하고 또한 교회 안에서 동료 신자들에게 복종하는 것에 대한 표지로서 일종의 협력적인(cooperative) 의미를 가진다. 그러나 아나뱁티즘이 유아 세례는 세례가 아니며 구원을 위해 아무런 의미가 없다고 주장한 반면, 츠빙글리를 포함한 시(市)개혁가들은 유아 세례의 기원을 구약성경과 신약성경의 *언약적*(*covenantal*) 연속성에 그 기원을 둠으로써 그것을 지지했던 것이다.

3. 개혁주의 신학 형성과 세례 논쟁의 의의

개혁주의 세례 예식은 두 개의 전선, 즉 한편으로는 옛 라틴 예식들에 맞서야 했고, 다른 한편으로는 재세례파의 접근 방식에 맞서 싸우는 과정에서 만들어졌다는 것이 대체로 주장되어 온 바다. 다른 말로 하면, 종교개혁 초기 개혁주의 세례 예식과 신학에 대한 연

---

38 *Ibid.*, 273.

구는 우선 당시 이슈들에 대한 서로 상충되는 의견들에 주목해야 하고, 특히 아나뱁티스트 운동이 개혁주의 전통의 신학 발전에 도전들과 깊이들을 부여했다는 맥락에서, 아나뱁티스트들의 반란에 시(市) 개혁가들이 대립한 사실을 간과해서는 안 된다.[39]

마침내 츠빙글리[40]와 재세례파 운동의 몇 안 되는 훈련받은 신학자 중 한 사람인 발트슈트의 후브마이어(Hubmaier of Waldshut)[41] 사이의 형제와 다름없던 관계는 1525년 전반부가 끝나갈 무렵 사실상 끝이 났다. 옛 친구였던 츠빙글리와 후브마이어를 교착 상태에 빠뜨린 주요 쟁점은 다름 아닌 세례 문제였으며, 이를 중심으로 1525년 저작을 통한 일련의 거대한 싸움이 전개되었다. 특히, 소책자 『반란을 일으키는 자』(He Who Causes Insurrection), 그리고

---

39 Old, "Origins of the Reformed Baptismal Rites in the Sixteenth Century," 199.

40 아나뱁티스트들은 츠빙글리에게 세례에 대한 교리를 발전시키도록 강요했다. 그의 첫 번째 공식화는 그의 책 He Who Causes Insurrection(1524)에 있다. 사실, 그는 이미 그의 Exposition of the Sixty-seven Theses(1523)에서 교회에 대한 그의 교리를 진술했었다. 1525년부터 1527년까지 아나뱁티스트 논쟁이 절정에 달했을 때 츠빙글리는 세례에 대한 자신의 최대한의 방어를 다음과 같이 행했다. 처음 츠빙글리는 그의 교의학적 저술 De vera et falsa religione commentarius(Mar. 1525)에서 그의 교회론적 견들을 반복했다. 그 후 츠빙글리는 On Baptism, Rebaptism, and Infant Baptism(May 1525)를 출판했고, 거기서 세례에 대한 자신의 견해를 자세히 설명했다. 특히 그의 저술에서 츠빙글리는 새로운 세례 의식을 덧붙였다. 올드(Old, The Shaping of the Reformed Baptismal Rite in the Sixteenth Century, 62)에 따르면, "비록 이 책이 세례에 대한 교리를 온전히 제시한 것이 아니라 아나뱁티스트들을 반대하는 논쟁적인 소책자이지만, 그럼에도 불구하고 우리는 그 안에서 시간이 지남에 따라 세례에 관한 개혁주의 신학의 특징이 된 츠빙글리 나름의 사상의 출발점들을 발견할 수 있다." 그리고 츠빙글리의 An Answer to Balthasar's Booklet on Baptism(Nov. 1525)은 후브마이어의 책(Summer 1525)을 반박하려는 시도였다. 1525년에서 1527년 기간에 한편으로 츠빙글리와 그의 지지자들, 그리고 다른 한편으로는 아나뱁티스트들 양 진영 사이의 대립이 격화되었고, 마침내 1527년에 츠빙글리는 그의 작품 Reputation of the Tricks of the Catabaptists를 출판했다.

41 Old, The Shaping of the Reformed Baptismal Rite in the Sixteenth Century, 94.

1525년 1월 17일에 열린 세례에 관한 논쟁에서 취한 입장으로 츠빙글리는 마침내 유아 세례에 찬성하는 입장을 취했다.[42] 그러나 주요 쟁점인 유아 세례에서 그들은 성경, 인간학/자유의지의 인간, 교회와 국가의 관계 등과 같은 또 다른 기초들이자 신학적 질문들을 계속 다루었다. 이러한 신학적 쟁점들에 접근함에 있어 후브마이어와 츠빙글리의 전략들을 비교/대조시키려는 시도는, 필자가 특히 주목하는 바와 같이, 개혁주의 전통의 발전 단계에 있는 가장 초기의 세례 신학의 본질적인 요소들을 분명하게 조명해 준다.

성경 - *sola Scriptura*

종교개혁에 있어 하나의 의미심장한 시금석이자 로마 가톨릭주의자들과 종교개혁가들 사이의 가장 명확한 구분선은 그 무엇보다도 다름 아닌 "성경의 권위"였다. "오직 성경으로"(*sola Scriptura*)라는 종교개혁 원리는 취리히 종교개혁에 있어서도 개혁을 지탱하는 암반과도 같은 것이 되었다. 그리고 아나뱁티스트 운동이 1525년 취리히에서 출현했을 때 그 운동 또한 같은 토대 위에 놓여 있었다.[43] 그러나 이스텝(William R. Estep)이 말한 것처럼, 종교개혁 기간 동안 어떤 그룹도 교리와 규율 문제에서 진정한 아나뱁티스트들이 그랬던 것 보다 더 진지하게 "오직 성경으로"(*sola Scriptura*)

---

42 Torsten Bergsten, *Balthasar Hubmaier: Anabaptist Theologian and Martyr*, trans. Irwin J. Barnes & William R. Estep, (Valley Forge: Jusdon, 1978), 195.

43 C. Arnold Snyder, "The Birth and Evolution of Swiss Anabaptism(1520-1530)," *Mennonite Quarterly Review* 80 (Oct. 2006): 504.

의 원칙을 받아들이지는 않았다.[44] 아나뱁티스트들이 구현한 '원시적'(primitive) 신학과 예배의 많은 특징들은 개신교의 어떤 혁신보다도 사도적 교회의 실천과 경험에 훨씬 더 가까운 것처럼 보이며, 사도적 신앙으로 돌아가는 것은 어떤 것이든 성경에 기초를 두어야 했다.[45] 최초의 아나뱁티스들인 만츠(Felix Manz), 그레벨(Conrad Grebel), 르이블린(Wilhelm Reublin)은 복음서와 사도행전 등 성경을 인용하면서 사도들이 유아에게 세례를 베풀지 않고 성인들, 즉 분별력 있는 사람들에게만 세례를 주었다고 지적했다. 그들은 "물 세례를 신앙으로 말미암는 구원이라는 종교개혁의 원칙에 연결시켰다. 즉, 먼저 복음을 듣고, 회개하고, 믿고, 그런 다음 세례를 그 믿음의 외적 표시와 순종의 서약으로 받아들였다!"[46]

아나뱁티스트 세례 신학에서 성경이 차지하는 중요성은 "작은 성경공부 그룹"이 아나뱁티스트들의 공동체 생활의 핵심이었다는 사실로 설명될 수 있다.[47] 성경읽기 그룹은 평신도 지도자들이 성경을 해석하고 모임에서 자신을 표현하도록 훈련시켰다. 아나뱁티스트 운동의 과정에서, 공공장소와 언론을 통해 공개적으로 의견 차이들이 표출된 결과, 특히 하층민과 빈곤층 가운데서 심각한 혼란과 당혹감이 초래되었다. 샤프(Harold H. Schaff)에 의하면, 그러한 상황에서 이들 가운데 많은 사람에게 남아 있는 한 가지 위로는 성경이

---

44 Estep, *The Anabaptist Story*, 190.
45 Constantine Prokhorov, "Anabaptism in Neither Catholic nor Protestant," *Theological Reflections: Euro-Asian Jounal of Theology* 4 (2004): 152.
46 C. Arnold Snyder, "The Birth and Evolution of Swiss Anabaptism(1520-1530)," 538.
47 Cornelius J. Dyck, ed., *Spiritual Life in Anabaptism* (Scottdale: Herald, 1995), 14.

없는데, 성경은 이제 자국어로 되어 있고 모든 사람이 접근할 수 있는 곳에 있었다. 종교적인 면에서 의심이 들 때마다, 각자는 자기 자신의 해석에 따라 성경에 호소함으로써 자신을 지탱하는 경향을 띠게 되었다.[48]

여기서 특히 성경의 중요성을 언급하면서 필자가 집중하고자 하는 첫 번째 관심사는 후브마이어와 츠빙글리가 성경에 대한 해석에서 서로 얼마나 다른가에 대한 것이다. 후브마이어의 저작 『기독교 신자 세례에 대하여』(On the Christian Baptism of Believers)[49]에 따르면, 성경의 여러 구절에서 그리스도와 사도들이 명령한 대로 세례를 받는 것이면 그것으로 충분하다. 성경 독자에게 단지 필요한 것은 하나님의 단순한 말씀에 따라 자신의 양심을 가지고 판단하는 것이다.[50] 후브마이어는 "원어도, 기독교 예배의 역사도, 교리의 역사에 대한 연구도, 과거의 '이름 높은 신학자들'의 의견도 이 문제를 결정하는 데 어떤 도움이 되지 않을 것이다."[51]라고 선언한다. 따라서 전통에 대한 큰 존경심을 가진 중세 스콜라 주석과 고전적인 개신교 주석 방법을 모두 거부하면서 후브마이어는 매우 사적인 종류

---

48 Harold H. Schaff, "The Anabaptists, the Reformers, and the Civil Government," *Church History* 1/1 (Mar. 1932), 28. 여기에서 샤프(Schaff)는 계속해서 쓰고 있는데, 복음주의자들은 "각자가 구원을 확신하기 위해, 그리고 참된 교리들과 거짓 교리들을 구별할 수 있기 위해 각자가 성경으로 돌아가는 것을 실질적으로 의무로 만들었다."

49 Balthasar Hubmaier, *Von dem Christlichen Tauff der glaubigen*, in *Quellen zur Geschichte de Taufer*, vol. 9, 116-163. 이 글은 어린이 세례에 대한 츠빙글리의 짤막한 방어 글 『세례, 재세례, 그리고 유아 세례에 대하여』(*On Baptism, Rebaptism and Infant Baptism*)에 대한 후브마이어의 응답이었다.

50 Old, *The Shaping of the Reformed Baptismal Rite in the Sixteenth Century*, 96.

51 Hubmaier, *Von dem Christlichen Tauff der glaubigen*, 120-121.

의 '개인적 조명주의'(personal illuminism) 입장을 취했다.[52] 초기 종교개혁가들이 기독교 인문주의자들로부터 물려받은 "역사적-문법적" 주석 방법을 무가치한 것으로 판단하고, 독자들에게 자신의 양심으로만 결정하라고 도전한 것이다.[53] 수사학과 문법이 하나님의 말씀에 대한 "단순한" 이해를 전복시키도록 용인되어서는 안된다는 것이다.[54]

> 그런 다음 하나님의 단순한 말씀에 따라 당신 자신의 양심과 이해로 판단하십시오 … 그리고 여러분은 잘못을 저지르지 않을 것임을 온전히 확신할 수 있습니다.[55]

한편 츠빙글리에 따르면, 세례는 하나님의 말씀에 의해 제정되고 윤리적으로 하나님의 말씀에 의해 통치되는 가시적 하나님의 공동체에 합류하는 객관적이고 공개적인 서약 표시이다. 인간 서약의 대중적이고 객관적인 성격에 대한 이러한 주장으로, 츠빙글리는 재세례파가 생각했던 것처럼 신자들의 주관적인 믿음이 아니라 하나님의 말씀에 근거하여 세례를 시도했다.[56] 게다가 올드(Hughes O. Old)

---

52 Old, *The Shaping of the Reformed Baptismal Rite in the Sixteenth Century*, 97.
53 *Ibid.*, 96.
54 *Ibid.*, 117.
55 Hubmaier, *Von dem Christlichen Tauff der glaubigen*, 121. 베인턴이 쓴 것처럼, 아나뱁티스트들에게 원시 기독교의 회복과 영적 신생은 사실상 동의어나 마찬가지였다. 베인턴은 계속해서 말한다. "그들이 갈망했던 성령의 선물은 두 가지 기능을 가지고 있었다. 한편으로 도덕적 변화를 가져오는 것이고, 다른 한편으로 종교적 지식을 제공하는 것이다. 여기에 외적 단어와 내적 단어 사이의 구별의 뿌리가 있다." Bainton, "The Left Wing of the Reformation," 129.
56 John W. Riggs, "Reformed Thoughts: On Baptism and A Rite of Christian Initiation,"

가 츠빙글리의 『카타뱁티스트들의 속임수에 대한 논박』(*Refutation of the Tricks of the Catabaptists*, 1527)을 이해한 바와 같이,[57] 성경 해석 방법론에 있어서 놀라울 정도로 통찰력이 있었고 실제로 문법적-역사적 해석의 선구자였던 츠빙글리는 성경 본문들이 그들의 역사적 맥락 안에서 이해되어야 한다고 주장했다. 말하자면, 본문들이 그들 각자의 역사적 상황에서 들려질 때, "그 본문에는 어린이가 구체적으로 언급되지는 않았지만 저자들은 어린이가 포함되어 있다고 가정했다."[58]고 생각할 수 있다. 베인턴이 올바르게 지적했듯이, 외적 단어와 내적 단어의 구별(the distinction between the outer and the inner word)이 여기서 중요한 역할을 했다. 아나뱁티스트들과 같은 투사들에게는 성경의 문자가 이미 확신한 자들만을 설득시킬 수 있었고, 심지어 사도들을 이해하기 위해서는 우리가 사도들의 영 안에 있어야 한다고 보았던 반면, 루터와 츠빙글리, 칼뱅과 같은 시(市)개혁가들은 외적 말씀에 의존했다.[59]

후브마이어와 츠빙글리의 또 다른 차이점은 신약과 구약의 관계에 대한 그들의 이해에서 찾아볼 수 있다. 후브마이어는 신약의 도덕적, 윤리적 경구들을 진지하게 받아들였으며[60] 신약성서에 있는

Reformed Liturgy and Music (Fall 1985): 180.

57 Ulrich Zwingli, *Refutation of the Tricks of the Catabaptists*, in *Zwingli: Selected Works*, ed. Samuel M. Jackson, 123-258.

58 Old, *The Shaping of the Reformed Baptismal Rite in the Sixteenth Century*, 117.

59 Bainton, "The Left Wing of the Reformation," 129.

60 아나뱁티스트들은 성경을 하나님의 말씀으로 고수하면서도, 유독 신약성경만을 그리스도인의 삶을 위해 규범적인 것으로 만들었다. 이스텝(Estep)에 따르면, 아나뱁티스트들에게 있어 특징적으로 나타나는 구약과 신약의 구분은 마르펙(Pilgram Marpeck)의 저작에서 가장 분명하게 드러난다. Cf. Estep, *The Anabaptist Story*,

교회의 관행과 미덕이 자신의 교회에서 다시 확립되기를 원했다. 공동체의 성도들에게 가장 중요한 전제 조건은 신약의 표준에 따라 경건한 삶을 살아야 한다는 것이었다. 후브마이어는 성도들이 유일하고 살아 있고 신성한 말씀을 통해 지상에 모이고, 세워지고, 통치된다고 말했다.[61] 더욱이, 후브마이어의 경향은 신약에 나타난 하나님의 구원 사역의 독특성을 강조하고 유아 세례에 대한 논거들을 그 근원에서 차단하기 위해. 신/구약 성경 사이의 간격을 넓히려는 것이었다.[62]

그러나 츠빙글리는 할례와 유아 세례 사이의 유비를 정당화하기 위해 구약과 신약 사이의 거리를 줄이고자 했다. 창세기를 본문으로 설교하면서, 츠빙글리는 "언약은 상호 동의하는 당사자 사이의 계약 그 이상이다."[63]라고 말했다. 그 결과, 츠빙글리는 세례를 통해 어린이를 기독교로 인도하는 것이 할례를 통해 유아를 유대교에 입문시키는 것과 비슷하다는 입장을 취했다.[64] 츠빙글리는 그의 『카타뱁티스트들의 속임수에 대한 논박』에서 언약에 대한 성경적 가르침을 길게 설명하고 나서 아이들이 언약의 표징을 받아야 한다고 주장했는

193-194.

61 Balthasar Hubmaier, *Die zwolf Artikel des christlichen Glaubens*, in *Quellen zur Geschichte der Taufer*, 218.

62 David C. Steinmetz, "The Baptism of John and the Baptism of Jesus in Huldrych Zwingli, Balthasar Hubmaier and Late Medieval Theology," in *Continuity and Discontinuity in Church History*, ed. Forester Church and Timothy George, (Leiden: E. J. Brill, 1979), 181.

63 Old, *The Shaping of the Reformed Baptismal Rite in the Sixteenth Century*, 124.

64 포터(G. R. Potter)가 말하듯이, 츠빙글리의 주요 성경적 주장들은 요한의 세례가 그리스도의 세례보다 앞섰고, 세례가 할례를 대체하였으며, 사도들이 어린이들에게 세례를 주었다는 사실에 기초해 있다. Potter, *Zwingli*, 190.

데, 왜냐하면 할례를 베푸는 표징이 아브라함에게 주어진 바대로 영원한 언약에 구체적으로 포함되는 것이기 때문이라고 했다.

> 이 모든 일이 있은 후에 히브리인들의 자녀가 부모와 함께 언약 아래 있었기 때문에 언약의 표징을 받기에 합당했던 것처럼, 그리스도인들의 유아들도 그리스도의 교회와 백성 안에서 헤아림을 받았기 때문에 언약의 표징인 세례를 박탈당해서는 안됩니다.[65]

츠빙글리의 동료들, 특히 부처와 불링거는 할례와 세례의 동일성, 또는 적어도 유비, 그리고 두 언약의 단일성을 강조함으로써 언약의 신학을 발전시켰다. 한마디로, 시(市)개혁가들에게 세례는 언약의 표징이었다.

인간/구원에 있어서 자유의지 - *sola fide, sola Gratia*

아나뱁티스트들은 믿음을 요구했고, 믿음 없이는 성례전도 없다고 선언했다. 따라서 유아 세례를 받은 사람들은 사실상 전혀 세례를 받지 않은 것이며, 그 의미인 즉, 자신의 신앙을 고백했을 때 비로소 세례를 받아야 한다는 것이었다. 더욱이 아나뱁티스트들은 교리와 생활 방식에 있어서 지적 책임이 확고한 사람들에게 세례가 주어져야 한다고 주장했다.[66] 같은 맥락에서 아나뱁티스트들은 구원의 협력적 성격과 구원의 과정에서 하나님의 은혜와 협력할 수 있는 개

---

65 Zwingli, *Refutation of the Tricks of the Catabaptists*, in *Zwingli: Selected Works*, 235.
66 Martha P. Blunt, "Baptism: Dry Cleaning or Water Bath?," *Reformed Liturgy and Music* 19 (1985): 188-192.

인의 능력을 강조했다. 바로 이 지점, 즉 구원에 영향을 미치는 점에서 아나뱁티스트들은 하나님 앞에서 개인의 절대적인 무능력이라는 인간의 상태 혹은 조건을 강조했던 종교개혁의 주요 종파들과는 근본적으로 달랐다. 그러므로 아나뱁티스트들의 인간론, 즉 하나님의 은혜에 협력하거나 저항할 수 있는 자유의지를 가진 인간의 자질에 대한 그들의 이해는 오히려 인간의 의지, 칭의, 공로에 관한 로마 가톨릭의 이해에 매우 가까웠다.[67]

예를 들어, 세례 신학에 대한 후브마이어의 접근 방식은 자유의지를 전제한다. 그는 삼분법적 인간학으로 자유의지를 설명했는데, 그것에 따르면 자유의지는 타락(the Fall)에 의해 완전히 상실된 것이 아니라 단지 상처를 입었고 그리스도의 죽음으로 치유될 필요가 있었다.[68] 에라스무스[69]와 마찬가지로 아나뱁티스트 지도자들은 자유의지를 가르쳤고 인간의 개선 가능성에 대해 다소 낙관적이었다. "의지의 자유"(the freedom of the will)에 관한 그의 글(1527)[70]에서 후브마이어는 '의지의 속박'에 대한 프로테스탄트의 교리에 이의를 제기했다. 그는 만일 우리가 오직 믿음으로 구원받는다고 가

---

67 Liechty, *Early Anabaptist Spirituality*, 1.
68 Eddie L. Mabry, *The Baptismal Theology of Balthasar Hubmaier* (Ann Arbor: University Microfilms International, 1982), v.
69 최초의 스위스 아나뱁티스트 지도자들은 고학력을 획득한 청년, 대학의 학생들 또는 때로는 사제였다. 따라서 그들 가운데 인문주의 학습의 영향이 매우 강했다. 그리고 이러한 영향은 특히 취리히에서 그레벨(Conrad Grebel)의 서클에서 강하게 목격되었다.
70 *On Free Will*, in *Spiritual and Anabaptist Writers*, ed. J. Baillie, J. T. McMeill, H. P. Van Dusen, *The Library of Christian Classics* 25 (Philadelphia: Westminster, 1961), 112-135. *Von der Freiheit des Willens*, in *Quellen zur Geschichte der Taufer*, 9, 379-397.

르치면서 동시에 우리에게 자유의지가 없다고 가르친다면, 이것은 죄악된 삶을 계속하기 위한 핑계에 지나지 않는다고 주장했다. 이와 관련하여 올드는 "아나뱁티스트들은 확실히 합리주의자라기보다는 의지의 행위를 통해 구원을 받는다고 믿는 자발적 행동주의자들(voluntarists)이었다."[71]고 말했다. 후브마이어는 인간의 의지가 타락했다는 것을 의심하지 않았지만, 주류 개신교 개혁가들보다 중생의 힘에 대한 강한 믿음을 가지고 있었다.[72] 후브마이어에 따르면, 믿는 그리스도인은 의지의 자유의 회복에 들어가게 되며, 죄를 짓거나 죄를 짓지 않기로 한 결정에 대해 책임을 지게 된다.

> 이제 귀 있는 자들은 이것을 잘 주목하여 들으십시오. 우리는 하나님의 보내신 말씀과 진리를 통해, 하나님의 독생자 예수 그리스도를 통해 다시 자유케 되었습니다. 그러므로 타락에서 회복된 후에 사람들에게 다시 진정한 건강과 자유가 있습니다. 하나님은 항상 선한 양심에 따라 우리가 의지하고 행하는 것을 통해 일하시기 때문입니다. 그리고 육신은 이것을 원하지 않지만, 혼과 영의 연합된 의지에 따라 육체는 행동해야 합니다.[73]

따라서 후브마이어의 세례 신학은 인간의 자발적인 초기 믿음과 은혜를 통한 하나님의 선물로서의 의롭게 하는 믿음을 포함하는 믿음의 개념을 전제로 한다. 이 두 가지 모두 물세례와 피의 세례를 입

---

71 Old, *The Shaping of the Reformed Baptismal Rite in the Sixteenth Century*, 135.
72 Liechty, *Early Anabaptist Spirituality*, 21.
73 Hubmaier, *Von der Freiheit des Willens*, in *Schriften*, 390.

증하는 성령의 내적 세례에 필요하다.[74] 궁극적으로, 후브마이어에게 있어서 구원은 중세의 성례전적 체계나 믿음에 의해서가 아니라 오히려 회심 체험을 통해 얻어진다. 따라서 만약 아나뱁티스들의 "구원의 서정"(ordo salutis)의 중심이 내적인 "예", 즉 그리스도를 향한 신앙적 결단이라면, 유아 세례는 그 근거를 찾을 수 없게 된다.[75] 유아들은 그러한 신앙을 가질 수 없는 만큼, 재세례파는 오직 믿는 성인들만이 세례를 받아야 한다고 주장했던 것이다.

1525년부터 1527년까지의 저술들에서, 아나뱁티스들과 대조되거나 그들을 반대하는 글들에서 츠빙글리는 세례에 대한 논의를 언약의 인간적인 측면에서 언약의 신적 측면으로 옮겼다. 그래서 후브마이어에게 보낸 답장에서 츠빙글리는 언약이 인간의 믿음이 아니라 하나님의 은혜로운 약속에 의해 성취된 하나님의 은혜로운 언약이라고 주장했다.[76] 그의 글 『카타뱁티스트들의 속임수에 대한 논박』에서, 츠빙글리는 하나님의 백성에 대한 하나님의 관계의 중요성에 대해 다음과 같이 말한다.

> 제가 말씀드리건대, 이들은 우리가 족장과 선지자라고 부르는 조상들로, 그들에게 약속이 주어졌으며, 그들은 이스라엘 백성, 곧 하나님의 백성에게서 왔습니다. … 이스라엘 백성은 그가 언약을 맺으신 하나님의 백성이었고, 그는 특별히 자기 것으로 삼으셨으며, 또한

---

74 Mabry, *The Baptismal Theology of Balthasar Hubmaier*, v.
75 Old, *The Shaping of the Reformed Baptismal Rite in the Sixteenth Century*, 100.
76 John W. Riggs, "Reformed Thoughts: On Baptism and A Rite of Christian Initiation," *Reformed Liturgy and Music* (Fall 1985): 180.

가장 큰 자로부터 가장 큰 자에게까지 그의 언약의 표징을 주셨으니, 이는 높은 자와 낮은 자가 그와 언약을 맺었음이요, 그의 백성이요 그의 교회에 속하였던 것입니다.[77]

재세례파에 대한 자신들의 답변을 숙고하면서, 종교개혁가들은 재세례파가 자신들의 아우구스티누스적 신학에 대한 반발이라는 점을 매우 잘 인식하고 있었다.[78] 그러나 은혜의 우선성을 강하게 강조한 아우구스티누스 신학의 부흥은 종교개혁가들로 하여금 하나님이 인류의 구원을 위해 주도권을 잡으셨다고 믿도록 격려했다.[79] 유아세례에 대한 종교개혁자들의 접근은 그들의 아우구스티누스 신학,[80] 즉 강력한 은혜 교리와 완전히 일치했는데, 이 교리는 우리의 구원이 우리 자신의 지식이나 일, 경험, 결정에 달려 있는 것이 아니라 전적으로 하나님의 은혜에 달려 있음을 매우 분명하게 설명한다.[81] 그러므로 종교개혁가들이 하나님의 말씀에 따라 세례 예식을 형성해야 한다고 주장했다는 사실은 그들이 세례를 신적 행위로 여겼다는 사실을 의미심장하게 시사해 준다.[82]

---

77 Zwingli, *Refutation of the Tricks of the Catabaptists*, 227.

78 올드(Hughes O. Old)는 개신교 종교개혁의 핵심에는 은혜의 수위권을 강조하는 내용, 즉 아우구스티누스 신학의 부흥이 있었다고 말한다. Old, *The Shaping of the Reformed Baptismal Rite in the Sixteenth Century*, 139.

79 Old, "Origins of the Reformed Baptismal Rite in the Sixteenth Century," 203.

80 *Ibid*., 203. 물론, 이 아우구스티누스 신학은 재세례파의 열심이 폭발하기 전에 이미 로마 가톨릭교회에 대한 공격으로 되살아났다.

81 Old, *The Shaping of the Reformed Baptismal Rites in the Sixteenth Century*, 139.

82 *Ibid*., 140.

교회와 국가 – *corpus Christianum*

개신교 입장에서 교회에 대한 수용가능한 견해를 찾으려고 시도할 때, 우리가 먼저 취할 수 있는 방법은 16세기 종교개혁가들의 저술들이어야 한다는 것이 일반적인 주장이다.[83] 종교개혁 초기에 세례에 대한 이해의 문제가 매우 중요한 이슈가 된 이유는 세례 문제가 국가 교회와 원시 교회라는 두 가지 상반된 제도를 구별시키는 가장 중요한 경계선 중 하나였기 때문이며, 결과적으로 그 이슈가 세속 국가 당국자들에게 급진파를 무력으로 억압할 구실을 제공했기 때문이다.[84] 아나뱁티스트들은 교회는 그 본질에 있어 세상으로부터 분리되어 있다고 믿었다. 교회와 세속 세계의 분리라는 이 관념은 현대적 의미에서 우리가 "교회와 국가의 분리"[85]라고 부르는 것의 씨앗이 되었고, 그 자체로서 16세기 유럽의 역사에서 하나의 중대한 혁신이었다.[86] 따라서 재세례파와 시(市)개혁가들 사이의 세례 논쟁에서 가장 논란이 된 문제 중 하나는 세례 행위 자체가 아니라 세상 안에 있는 교회에 대한 상호 배타적인 두 가지 원칙들 사이의 고통스럽고 돌이킬 수 없는 투쟁이었다고 주장할 수 있다. 결론

---

[83] John T. McNeill, "The Church in Sixteenth-Century Reformed Theology," *The Journal of Religion* 22/3 (Jul. 1942): 251.

[84] Littell, *The Anabaptist View of the Church*, 14.

[85] 리텔(Littell)에 따르면, 재세례파가 특징적으로 보여주는 교회와 국가의 분리는 중요한 종교적 중요성을 가진 것으로, 적어도 두 가지 긍정적인 확언들을 포함했다. 즉 (1) 개인적 종교적 해석에 대한 자유인의 시민적 권리와 (2) 강력한 내부 규율을 시행하는 자발적 모임의 기독교적 의무가 그것이다. 리텔의 말에 따르면, 이것이 건강한 회중(교회) 생활의 밀접하게 연결된 두 가지 측면이다. *Ibid.*, 67.

[86] Liechty, *Early Anabaptist Spirituality*, 1. 교회와 정치에 대한 이해의 관점에서 볼 때, 재세례파는 실로 급진적이었다고 말할 수 있다.

적으로 츠빙글리는 '국가교회'에 헌신했고, 반면에 재세례파는 신약성경의 명백한 교훈에 따라 세워진 사도적 기독교를 회복하기 위해 나섰던 것이다.[87] 기독교 공동체에 들어가기 위한 확실한 표시로서의 세례는 사회적, 정치적 통제를 위해 정부와 행정관에게 중요했지만, 재세례파에게 가장 중요한 것은 거듭난 신자들의 교회였던 것이다.[88]

교회와 국가의 관계에 대한 지배적인 관념들과 재세례파 사이의 긴장은 많은 사건을 통해 드러났다. 1525년 1월 취리히에서 그레벨과 그 외 사람들이 갓 태어난 유아에게 세례 주기를 거부한 것은 시(市)의회가 8일 이내 유아 세례를 의무화하는 법안을 통과시켰기 때문에 그 자체로서 정치적 행동으로 판명되었다. 1525년 1월 21일 취리히에 새로운 기독교 공동체를 설립한 것도 사회 통합의 파탄으로 간주되었기 때문에 그 또한 정치적 행동이었다.[89] 아나뱁티스트들은 신앙 문제에 관한 정부 법령들에 순응하기를 거부했고, 특히 국가와 교회의 관계에 대한 후브마이어의 교리는[90] 많은 '주류' 아나

---

87 Littell, *The Anabaptist View of the Church*, 14.
88 J. Dyck, *Spiritual Life in Anabaptism*, 14-15. 세례는 흔히 생각되는 만큼, 그리고 *Taufer* 또는 아나뱁티스트가 의미하는 만큼 아니뱁티스트들의 신앙에 중심적인 것은 아니었다.
89 Klassen, *Anabaptism*, 49. 클라센(Klassen)은 아나뱁티스트들이 가졌던 정치적 견해들을 다섯 가지 주요 사항들로 설명했다. 즉 1) 세속 정치에 대한 참여 거부, 2) 맹세 거부, 3) 폭력 가담 거부, 4) 종교 자유에 대한 주장, 5) 새로운 경제.
90 최근 교회와 국가의 관계에 대한 후브마이어의 태도를 매우 중립적으로 설명하면서, 맥그레고(Kirk R. MacGregor)는 다음과 같이 쓴다. "급진적 측면에서 후브마이어는 교회의 영적 역할을 국가의 물리적 역할로부터 분리했다. 후브마이어에게 하나님은 교회에 개인들을 하나님과 화해시키고 설교, 변증, 자선 행위, 그리고 성례전의 집행을 통해 의의 상태로 양육하도록 위임하셨다. 그와 대조적으로, 하나님은 사회적 정의를 구현하기 위해 정부를 승인하셨다 … 그리고 세상의 부패로부터

뱁티스트들에 의해 지지를 받았으며,[91] 이들에 의해 후대의 아나뱁티스트들에게 전해졌다.[92] 이러한 과정이 진행되면서 아나뱁티스트 운동은 두 개의 왕국에 관한 정치신학과 결합되었을 때 곧 평화주의와 종교적 분파주의로 발전한 내적 세계를 지향하는 금욕주의로 특징지어졌다.[93]

실로 아나뱁티스트들의 분리주의적 신앙 경험과 제자도는 가톨릭이든 개신교든 16세기 교회와 국가 체제에 대한 혁명적인 도전을 의미했다. 예를 들어, 최초의 재세례파들이 취리히에서 세례를 정죄하기 시작했을 때, 츠빙글리는 그것이 국가로부터 분리된 교회를 의미한다는 것을 깨달았고, 그들에 대한 자신의 생각을 명확히 했다. 그의 눈에는 재세례파가 세례를 반복함으로써 "Sekte"("반대자"), "Rotten"("썩은 자"), "Ketzer"("종파주의자", "반역자", "이단자")가 되

선한 사람들과 자신을 방어할 수 없는 사람들을 지키도록 세속 권력자의 편에 칼을 부여했다." Kirk R. MacGregor, "Hubmaier' Death and the Threat of a Free State Church," *Church History and Religious Culture* 91/3-4 (2011): 326.

91 『슐라이트하임 신앙고백』(1527)이 선언한 대로, 세속정부의 행정직은 육신에 따른 것이지만 그리스도인들의 직무는 성령을 따른 것이다. 그들의 집들과 거처는 이 세상에 남아 있지만 그리스도인들의 시민권은 천국에 있다. William R. Estep, Jr. ed., "The Schleitheim Confession" in *Annabaptist Beginnings: A Source Book* (Nieukoop: B. De Graaf, 1976), 103.

92 Mabry, *Balthasar Hubmaier's Doctrine of the Church*, 204-205.

93 이러한 아나뱁티스트 분파주의는 *슐라이트하임 신앙고백*(1527)의 네 번째 조항에서 명확하게 진술되었다. 그 내용을 부분적으로 발췌하여 읽어보면 다음과 같다. "우리는 악으로부터, 사탄이 세상에 심어 놓은 사악함으로부터 일어날 분리에 관해 단결하였다. … 우리는 그들과 교제하지 않으며, 그들의 가증한 일의 혼란 속에서 그들과 함께 뛰지 않는다. … 이제 세상에는 다른 것이 없다. 세상과 모든 피조물은 선과 악, 믿는 자와 믿지 않는 자, 어둠과 빛, 세상과 세상으로부터 나온 자들, 하나님의 성전과 우상, 그리스도와 벨리알이다. 전자는 후자와 함께하지 않을 것이다." The full text is given in *The legacy of Michael Sattler*, ed. and trans. John H. Yoder (Scottdale: Herald, 1973), 28-44.

어 있었다.[94] 1925년 1월 17일의 논쟁 직후에 도입된 신자(성인) 세례는 교회의 본질에 대한 상당히 다른 견해를 암시하는 것이 사실이었고, 주류 개혁가들은 그것을 결코 놓칠 수 없었다.[95] 주인들의 주인이시요 만왕의 왕은 행정관료직을 필요로 하지 않기 때문에 모든 행정관은 주님을 통해 하늘로부터 자신들의 권위를 가져온다고 주장하면서도, 츠빙글리는 그리스도인의 삶을 위해서 행정관료직의 필요성을 다음과 같은 말로 지지했다.

> 나는 그리스도인들이 행정관료직을 필요로 하지 않는다는 주장을 온 힘을 다해 반대한다. … 불행하게도 우리는 사람들 가운데서 그토록 절대적인 완전함을 발견하지 못한다. 뿐만 아니라 우리가 이 육신의 거처를 포기하지 않는 한, 그리스도를 고백하는 모든 사람이 온전히 행복하다는 것을 발견할 수도 없다. 그러므로 칼(행정관료직)은 그리스도의 완전함 밖에 있는 하나님의 규례라는 말은 이런 의미에서 참이다. 즉, 그리스도의 지체들은 칼이 필요하지 않은 머리의 완전성의 분량에는 도달하지 못한다는 것이다.[96]

1531년 프란치스코 1세에게 보낸 『기독교 신앙 해설』(Short and Clear Exposition of the Christian Faith)에서(vi, vii장) 츠빙글리의 사고는 교회와 국가의 관계를 중심으로 전개되고 있는데, 그는 교회 안에서 정부는 설교만큼 필요하며 교회는 시민 정부 없이는 존재할

---

94 Bergsten, *Balthasar Hubmaier*, 292.
95 Littell, *The Anabaptist View of the Church*, 71.
96 Zwingli, *Refutation of the Tricks of the Catabaptists*, 197.

수 없다고 단언한다.[97] 이와 같이 츠빙글리는 국가교회 체제에 확고히 전념했는데, 이는 그가 스위스 교회의 '실질적인' 구조 안에서 일하기로 결심했고, 스위스 교회 전체의 헌법적 개혁을 원했기 때문이었다.[98] 실제로 츠빙글리와 시(市)행정관료들은 행정상의 권위를 취리히 교회 위에 두는 것을 제도화하는 개혁 과정에서 전적으로 협력했으며, 그 과정의 결과는 기독교 공동체 내에서 교회와 국가의 역할에 대한 츠빙글리 자신의 이론에 전적으로 기반을 두고 있었다.[99] 재세례파에 관해서는, 교회와 참 종교를 보호하기 위해 그들을 제지하고 모든 신성 모독자를 처벌하는 것이 행정관료들의 의무였다. 이런 의미에서 츠빙글리는 중세의 기독교 개념인 기독교 세계(corpus Christianum)를 보존했는데,[100] 바로 그것으로부터 아나뱁티스트들의 분리주의적 교회가 분열되어 나온 것이다.[101] 또한 여기서 우리는 츠빙글리가 세례의 교회론적 측면을 강조했다는 사실을 명심해야 하는데, 다시 말해서 그에게 세례는 교회 안으로의 입문, 즉 들어오는 것이었다.[102]

---

97 McNeill, "The Church in Sixteenth-Century Reformed Theology," 255.
98 Old, *The Shaping of the Reformed Baptismal Rite in the Sixteenth Century*, 87.
99 Wayne Baker, "Church, State, and Dissent: The Crisis of Swiss Reformation, 1531-1536," *Church History* 57/2 (Jun. 1988), 135-136.
100 용어 "*corpus Christianum*"은 교회와 국가의 일치에 대한 중세적 개념을 가리키며, 또한 영적, 세속적 지배의 일치를 의미한다.
101 Bergsten, *Balthasar Hubmaier*, 292. 루터와 츠빙글리가 그들 사상의 다른 측면들에서는 매우 달랐지만 급진적 운동에 대해서는 공통된 적대감을 공유했다는 것을 보는 것은 흥미롭다. 농민들을 반대하는 루터의 소책자들, 그리고 토마스 뮌처(Thomas Muntzer)와 같은 급진주의자들에 대한 그의 접근이 그렇고, 츠빙글리의 경우는 취리히의 재세례파 박해를 그가 승인한데서 설명을 찾을 수 있다. Samuel M. Jackson, ed., *Ulrich Zwingli(1484-1531): Selected Works*, xxv.
102 Old, *The Shaping of the Reformed Baptismal Rite in the Sixteenth Century*, 62.

4. 요약 및 결론

　요약하면, 동일하게 인문주의의 두 추종자인 후브마이어와 츠빙글리 사이에 일어난 세례 문제로 인한 갈등은 특히 성경을 사용하는 방법과 관련하여 서로를 분열시켰고, 조명론적 주석[103]과 문법적-역사적 주석의 차이점을 명확히 했다.[104] 후브마이어는 신약에서 하나님의 구원 활동의 유일성을 강조하고 유아 세례에 대한 주장을 그 근원에서 억누르기 위해 신약과 구약 성서 사이의 거리를 벌려 놓으려 했다. 그러나 츠빙글리는 할례와 유아 세례 사이의 유추를 정당화하기 위해 구약과 신약의 통일성을 크게 강조하고, 성경 전체에 대한 언약 개념의 중요성을 강조했다. 츠빙글리가 유아 세례를 옹호하기 위해 성경적 근거를 찾아야만 했다는 사실은, 성경의 최고이자 유일한 권위를 그와 같이 강조하는 것이 개혁주의 전통 내의 가르침과 토론, 논쟁의 핵심적 특징 중 하나임을 보여준다.[105] 그런데, 인간 개선의 가능성에 대해 낙관적이었던 아나뱁티스트 지도자들은 의지의 자유와 같은 인간적 요소를 옹호했고, 따라서 후브마이어가 말한 것처럼 이중 예정을 거부했다. 더욱이 후브마이어의 세례 신학은 은혜를 통한 하나님의 선물로서의 의롭게 하는 믿음 뿐만 아니라 인간 측의 자발적인 우선적 믿음을 포함하는 독특한 믿음 개념을 전제로

---

103 성경에 대한 재세례파의 접근을 단순히 조명론적 주석으로 분류하는 것은 적절하지 않다. 왜냐하면 그들은 일반적으로 '성서주의자' 또는 '문자주의자'로 불리며, 흔히 "문법적-역사적 주석"을 사용하기 때문이다.

104 *Ibid.*, 143-144.

105 Potter, *Zwingli*, 191.

한다. 그러나 이와는 대조적으로, 개혁주의 신학의 기초자인 츠빙글리는 전적으로 하나님의 섭리에 의존하는 언약의 신학 전통을 일관되게 고수하면서 유아 세례에 접근했다. 나중에 츠빙글리의 뒤를 이어 취리히 교회의 수장이자 그로스뮌스터 교회의 목사가 된 불링거(Heinrich Bullinger)는 언약은 하나님의 은혜로운 약속이며, 그것은 인간의 믿음이 아니라 하나님의 은총의 약속을 통해 성취되고, 따라서 세례는 인간의 행위가 아니라 신성한(신적) 행위라고 강조했다. 또 다른 문제인 교회와 국가의 관계와 관련하여,[106] 재세례파는 사도적 기독교를 회복하기 위해 나섰고, 신약성경의 명백한 교훈에 따라 그들 자신의 원시 그룹을 조직했으나, 그와 반대로 츠빙글리는 스위스 교회 내에서 일하기로 굳게 결심한 상태에서 성인 신자들의 세례를 정죄했는데, 이는 재세례파의 목표가 국가로부터 교회의 분리를 의미한다는 것을 깨달았기 때문이다.

결론적으로 말해, 재세례파가 촉발시킨 신학적 위기에 대한 개혁자들의 대응 방식을 추적하고자 한 시도로서 개혁 예식의 형성에 관한 올드(Old)의 작업이 보여주듯이, 시(市)개혁가들은 두 가지 다른 전선들, 즉 옛 라틴 세례 의식들과 재세례파의 혁명적 운동을 동시에 전선으로 맞닥뜨려 싸우면서 자신들의 세례 의식을 발전시켰다.[107] 유아 세례에 관한 논쟁, 특히 초기 아나뱁티스트들에 의해 촉발된 논쟁은 시(市)개혁가들이 개혁주의 전통의 세례 신학을 형성하

---

106 "교회와 국가의 관계" 문제는 재세례파에 대한 최초의 개신교 박해에 결정적인 영향을 미쳤다.
107 Old, *The Shaping of the Reformed Baptismal Rite in the Sixteenth Century*, 142-3.

는 데 지배적이고 의미 있는 역할을 했다.[108] 그리고 그 논쟁은 비록 불명예스러운 비극적인 박해에 대한 이야기로 귀결되었음에도 불구하고, 아이러니하게도 시(市)개혁가들로 하여금 구약의 회복으로서의 언약 신학에 초점을 맞춘 "오직 성경으로"(sola Scriptura)과 같은 개혁신학의 원칙을 발전시키도록 자극했으며, 아우구스티누스 신학/구원론의 유산을 암시하는 "오직 은총으로"(sola Gratia), 그리고 궁극적으로는 개혁주의 성령 교리에 의해 뒷받침되는 기독교 세계(corpus Christianum)의 비전에 집중하게 했다. 그리고 이러한 것들로부터 세례는 그리스도인의 삶 전체가, 개인적으로나 공동체 안에서도, 언약에 따라 살아가는 표징일 뿐이라는 개혁주의 신앙이 확고하게 자리 잡았으며, "구원에 있어서의 하나님의 주권과 기독교 공동체의 공동체적 성격"을 확언하는 것과 같은 믿음을 통해 계승되었다."[109]

---

108 *Ibid.*, 144.
109 Timothy George, "The Reformed Doctrine of Believers' Baptism," *Interpretation of The Reformed Doctrine of Believers' Baptism* 47/3 (1993): 242.

참고문헌

[1차 자료]

Hubmaier, Balthasar. *Balthasar Hubmaier Schriften*. Herausgegeben von Gunna Westin and Trosten Bergsten. Gütersloh: Verlagshaus Gerd Mohn, 1962.

Zwingli, Ulrich. *Zwingli (1484-1531): Selected Works*. Ed. Samuel M. Jackson. Philadelphia: University of Pennsylvania, 1901.

[2차 자료]

Bainton, Roland H. "The Left Wing of the Reformation." *The Journal of Religion* 21/2 (Apr. 1941): 124-134.

Baker, Wayne. "Church, State, and Dissent: The Crisis of Swiss Reformation, 1531-1536." *Church History* 57/2 (Jun. 1988): 135-152.

Bergsten, Torsten. *Balthasar Hubmaier: Anabaptist Theologian and Martyr*. Trans. Irwin J. Barnes & William R. Estep. Valley Forge: Jusdon, 1978.

Blunt, Martha Page. "Baptism: Dry Cleaning or Water Bath?" *Reformed Liturgy and Music* 19 (1985): 188-192.

Christoffel, R. *Zwingli; the Rise of the Reformation in Switzerland*. Edinburgh: T.&T. Clark, 1858.

Dyck, Cornelius J. ed. *Spiritual Life in Anabaptism*. Scottdale: Herald, 1995.

Estep, William R. *The Anabaptist Story-an Introduction to 16th Century Anabaptism*. Grand Rapids: W. B. Erdmans, 1996.

George, Timothy. "The Reformed Doctrine of Believers' Baptism." *Interpretation: The Reformed Doctrine of Believers' Baptism* 47/3 (1993): 242-254.

Harder, Leland. "Zwingli's Reaction to the Schleitheim Confession of Faith of the Anabaptists." *The Sixteenth Century Journal* 11/4 (Winter 1980): 51-66.

Herchberger, Guy F. *The Recovery of the Anabaptist Vision*. Scottdale: Herald, 1957.

Klaasen, Walter. "The Anabaptist Critique of Constantinian Christendom." *Mennonite Quarterly Review* 55 (Jul. 1981): 218-231.

_____. *Anabaptism: Neither Catholic nor Protestant*. Waterloo: Conrad, 1973.

Liechty, Daniel. trans. & ed. *Early Anabaptist Spirituality: Selected Writings*. New York: Paulist, 1994.

Littell, F. H. The Anabaptist View of the Church. Boston: Starr King, 1958.

Mabry, Eddie Louis. *The Baptismal Theology of Balthasar Hubmaier*. Ann Arbor: University Microfilms International, 1982.

_____. *Balthasar Hubmaier's Doctrine of the Church*. London: University Press of America, Inc., 1994.

MacGregor, Kirk R. "Hubmaier's Death and the Threat of a Free State Church." *Church History and Religious Culture* 91/3-4 (2011): 321-348.

McNeill, John T. "The Church in Sixteenth-Century Reformed Theology." *The Journal of Religion* 22/3 (Jul. 1942): 251-

269.

Old, Hughes O. *The Shaping of the Reformed Baptismal Rite in the Sixteenth Century*. Grand Rapids: W. B. Eerdmans, 1992.

_____. "Origins of the Reformed Baptismal Rites in the Sixteenth Century." *Reformed Liturgy and Music* 19 (Fall 1985): 196-204.

Pipkin, H. Wayne. "The Baptismal Theology of Balthasar Hubmaier." In *Essays in Anabaptist Theology*, ed. H. Wayne Pipkin. Elkhart, IN: Institute of Mennonite Studies, 1994.

Pipkin, H. Wayne & John H. Yoder, *Balthasar Hubmaier: Theologian of Anabaptism*. Waterloo: Herald, 1989.

Potter, G. R. Zwingli. Cambridge: Cambridge University, 1976.

Prokhorov, Constantine. "Anabaptism is Neither Catholic nor Protestant." *Theological Reflections: Euro-Asian Journal of Theology* 4 (2004): 146-160.

Riggs, John W. "Reformed Thoughts: On Baptism and A Rite of Christian Initiation." *Reformed Liturgy and Music* (Fall 1985): 179-183.

Schaff, Harold H. "The Anabaptists, the Reformers, and the Civil Government." *Church History* 1/1 (Mar. 1932): 27-46.

Snyder, C. Arnold. "The Birth and Evolution of Swiss Anabaptism." *Mennonite Quarterly Review* 80 (Oct. 2006): 501-645.

Stayer, James M. *Anabaptists and the Sword*. Lawrence:

Conrad, 1972.

Steinmetz, David C. "The Baptism of John and the Baptism of Jesus in Huldrych Zwingli, Balthasar Hubmaier and Late Medieval Theology." In *Continuity and Discontinuity in Church History*, ed. Forester Church and Timothy George. Leiden: E. J. Brill, 1979.

Van Bracht, Thieleman J. *The Bloody Theater or Martyrs Mirror of the Defenseless Christians*. Waterloo: Herald, 1950.

Vedder, Henry C. *Balthasar Hubmaier: The Leader of the Anabaptists*. New York: G. P. Putnam's Sons, 1905.

Williams, George H. *The Radical Reformation*. Philadelphia: Westminster, 1962.

둘째 글

칼뱅(Calvin) 신학의 윤리적 차원:
에릭슨(E. H. Erikson)의 발달심리학으로 본
칼뱅 신학

이 글에서 필자는 칼뱅 신학의 윤리적 차원을 에릭슨(Erik H. Erikson)의 발달심리학적 관점에서 해석하고자 한다. 특히 두 가지 방법론적 접근을 시도하는데, 첫째 에릭슨의 도덕발달 이론을 해석학적 렌즈로 활용하여 칼뱅 신학에 내재된 윤리적 함의들을 체계적으로 분석한다. 둘째, 칼뱅의 칭의론과 성화론을 중심으로 그의 신학이 지닌 실존적, 발달적, 관계적 측면들을 에릭슨의 심리발달 단계론과 대화적으로 고찰한다. 이러한 학제간 연구를 통해 칼뱅 신학의 윤리적 지향성을 현대 심리학적 관점에서 재해석하고, 나아가 기독교 윤리의 실천적 함의를 도출하고자 한다.

정신분석학 연구들이 인간에게 있어 윤리적 의식의 발달 과정을 식별하려고 시도한다는 것은 이미 오래 된 일이고 잘 알려진 사실이다. 그런 까닭에 정신분석 이론은 특정 신학들에서 윤리적 함의를 확인하고자 하는 새로운 신학적 사고의 흐름들에 크게 기여할 수 있다. 예를 들어 에릭슨(Erik H. Erikson)의 도덕 발달 이론은 그것이 도덕적 의사 결정의 실존적, 발달적, 상호적 측면을 매우 상세하고 깊이 있게 고려하기 때문에 명백한 신학적 주제들을 반영하고 있다. 종교성은 명제적 진리 주장의 단순한 고백을 넘어서는 것이고, 내면의 감정 상태나 느낌에 대한 단순한 표현 이상이다. 다시 말해 고양된 종교적 의식은 신자 각자가 자신의 삶에 대해 결단하도록 도전하는 윤리적 순간들로 이어져야 한다.

대체로 칼뱅의 신학이 가진 윤리적 측면을 무시하는 경향이 있지만, 오히려 칼뱅의 신학이 매우 윤리적인 지향을 가지고 있다는 것이 학계의 지배적인 견해이다. 이 글이 보여주고자 하는 바와 같이, 에릭슨의 도덕 발달 이론은 칼뱅의 신학에서 윤리적 측면을 생각하는 데 상당한 도움이 될 수 있다. 에릭슨의 발달 이론에 기초한 여러 신학적 주제가 칭의와 성화에 대한 칼뱅의 신학에 적용될 때, 기독교인으로서의 실존은 다양한 도덕적 발달 차원을 포함하며 또한 종교적, 공동체적 성격을 가진다는 전제는 명백해질 것이다.

말하자면, 칼뱅에게 있어 믿음으로 말미암은 칭의는 죄인과 구세주 그리스도 사이의 실존적 만남의 사건이다. 그리고 칼뱅의 신학적 인간학에 따르면, 인간이 가진 고유한 힘은 하나님과의 성장하는 관계를 통해 질서 정연한 패턴에 뿌리를 두고 발전한다. 더욱이, 칼뱅의 성화 교리는 그리스도인이 예수 그리스도 안에서 새로운 삶을 시작한다고 할 때, 그 삶은 미래의 삶에서의 성취와 완성을 향하고 있으며, 또한 그 삶은 평생 지속되는 변화의 지속적인 발전 과정에 들어가고 있다는 것을 전제한다. 마지막으로 칼뱅은 문화와 사회 안에서 인간관계의 중요한 역할을 강조한다. 칼뱅의 신학적 관점에서 인간 존재를 정의하면, 그리스도인의 경건은 하나님을 향할 뿐만 아니라 동시에 인간 사이의 상호적이고 사회적인 관계 속에 존재한다.

1. 서론: 칼뱅 신학의 윤리적 지향

최근의 현상은 아니지만, 근래 신학계에서 대세라고 할 수 있는 하나의 특징적인 경향은 신학 이외의 다양한 학문분야들의 연구 결과들을 신학적 논의에 적용하기를 적극적으로 시도한다는 것이다. 예를 들어, 바로 이 글이 다루고자 하는 것이기도 하거니와, 인간 존재 안에 있는 윤리적 의식의 발달 과정을 확인하려는 노력으로서의 정신분석 연구(psychoanalytical study)[1]는 특히 신학 분야에서 자신들의 연구를 통해 윤리적 함의(含意)들을 발견하고자 의도하는 경향, 그와 같은 특징적 흐름 위에 있는 신학적 시도들에 크게 관련성을 가지는 학문분야임에 틀림없다.

여기서 한 가지 분명히 해야 하는 사항이 있다. 그것은 다름 아니라, 소위 '종교성'(religiousness)은 단지 몇몇 명제적 진리 주장들을 단순히 고백하거나 단순히 어떤 내적 정서 상태나 감정을 표현하는 것이 아니라, 그 이상의 어떤 문제라는 사실이다. 말하자면, 종교성은 인간의 실제적 삶의 다양한 측면들에 결정적으로 관계되어 있다. 이런 의미에서 종교적 삶은 종교적 신앙의 결과(열매)이다. 따라서 종교적 의식은 신자들 각자로 하여금 자신의 삶을 결단하도록 도전할 수 있는 어떤 윤리적 동기들을 제공하는 데까지 나아가야 한다. 여기서 우리는 신앙의 교리와 신앙의 삶이, 즉 교리와 삶, 또는 종교

---

[1] 프로이드의 심리성적(psychosexual) 발달 단계이론, 피아제(Piaget)의 인지(cognitive) 발달 단계이론, 에릭슨의 도덕(moral) 발달 단계이론 등이 대표적인 예(例)가 될 것이다.

와 도덕성이, 또 다시 표현하자면, 기독교 교의와 윤리가 서로 어디에서 어떻게 만나는지를 알 수 있게 된다. 이런 맥락에서, 최근의 신학들에서 그들 나름대로 어떤 윤리적 함의들을 발견하려고 노력하는 다양한 시도들은 오늘을 사는 기독교인들에게 신앙전통에 대한 해석과 삶을 연결시키는 다양한 길들을 제시한다는 의미에서 더욱 더 중요하게 고려되어야 한다.

이 글에서 필자는 위에서 언급한 생각들을 기반으로 하여 에릭슨(Erik H. Erikson)[2]의 도덕 발달 이론(Moral Developmental Theory, 또는 심리사회적 이론)에 대한 하나의 신학적 숙고를 시도할 것이다. 사실 에릭슨의 도덕 발달 이론은 관련 분야에서 고전적 주제이며, 수많은 연구가 이루어져 왔다. 당연히 신학전공자로서 필자는 그러한 연구들에 있어 전문가와는 거리가 멀다. 다만 필자가 특히 관심을 가지는 것은, 에릭슨의 도덕 발달 이론에 대한 신학적 적용의 시도가 필자로 하여금 특히 개혁교회 전통의 대표적 신학자 칼뱅(John Calvin, 1509-1564)[3]이 펼친 칭의(稱義, Justification)와 성화(聖化, Sanctification)에 대한 신학을 새롭게 숙고하도록 도전했다는 점이다.

이 글을 시작하면서 언급해야 할 것이 한 가지 더 있다. 필자가 아는 한, 칼뱅의 신학은 매우 윤리적 지향성(指向性)을 가진다는 사실은

---

[2] 에릭슨(Erik Homburger Erikson, June 15, 1902 – May 12, 1994)은 독일 출신의 미국 발달심리학자이며 정신분석학자로서 인간의 사회적 발달에 대한 그의 이론과 정체성 위기라는 말을 만든 것으로 유명하다. 심리학의 관심을 인간의 심리성적 발달에서 심리사회적 발달로 전환시키는데 큰 공헌을 했으며, 심리학을 문화인류학과 역사학에 접목시키는 시도로 이후 심리학의 연구방법에 큰 영향을 끼쳤다.
[3] 칼뱅은 개혁교회와 그 신학의 기초자 가운데 한 사람이며, 특히 작년 2009년은 깔뱅의 탄생 500주년을 맞아 그의 삶과 신학을 새롭게 조명하는 많은 학술행사들이 치러졌다.

학계의 지배적인 의견이다.[4] 그러나 동시에 부인하기 어려운 사실은, 적지 않은 사람들이 칼뱅 신학에서 윤리적 측면을 간과하는 경향이 있다는 것이다. 왜냐하면 그들의 경우에는 칼뱅이 구원의 과정에서 행위의 역할을 중시하는 로마 가톨릭 전통을 반대한 주요 종교개혁자들의 한 사람이라는 사실에 너무 성급하게 몰두해 버리기 때문이다. 사실 이것은 유감스럽게도 한국의 일부 장로교회들의 경우에도 해당되는 말이다. 장로교 목사이며, 신학교에서 개혁신학의 전통을 가르치는 한 사람으로서 필자는 개혁신학이 가진 윤리적 차원들을 발견하는데 매우 크고 지속적인 관심을 견지해 왔다. 그런 맥락에서 특히 칭의와 성화에 대한 칼뱅의 신학이 필자의 관심들 가운데 하나가 된 것은 어쩌면 당연한 일이다. 또한 필자가 지난 날 신학수업을 시작하면서 학부과정의 기독교교육 관련 수업에서 처음 접한 에릭슨의 도덕 발달 이론을 칼뱅의 신학에 있는 윤리적 측면을 숙고하는데 사용해 보게 된 것도 결코 우연이 아닐 것이다.

이 글에서 필자는 먼저 신학적 관점들로부터 에릭슨의 도덕 발달 이론을 분석할 것이다. 그런 다음 그러한 숙고들을 칭의와 성화에 대한 칼뱅의 신학에 연결시켜 볼 것이며, 결과적으로 에릭슨의 이론에 대한 신학적 숙고들이 칭의와 성화에 대한 칼뱅의 신학에서 어떻게 설명되는지를 보여 줄 것이다. 이 과정을 통해, 필자는 칼뱅의 신

---

4   Cf. J. H. van Wyk, "Calvin on the Christian Life," in *Our Reformational Tradition*, directed. T. van der Walt (Potchefstroom University for Christian Higher Education, 1984), 231. Van Wyk says, "the theology of Calvin on the whole reveals an ethical structure."

학이 현대 기독교인들에게, 특히 그들의 기독교적 삶에 가지는 윤리적 함의들을 토론할 것이다. 필자는 이 글이 칼뱅의 신학에 내재한 윤리적 본질, 또는 성격을 분명하게 하는 결과를 가져올 것이라고 생각한다. 동시에 필자는 이러한 '학제간'(interdisciplinary) 연결을 통한 숙고의 작업이 가장 상징적이고 대표성을 가지는 종교개혁자의 한 사람인 칼뱅의 신학, 특히 칭의와 성화에 대한 그의 신학을, 그 윤리적 성격이라는 맥락에서 더 잘 이해하도록 도울 수 있다는 점을 보여줄 것이다.

그렇다면 먼저, 에릭슨의 도덕 발달 이론이란 무엇인가?

2. 에릭슨의 도덕 발달론

1960년대에 들어서면서 에릭슨은 인간의 사회심리학적 발달에 대한 연구로부터 자신의 윤리적 이론을 가져오고자 시도했다. 에릭슨의 도덕 발달 이론에 따르면, 각 인간은 8개의 결정적인 단계들(신뢰감 대 불신감, 자율성 대 의심 및 수치심, 주도성 대 죄의식, 근면성 대 열등감, 자아정체감 대 역할혼돈, 친밀감 대 고립감, 생산성 대 침체감, 자아통합 대 절망감)[5]을 지나게 된다. 그리고 그것들로부터 에릭슨이 '본래적' 덕목들이라고 부르는 일련의 자아의 강점들이 나온다. 에릭슨

---

5 Trust vs. Mistrust, Autonomy vs. Shame and Doubt, Initiative vs. Guilt, Industry vs. Inferiority, Identity vs. Identity Confusion, Intimacy vs. Isolation, Generativity vs. Stagnation, Integrity vs. Despair

은 그의 『아동기와 사회』(Childhood and Society, 1963, 개정판)에서 그가 말하는 8개 단계들에 상응하는 "기본적 덕목들"의 순서를 제안했다.[6]

여기서 에릭슨은 8개 덕목들을 3개의 보다 광의적 의미의 그룹들로 나눈다. 즉, 유아기와 유년기 덕목들은 희망, 의지, 그리고 목적, 그리고 덕의 원천으로서의 역량(competence)이고, 청소년기 덕목은 정절(fidelity)이며, 성인기 덕목들은 사랑, 돌봄, 그리고 지혜이다. 일 년 후, 에릭슨은 『통찰력과 책임』(Insight and Responsibility, 1964)에서 위에서 말한 바와 같이 전개되는 8개 덕목들을 보다 구체적으로 논의했고, 그 덕목들을 자아의 강점들이 단계에서 단계로 발전하고 세대에서 세대로 전해지는 그 과정에 관계시켰다.[7] 여기서 에릭슨은 이들 덕목들에 몇 가지 일반적 설명들을 부여했는데,[8] 그 내용은 다음과 같다. 첫째, 덕목들은 서로에게 불가분리로 연결되어 있는 한편, 서로 의존한다. 둘째, 각 덕목은 한 개인의 삶의 일생동안에 걸쳐 지속되며, 그 개인이 성숙하고 발전하면서 새로운 특질들을 획득한다. 셋째, 그 8개 기본적 덕목들은 개인의 생물적, 심리적, 그리고 사회적 발전에 긴밀하게 연결되어 있다.

널리 알려진 바와 같이, 에릭슨이 말하는 그 유명한 사회심리학적(socio-psychological) 단계들에 대한 이론은 무엇보다도 도덕적 함

---

6 Erik H. Erikson, *Childhood and Society* (New York: Norton, 1963), 274.
7 Chap. IV. "Human Strength and the Cycle of Generations."
8 Nicholas Piediscalzi, "Erik H. Erikson's Contribution to Ethics," *Journal of Religion & Health* 12 (Apr. 1973): 169-170.

의들과 종교적 차원을 가진다. 인간의 사회심리적 발달의 과정에서 결정적 단계들 가운데서 적어도 세 가지, 예를 들어, 신뢰감 대 불신감, 자아정체감 대 역할 혼돈, 그리고 자아 통합 대 절망감은, 그리고 그것들로부터 오는 적응력이 있는 강점들 또는 덕목들은 그것들이 종교적 또는 도덕적 차원들을 가진다는 점에서 매우 중요한 것들로 고려된다. 말하자면, 에릭슨이 기본적 신뢰의 필요성에 대해 말할 때, 그는 "좋은 태도나 인격의 고상함을 언급하는 것이 아니라 인간의 생존 자체를 위한 최소한의 조건들을 언급하고 있다."[9] 에릭슨에게 있어서, 정신적, 정서적, 도덕적, 그리고 심지어 존재론적 도전들이 반복해서 일어나며 실존한다는 사실은 무엇보다 특징적으로 종교적인 양식으로 "주변 세계를 가지는 것, 그것과 연결되는 것, 또는 그것에 연결되는 것"을 요구한다.[10] 그러므로 이런 이유 때문에 "종교와 사회학" 분야에 있는 많은 학자들이 "심리적 개념들의 신학적 사용"을 시도해 왔고, 특히 인간 발달에 대한 에릭슨의 연구를 사용해 왔다는 사실은 특별하기도 하고 분명히 납득할 만한 사실인 것이다.

필자는 인간의 도덕 발달에 대한 에릭슨의 가르침들을 필자 나름대로 이해하기를 시도하고 나서 다음과 같은 결론을 내렸다. 즉 에릭슨의 이론의 저변에는 두 가지 중요한 원리들이 흐르고 있다는 것이다. 첫째는 '진화적'(evolutionary) 또는 '발달적'(developmental)

---

9 D. Yankelovich & W. Barrett, *Ego and Instinct: The Psychoanalytic view of human nature revisited* (New York: Random House, 1970), 121.

10 Robert C. Fuller, "Erikson, Psychology, and Religion," *Pastoral Psychology* 44 (1996): 382.

원리이다. 소위 "후성설"(Epigenesis) 이론[11]이 에릭슨의 라이프-사이클(life-cycle) 발달 이론의 기초가 되고 있으며, 그리고 그것은 그의 이론의 본질을 드러낼 수 있는 하나의 기초적 전제이다. 에릭슨에 따르면, 태아의 발달은 임의적 선택의 과정을 통해서가 아니라 잘 정돈된, 즉 연속하는 형식을 통해 이루어진다. 그리고 태아의 발달에서 일어나는 것은 또한 인간의 사회심리적 발달에서 여전히 일어난다. 각각의 덕목, 그리고 모든 덕목들의 순서에서 각각의 덕목이 차지하는 자리는 인간 발달의 다른 부분들에 아주 중요하게, 그리고 전진적으로(progressively) 상호관계 되어 있다. 이러한 개념이 우리의 인간이해와 관련하여 제안하는 바는 다음과 같다. 즉 인간이라는 유기체는 궁극적으로 삶을 통해 전진하면서 전개되는 어떤 본래의 기초 계획을 가지고 있다. 그리고 그 전개의 과정 속에서 각각의 기관은 모든 부분들이 하나의 전체로서 기능하게 될 때까지 각자의 특별한 상승의 시기를 가진다. 또한 각 단계는 모든 다른 단계들에 체계적으로 관계되어 있다. 따라서 에릭슨에게 있어서 발달은 질서정연하고, 차례로 일어나며, 그 구조에 있어 계급적인 것처럼 보인다. 그러나 물론 여기서 한 가지 주의할 것이 있다. 즉 에릭슨은 소위 '기원론적'(originological 또는 genetic) 접근에는 반대하는데, 말하자면 그는 발달의 의미를 주로 유아기의 시작들의 재구성으로부터 가져오려는 시도를 따르지 않는다. 왜냐하면 에릭슨은 전체 라이프-사이클을 하나의 통합된(integrated) 사회심리적 현상으로 간

---

11 생물 개체의 조직, 기관 따위는 발생에 따라 변화하면서 형성된다는 학설로서 1795년에 독일의 생물학자 볼프(Caspar Friedrich Wolff)가 주장하였다.

주하기 때문이다.

한편, 에릭슨의 이론이 근거하고 있는 또 다른 중요한 원리는 '상호성'(mutuality) 또는 '관계성'(relationality) 원리이다. 에릭슨은 삶의 전체 주기의 각 단계에 있는 위기(crisis)와 긴장(tension)의 내용을 무엇보다도 '관계'(關係, relation)의 관점으로 해석한다. 예를 들어, 에릭슨은 가장 초기 유아기의 경험에서 오는 신뢰의 '양'(amount)은 음식의 절대적인 '양'(量, quantities) 또는 사랑의 표시들에 절대적으로 의존하는 것처럼 보이지 않으며, 오히려 (예를 들어, 어머니와 아이 사이의) 관계의 '질'(質, quality)에 의존하는 것처럼 보인다고 말하고 있다. 또한 에릭슨은 핵심적인 발달 단계들, 특히 청년기와 노년기에서 일어나는 공동체적 종교 생활에의 참여와 종교적 믿음들의 중요성에 관해 말한다. 이러한 맥락에서 에릭슨은 인간의 사회심리적 생존은 연속적이고 중첩되는 세대들, 특히 조직된 상황들에서 함께 살아가는 세대들의 상호활동에서 발전하는 주요 덕목들에 의해 보호된다고 말한다. 즉 개인의 삶의 단계들은 그 관계적 의미에서 볼 때, "상호적으로 사는 것"이다. 즉 한 사람이 다른 사람들을 움직일 때, 사실상 그 사람은 그를 움직이는 다른 사람들의 관계들과 함께 작용하는 것이다. 따라서 에릭슨에게 있어서, 전체 삶의 주기는 통합된(integrated) 사회심리적 현상이다.[12]

이상의 결론들을 근거로 하여, 이어지는 단락에서 필자는 에릭슨의 발달 이론에서 발견되는 몇 가지 신학적 의미들을 숙고할 것이

---

12 Erik H. Erikson, *Insight and Responsibility* (New York: Norton, 1964), 114.

다. 특히 필자는 이러한 신학적 숙고를 함에 있어서 위에서 언급한 바, 즉 에릭슨의 이론이 기초해 있는 '발달적', '상호관계적' 원리들에 주목할 것이다. 필자가 다음 단락에서 사용하게 될 4가지 관점들은 '실존주의', '인간 안에 있는 타고난 능력', '발달적 진보', 그리고 '상호성'으로 각각 명명할 수 있다. 동시에 필자는 에릭슨에 대한 필자의 숙고들을 칼뱅이 보여 준 칭의와 성화에 대한 그의 신학에 연결시킬 것이다. 에릭슨에 대한 필자의 신학적 숙고들을 칼뱅의 신학에 연결시켜 봄으로써 필자가 분명하게 하려는 것은, 칼뱅의 가르침들이 에릭슨의 이론을 지지하고 있으며, 신학적 관점으로부터 필자가 에릭슨의 이론에 제기하는 질문들에 함축적으로, 그러나 긍정적으로 대답하고 있다는 점이다.

3. 칼뱅의 윤리적 신학 재(再)고찰

실존주의(Existentialism)

필자의 이해에 따르면, 인간의 도덕 발달에 대한 에릭슨의 이해는 그 내용과 강조점에 있어 매우 '실존적'(existential)이다. 그것이 실존적이라 함은, 그 구체적인 내용이 위기, 긴장, 그리고 개인적 결단 등의 관념을 도입하기 때문이다. 사실, '실존적'이란 개념은 지난 세기 인간 존재의 질문에 응답하고자 한 기독교 신학의 다양한 시도들에서 가장 중요한 주제들 가운데 하나였다. 에릭슨에게 있어서, 8개의 덕목들 각각은 에릭슨이 신뢰감 대 불신감, 자아정체감 대 역할 혼돈 등과 같은 양극적 용어들로 묘사하는 바, 그와 같은 심리적 위기로부터 성장, 발전한다. 다시 말하면, 각각의 도덕적 덕목들은 인간 개인이 더 좋은 쪽 또는 더 나쁜 쪽으로 결정적으로 그 방향을 정하게 되는 소위 위기의 순간들에서 열매를 맺는다.

피디스칼지(Nicholas Piediscalzi)[13]가 지적하는 것처럼, 다음과 같은 몇 가지 의미에서 인간 발달의 각각의 단계는 위기(crisis)이다.[14] 첫째, 개별 인간은 자신의 전체 삶에 궁극적으로 중요한 의미를 가지는 결정들을 스스로 내려야 하고 또한 그러한 의미를 가지는 행동들을 취해야 한다. 둘째, 라이프-사이클의 한 단계에서 다음 단계로의 이동은 개별 인간으로 하여금 성공 또는 실패라는 이중의 가능성에 직면하도록 한다. 셋째, 이전 단계(previous stage)를 떠나면서 익숙하고 편안하게 느껴지는 행동 양식들을 포기하는 것은 언제나 새로운 불안의 원인이 된다.

또한 발달 과정의 각 단계에는 심각한 긴장(tension)이 있다. 예를 들어, 신뢰감과 불신감의 느낌들이 그 안에서 신뢰감이 우세하지만, 그러나 결코 불신감을 제거하지는 못하는 변증법적 긴장 상태로 형성된다. 게다가, 훨씬 더 중요한 사실은, 각각의 덕목은 발달 과정에서의 한 위기에 대한 단지 수동적인 반응이 아니라 그 위기에 대

---

13 20세기 후반 미국의 종교학자이자 교육자인 피디스칼지(Nicholas Piediscalzi)는 Wright State University (Dayton, Ohio)에서 종교학과를 설립하고 오랜 기간 의장을 역임하였다.

14 Nicholas Piediscalzi, "Erik H. Erikson's Psychology of Religion," in *Religion and Social Sciences*, comp. H. Clark (1973), 12.

한 능동적이고 심오하게 개인적인 응답이라는 점이다. 여기서 신앙을 구성하는 것은 더 이상 각자가 전수받은 종교적 믿음들이나 부모가 물려 준 가치들이 아니다. 오히려 각자가 인격적으로 수용한 믿음이고 확신이며, 다시 말하면, 신앙은 각자의 "자기 정체성"(ego identity)의 기본적 구성요소이다.

따라서 각각의 발달 단계에서 인간의 상태는 위기, 긴장, 그리고 개인적 반응(reaction) 또는 결단(decision)이 이루어지는 상태이다. 그 모든 상태가 인간의 상황을 실존적으로 만든다. 그리고 이러한 실존적 상황은 개별 인간으로 하여금 어떤 신학적 판단에 직면하게 만든다.

그러나 신학적 관점에서 볼 때, 우리가 심각하게 깨닫게 되는 것은, 에릭슨의 이론이 지나치게 많이 "자아 중심적"(ego-centered)이라는 사실이다. 에릭슨은 숙고와 선택의 기능들에서 자아의 역할을 논의한다. 에릭슨에게 있어서, 핵심적 선택들은 한 인격체의 발달의 나머지에 대해 그들 나름의 결과들을 가진다. 여기서, 인간 존재는 위기 또는 긴장에서 결단하고 행동하는 중심이다. 더 나은 것과 더 나쁜 것을 향해 결정을 내림에 있어서 우선권은 항상 그리고 전적으로 각 개별 인간에게 달려 있다. 같은 맥락에서, 다음과 같이 말해질 수도 있다. 즉 에릭슨은 신학적 의미에서의 어떤 종류의 결정주의(determinism)를 인정하지 않았다는 것이다. 에릭슨에게 있어서, 인간 존재에게 가장 실제적인 차원은 인간 존재의 편에 있는 자유의 차원이며, 이것이 발달 과정에서 의미심장하게 발견되는 것이다. 이것이 에릭슨의 도덕 발달 이론이 가지는 윤리적 강점이며, 동시에 신학적 관점에서 볼 때 그것이 가지는 한계이기도 하다.

이제 필자의 신학적 숙고를 통하여 에릭슨의 이론의 실존적 성격에 칼뱅의 이신칭의(以信稱義, Justification by Faith)에 대한 가르침을 적용해 보면, 우리의 논의가 한층 진일보하는 것처럼 보일 것이다. 한마디로, 칼뱅의 칭의 교리를 또한 실존적이라고 말하는 것이 가능한가? 즉, 그것은 하나님의 부르심에 대한 인간 편에서의 인격적 응답인가? 칼뱅의 가르침에서 용서, 구원, 화해, 칭의의 전 과정은 능동적이기 보다는 오히려 수동적인 것처럼 보이는 것이 사실이다. 칼뱅에게 칭의는 하나님에 의한 은총의 받아들여짐이며 죄의 용서이다. 칭의는 간단히 말해서 하나님이 우리를 의로운 사람으로 그의 호의 안으로 받아들이는 그 받아들임이다.

> 믿음으로 의롭게 된 사람은 행위들의 의로부터 벗어나 믿음을 통한 그리스도의 의를 붙잡고, 그것으로 옷 입으며, 하나님의 보시기에 죄인으로서가 아니라 의로운 인간으로 나타난다.[15]

다른 종교개혁자들과 마찬가지로, 칼뱅에게 칭의는 죄의 용서와 하나님의 의의 전가(轉嫁, imputation)에 있다. 인간이 의롭게 되는 것은 본래적으로가 아니라 전가에 의해서이다. 이러한 의미에서 칼뱅은 우리가 실제적으로 의로워야 한다는 오시안더(Andreas Osiander; 1498-1552)의 "본질적/내재적 의"(Essential

---

15 *Institutes*, III.xi.2.

Righteousness)에 대한 가르침에 반대함으로써 "법정적 칭의" 개념을 확립한 것이다. 즉 칼뱅에게 있어서 "칭의"라는 표현은 법률상의 용법이며, 고소와 대조되는 말이다.[16] 하나님은 황송하게도 그분의 순전하고 자유롭게 주어진 선함으로 죄인을 끌어안으심으로써 죄인이 그 자신의 행위에 대한 희망을 포기하고 그의 구원의 전체를 하나님의 자비에 두도록 한다.[17] 따라서 칼뱅은 다음과 같이 결론짓는다. 즉 칭의와 관련해서 믿음은 단지 수동적인 어떤 것이다. 왜냐하면 죄인들은 하나님의 은총을 회복하는 일에 그들 자신의 어떤 것도 가져갈 수 없기 때문이며, 그들이 결여하고 있는 것을 그리스도로부터 받기 때문이다.[18] 이러한 이신칭의 교리가 루터의 중심사상이며, 또한 칼뱅에 의해 받아들여졌다.

그러나 "의의 전가"(the imputation of righteousness)에도 불구하고 이신칭의는 여전히 죄인과 구세주 그리스도 사이의 실존적 만남의 사건이다. 우리 기독교인들은 복음 안에서 예수 그리스도를 발견하고 만난다(find and meet). 특히 칼뱅이 루터와 다른 것은, 그가 성령을 통한 그리스도와의 연합에 더 많은 무게를 둔다는 사실에 있다. 또한 우리는 개인적 결단과 신실한 복종을 통해 계속해서 하나님의 말씀에 응답한다. 기독교인은 하나님의 말씀과 성화의 과정 사이에 있는 인간 존재이다. 칼뱅은 자신의 칭의 교리를 하나님의 말씀에 대한 그의 강조로 시작한다. 심지어, 그는 "말씀을 제거해 보

---

16 *Institutes*, III.xi.11.
17 *Institutes*, III.xi.16.
18 *Institutes*, III.xiv.5.

라. 그 때는 어떤 신앙도 남아 있지 않을 것이다."[19]라고 말하기까지 한다. 물론 칼뱅에 따르면, 하나님의 말씀에 기초하는 믿음은 성령의 주된 사역이다.[20] 그 때 성령은 하나님의 말씀을 통해, 특히 교회의 선포된 말씀을 통해, 인간의 마음을 조명하고 인간의 의지 또는 가슴을 선택, 결정, 그리고 신뢰로 인도한다.[21] 인간은 성령의 내적 조명에 응답하고 하나님의 은총을 통해 의롭게 되는 것이다.

게다가 칼뱅의 방법은 경험적이다. 하나님은 우리 안에 기독교적 성격 형성을 어떻게 창조하시는가? 하나님은 하나님의 사랑과 돌봄의 증거로 모든 면에서 우리를 대면하심으로써 이것을 행하신다. 우리가 하나님의 사역들과 말씀을 통해 그분의 정의와 사랑을 경험할 때 우리는 하나님의 특질들과 같은 명제적 교리들을 가져올 수 있다. 그러므로 하나님의 본질에 관한 교리들과 주장들은 하나님의 사역들에 대한 경험의 결과이며, 성서 안에 있는 하나님의 계시에 대한 경청의 결과이다. 다시 말해, 그것들은 철학적 사변의 결과가 아니다.[22] 칼뱅에게 있어서, 기독교적 변화의 동인(動因)은 어떤 교리의 고수나 고백이 아니라, 오히려 하나님의 사역과 말씀에 대한 신실한 노출이다. 이러한 맥락에서 칭의에 대한 칼뱅의 이해는 기독교의 본질은 하나님의 말씀과 하나님의 사역에 있기 보다는 주로 경험에, 또는 실존적 만남에 있다는 근대 신(新)개신교 신학의 자유주의적 견

---

19 *Institutes*, III.ii.6.
20 *Institutes*, III.i.4.
21 *Institutes*, III.ii.36.
22 Ellen T. Charry, "The Moral Function of Doctrine," *Theology Today* 49 (Apr. 1992): 43.

해와 동일한 선상에 있는 것처럼 보이기도 하지만, 꼭 그렇지 않더라도 개인적 신앙체험에 대한 강조가 슐라이어마허와 같은 개혁 전통의 신학자에 의한 종교개혁의 신학적 관심의 계승인 것 또한 부인할 수 없는 사실이다.

인간의 타고난 능력

다음으로 필자가 주목하는 것은, 에릭슨은 인간의 타고난 능력에 관하여 견고한 계획을 세우고자 시도한다는 점이다.[23] 에릭슨에 따르면, 인간의 타고난 능력은 도덕성에 의해 배양되는 것으로서의 고결함과 정직의 의미에서가 아니라 "타고난 능력"(inherent strength)의 의미로 고려되어야 한다.[24] 그러므로 에릭슨의 이론은 도덕적 단계들의 발달 사이클에서 일종의 질서(orderliness)를 전제한다. 이러한 개념은 에릭슨이 말하는 후성설적 과정의 궁극적 원천으로 생각될 수 있으며, 신학적으로 이해할 때 하나님의 어떤 역동적 활동을 반영하는 것이라고도 볼 수 있다. 즉 하나님은 각 인간 존재 안에서 지속적으로 일하신다.

여기서 또 다른 질문이 제기될 수 있다. 즉 그러한 인간의 타고난 능력은 기본적으로 종교적 구조물이라고 생각될 수 있는가? 만일 그렇다면, 그것은 얼마나 종교적인가? 게다가, 그것은 훨씬 더 질서에 위배되고 비연속적 과정은 아닌가? 한편 그것은 인간 발달의 다양성

---

23 Erikson, *Insight and Responsibility*, 156.
24 *Ibid.*, 111.

들을 무시하고 있다고 비난받을 수 있지는 않을까?

칼뱅의 신학적 인간학의 관점에서, 먼저, 인간 존재의 타고난 능력은 하나님과의 관계성 안에서 발견될 수 있다. 칼뱅에게 있어서, 기독교적 삶의 궁극적 원천은 성부 하나님, 그분의 사랑과 은총이다. 그리고 모든 참된 지혜와 순수 정의의 원천은 오직 주 하나님, 그분의 지혜, 정의, 그리고 의지 안에서 발견될 수 있다. 그러므로 기독교적 삶은 살아계신 하나님에 대한 지식, 또는 두려움, 그리고 그분과의 교제 없이는 생각될 수 없다. 인간을 선한 행위들로, 감사와 순종으로 가득 찬 봉사의 삶으로 부르는 것은 바로 이분 하나님이다. 기독교적 삶의 가장 깊은 뿌리는 타락한 피조물들을 향한 하나님의 측량할 수 없는 사랑에서 발견될 수 있다. 하나님의 은총은, 칼뱅에게 있어서, 도덕성 배후에 있는 가장 강력한 힘이다. 예를 들어, 선택에 있어서 가장 근본적인 배경은 하나님의 은총과 하나님의 연민이다.[25] 둘째, "타고난 능력"은 인간 본성에 대한 칼뱅의 논의에서 생각될 수 있다. 칼뱅에게 있어서, 선한 삶으로 부름받은 사람은 살아계신 하나님의 형상으로 지음받은 사람이다. "사실상, 우리가 도덕법이라고 부르는 하나님의 법은 자연법에 대한 증거이며, 하나님이 인간의 마음들 안에 심어둔 양심에 대한 증거이다."[26] 말하자면, 인간의 이성과 오성은 "정의의 씨앗들"이다. 이러한 맥락에서, 하나님이 자신을 인간에게 관계시키고, 자신의 형상을 인간에게 각인시킨다는 이 두 가지 점은 인간 안에 있는 타고난 능력이 근본적

---

25 *Institutes*, III.xxii.11.
26 *Institutes*, IV.iv.16.

으로 종교적으로 근거해 있으며 질서 있게 발달한다는 사실을 지지해 준다.

발달 과정

한편, 에릭슨의 진화적 발달 이론은 각 개인의 신앙 발달에서 '진보성'(progressiveness)을 생각하는 것을 가능하게 한다. 각각의 새로운 날은 완성을 향한 새로운 발걸음을 의미한다. 실로 기독교적 삶에는 선물이며 동시에 목표이기도 한 "완성을 향해 가는" 과정이 있다. 기독교적 신실함이 가지는 참된 성격은 언제나 창조로부터 타락을 통해 회복과 완성을 약속을 향해 가는 역사의 움직임이라는 더 큰 맥락 안에서 비로소 설명된다. 한 기독교인의 삶의 여정은 모든 기독교인들을 향한 개인적 거룩성을 향한 근본적 부름으로 시작한다. 어떤 의미에서, 부인할 수 없는 것은, 전통 신학이 유년기의 발달을 무시했으며 한편 종교적 또는 도덕적 가치에 대한 이상에 따라 성인기의 변화를 지나치게 강조했다는 것이다. 따라서 전통 신학은 오늘날의 발달 연구가 제공할 수 있는 그 풍부함에 스스로 노출될 필요가 있다. 이러한 의미에서, 인간 상태에 대한 풍부하고 경험적 관념을 획득하기 위해 사회과학을 사용하는 것 역시 의미 있는 일이 될 것이다.

그러나 우리는 다음과 같은 질문을 숙고할 필요가 있다. 즉 사회과학을 관통해 흐르는 명제들과 주제들 가운데 일부가 기독교 신앙의 지배적 취지와 얼마나 양립가능한가 하는 질문이다. 다시 말하면, 현대의 발달 이론들이 인간 본성에 관한 기독교적 사고와 서로를 풍부하게 하는 관계성 안에 놓일 수 있는지에 대한 질문이 가능하며 필요하다는 것이다.[27] 이러한 기본적인 질문으로 시작해서, 우리는 한 걸음 더 나아가 기독교적 신실함의 중심에는 일부 근본적인 불연속성들이 존재한다고 말할 수 있어야 한다. 즉 전통적 신학 범주들과 에릭슨의 라이프-사이클 이론과 같은 발달 이론들 사이에는 주목할 만한 차이들이 존재한다. 그것은 연속성과 불연속성 사이의 차이에 해당한다. 다시 말하면, 신앙의 삶으로 들어가는 것에는 결정적이고 또한 변화하는 어떤 것이 있어야 한다. 옛 삶으로부터 새 삶으로의 필수적인 전환이 있어야 한다. 왜냐하면 신앙은 근본적 변화의 과정에 해당하기 때문이다. 이러한 의미에서 신앙에 대한 발달적 이해는 신앙에 대한 어떤 성서적, 신학적 설명들과 나란히 함께 가는 것이 쉽지 않다. 기독교적 개념인 메타노이아($μετάνοια$ 회개)[28]가 의미하는 바는 신앙의, 신앙 안에서의, 그리고 신앙을 향한 근본적 변화이기 때문이다. 그러므로 그것은 점진적 성장을 주장하지 않으며, 실존적 변화를 주장한다. 게다가, 완전주의적 경향들이 의미하

---

27 Clyde J. Steckel, "The Emergence of Morality and Faith in Stages: A Theological Critique of Developmental Theories," in *Changing Views of the Human Condition* (Macon: Mercer University, 1987), 165.

28 *Metanoia*는 그리스어 $μετάνοια$로부터 왔으며, 생각을 바꾸기, 회개 등을 의미하는 것으로, 상황들에 따라 몇 가지 다른 의미들로 쓰인다. 신학적 논의에서 그것은 가장 빈번하게 사용되며 대개 회개를 의미하는 것으로 해석된다. 그러나 *Metanoia*가 생각을 바꾸는 것을 문자 그대로 나타내는 것으로 해석되어야 한다는 주장도 만만치 않다. 그런 경우에도 적어도 현재의 한계들 또는 사고의 유형들을 넘어 서 있는 생각들을 수용한다는 의미를 가진다고 볼 때, 삶의 근본적인 변화를 암시한다고 볼 수 있는 것이다.

는 바, 즉 많은 사람들이 예측 가능한 방식들로 어떤 단계들을 통과한다는 사실은 결코 어떤 보편화를 보장하지는 못한다.

그런데 성화에 대한 칼뱅의 교리는 위에서 말한 기독교적 실존에서의 연속성과 불연속성에 대한 질문에 대해 한 의미 있는 대답을 제공한다. 칼뱅에 따르면, 칭의는 회개를 통한 성화를 전제하지 않는다. 오히려 성화의 과정이 칭의를 전제한다. 즉 의롭게 된 사람(persona)이 일(opera)에 앞선다는 말이다. 말하자면, 기독교인은 하나님의 말씀과 성화의 과정 사이에 있는 한 인간이다. 각 기독교인은 자신의 전체 삶을 통해 성화를 향해 부름 받은 상태에 있다. 성령의 내적 활동과 신자의 인격적 결단에 의해 시작하는 과정이 그 신자의 전체 삶을 통해 계속된다. 그것은 하나님의 형상을 새롭게 하는 하나의 일이며, 각 신자가 의와 거룩함을 성취하는 데 있는 일이다. 그러므로 기독교인은 예수 그리스도 안에서 새로운 삶을 시작하며, 그것은 미래의 삶에서 이루어질 완성과 완전을 향해 방향 지어 있다. 이제 그 기독교인은 전체 삶의 성장과 변화라는 길 위에 있는 과정에 들어가고 있는 것이다.

칼뱅에 따르면, 이러한 회개와 성화의 지속적 과정은 주로 하나님의 말씀에 의해 일어난다. 하나님의 형상에 따라 명령된 삶을 사는 것은, 칼뱅에게 있어서, 하나님의 율법, 즉 하나님의 말씀을 따라 사는 것이다. 하나님의 형상의 회복을 향해 움직이는 삶은 계명들에서 명백하게 된 것으로서의 하나님의 의지에 능동적이고 충만한 기도의 순응으로 살아지는 삶이다. 그러므로 율법은 그 긍정적인 의미에서 하나님의 의지이고, 명령이며, 요구이다. 특히 "율법의 제3사용"*(Tertius Usus Legis)*은 의롭게 된 죄인들이 자신들의 전체의 삶들에서 성취해야 하는 하나님의 의지이다. 칼뱅에게 있어서, 신자의 삶에서 율법의 주된 사용은 소위 율법의 제3사용이다. 즉 신앙과 행위를 위한 규범이며 안내이다. 율법-말씀을 통해 신자는 하나님의 의지를 분별할 수 있으며, 그것을 알 수 있다. 참된 신자는 하나님의 계명들로부터 하나님과 이웃을 향해 신실하게 사는 것을 배운다.[29] 그러므로 예수가 율법이나 예언자들을 폐하러 왔다는 것은 사실이 아니다.(마 5:17-18) 칼뱅에 따르면, 인간의 이성과 의지가 총체적으로 변해야 한다. 이러한 변화는 이성과 의지가 사라진다는 것을 의미하지 않으며, 오히려 그것들이 전적으로 하나님의 말씀에 사로잡힌다는 것을 의미한다.

끝으로, 이 지점에서 칼뱅은 기독교적 삶을 십자가를 지는 것으로 특징 지운다. 칼뱅이 "모든 선의 시작은 우리가 그리스도 안에서 얻는 둘째 창조로부터 온다"라고 말할 때, 그는 예수 그리스도의 십자가를 가리키는 것이다.[30] 십자가는 구원의 선물일 뿐만 아니라 기독교인의 의무이며 과제이다. 성부 하나님이 그분의 장자, 그리스도를 사랑했을지라도(마3:17;17:5) 그분은 자신의 아들의 전체 삶을 십자가의 삶으로 만들었다. 동시에 예수 그리스도는 또한 그와의 사랑의 교제로 뿐만 아니라 십자가의 삶 안으로 그의 제자들을 초대했

---

29 Richard L. Spencer, "Reformed Spirituality and the Moral Law," in *Christian Ethics in Ecumenical Context*, ed. S. Chiba and others (Grand Rapids: Eerdmans, 1995), 80.

30 *Institutes*, II.iii.6.

다.(마16:24)³¹

> 우리를 하나님의 은총 안으로 인도하는 그리스도는 하나의 본보기로 우리 앞에 있다. 우리는 그의 본보기를 우리의 삶에서 표현해야 한다.³²

십자가를 지는 실천 안에서 인내와 순종의 삶은 인간의 노력에 의존하는 것이 아니라, 하나님이 성도들에게 내리셨던 그 은총 안에서 가능하다. 여기서, 에릭슨의 이론에서의 자기-중심성의 경향은 다시 한 번 극복된다. 왜냐하면 예수 그리스도는 "타자 중심성"의 동기이며 모델이기 때문이다.

상호성

끝으로 에릭슨은 인간의 강점들의 발달 사이클에서 '상호성의 원리'(the principle of mutuality)를 강조했다. 무엇보다도 에릭슨에 따르면, 인간의 강점은 세대들과 사회의 구조를 동시에 조절하는 전체 과정에 의존한다. 예를 들어, '희망'(hope)의 발생은 세 가지 좌표들에 의해 정의되는 것으로 보여질 수 있다. 즉, 자신의 과거 유년시절에 대한 어머니의 모성(motherhood), 어머니-자녀 관계 자체, 그리고 출산에 있어 신앙을 제공하는 제도들에 대한 어머니와 자녀 모

---

31 *Institutes*, III.viii.1.
32 *Institutes*, III.vi.3.

두의 관계가 그것이다.³³ 게다가 에릭슨은 어떤 하나의 덕목 또는 제도 안에서 어떤 단순한 일치를 추구하지 않았다. 오히려 그는 각 개인의 인생 사이클에서 덕목들 사이에서 일어나는 상호적 활성화와 보충을 강조했다.³⁴ 현대신학의 논의들에서 인간은 관계적 존재로 간주된다. 따라서 개인들 또는 공동체들이 그것들 안에서 함께 서고, 일하고, 살고 있는 사회적, 문화적 상황들은 모든 신학적 논의에서 많은 주목을 받는다.

그러나 상호성에 대한 너무 많은 의존은 자칫 상대주의로 빠지는 위험에 직면할 수 있다. 신학적 의미로 인간 실존을 정의함에 있어서 인간 관계들, 문화와 사회의 중요한 역할은 결코 간과될 수 없는 문제이다. 그러나 여기서 또한, 신학이 세속 문화가 초래한 지적 모델들에 의존해 왔다는 사실이 정당화될 수 있겠는가 하는 것은 또 다른 문제이다. 그리고 그것이 바람직한가라는 질문도 여전히 제기되어야 한다. 문화적, 사회적 주변 상황들과의 관계에 대한 강조는 상대주의적 결론들을 가져오지 않겠는가? 따라서 관계성(relationality)에 대한 지나친 의존은 경계되어야 한다는 생각은 결코 틀리지 않다.

칼뱅에게 있어서, 기독교적 경건은 하늘을 향해 방향 지어 있는, 즉 하나님을 향한 것일 뿐만 아니라 사람들 사이에 일어나는 것이며 사회적인 것이다. 칼뱅에 따르면, "동등성(equity) 만이 모든 법의 목

---

33 Erikson, *Insight and Responsibility*, 152.
34 *Ibid*., 155.

표이고 규칙이며 한계선이다."³⁵ 그런 다음, 칼뱅은 사랑의 지속적인 규범은 창조의 법 또는 그것에 따라 전체의 자연-사회 질서가 설계된 법이다. 또한 칼뱅은 인간관계들, 특히 그 가운데서도 남자와 여자 사이의 관계성을 강조한다. 기독교적 인격의 형성은 사회적 또는 공동체적 상황 안에서 일어난다. 채리(E. T. Charry)가 표현하는 바와 같이, "기독교인들은 그들을 하나님, 자연 세계, 그리고 다른 사람들과의 관계 속으로 인도하는 대단히 구조화된 사회 구조에 고착되어 있다."³⁶ 기독교인들은 그들이 장차 어떤 사람이 되기를 선택함에 있어서 그들 자신의 도구들만에 고립되어 있거나 그들만으로 남겨져 있지 않다. 그들은 자신에게 국한된 피조물들이 아니라, 하나님께 그리고 서로에게 관계된 피조물이다. 따라서 기독교인들의 종교적 의식과 행위들은 항상 사회적, 윤리적 함의들을 가져야 한다.

4. 결론 및 한국 장로교회를 위한 함의

필자는 신학 전공자의 관점에서 에릭슨의 도덕 발달 이론을 분석했으며, 그것이 몇 가지 종교적, 신학적 차원들을 가지고 있음을 말하고자 했다. 필자의 이해에 따르면, 에릭슨의 이론이 매우 종교적이고 신학적인 이유는, 특히 그것이 인간의 도덕적 결단과 인간의

---

35 *Institutes*, IV.xx.15.
36 Charry, "The Moral Function of Doctrine," 45.

발전과 관련해서 실존적이고, 본래적 깊이의 차원에서 발전적 과정 가운데 있으며 상호적인 차원들을 보여주고 있기 때문이다. 물론 종교와 도덕, 교리와 윤리는 구별되어야 한다. 그러나 동시에 그것들은 매우 필수적으로 연결되어 있다.

필자는 에릭슨의 발달 이론에 대한 필자 나름의 숙고들을 칼뱅의 칭의와 성화에 대한 신학에 연결시켜 보았다. 칭의와 성화에 대한 칼뱅의 신학은 기독교인의 삶이 몇 가지 도덕적 발전의 차원들을 가지며, 또한 종교적이고 공동체적 본질을 가진다는 것을 보여준다. 따라서 필자는 칼뱅의 신학이 매우 강력한 윤리적 성향을 가진다는 것을 확인하게 되었다. 의심할 여지없이 기독교인의 삶은 믿음의 삶이다. 이러한 개념은 칼뱅의 신학과 윤리를 결정한다. 칼뱅에게 있어서, 기독교인의 삶은 기독교 신앙의 결과이고 열매이다. 이와 같이 전체적으로 칼뱅의 신학은 하나의 윤리적 구조를 드러내며, 바로 이 점에서 우리는 칼뱅의 신학은 루터의 그것과는 분명 다르다고 말할 수 있다.

여기서 필자는 한국의 장로교회들을 향한 제언을 덧붙이고자 한다. 누구보다도 한국의 장로교회들은 칼뱅 신학의 윤리적 함의들에 지금까지 보다 더 많이 주목해야 한다. 한국 교회들의 문제는 그들이 보수적일 뿐만 아니라 현실의 삶에 관계하지 않으려 한다는 점에서 윤리적이지 못하다는 사실에 있다. 많은 사람들이 동의하는 것처럼, 한국의 개신교회들은 그들과 같은 뿌리를 가진 가톨릭교회와 비교할 때, 자신들의 삶의 자리에서 제기되고 있는 사회적 이슈들에 충분히 반응하지 않는다. 한국의 개신교회는 신학의 주된 관심을 하나님의 나라(the Kingdom of God)로부터 이신칭의(以信稱義, Justification by Faith)의 원리로 옮김으로써 구원에 대한 개인주의적 해석으로 치우쳤고, 결과적으로 기독교적 삶의 윤리적 차원을 간과하는 경향이 작지 않다. 그것은 결국 복음을 기독교적 삶으로부터 사변적 철학으로 옮긴 것과 다름 아니며, 그것은 명백하게도 종교개혁자들이 의도했던 바가 아니다. 중세의 스콜라주의나 17세기 개신교 정통주의가 그랬던 것처럼, 기독교 신앙의 본질을 교리들의 단순한 고백이나 교리들의 체계화로 옮겨버린 것과도 같다. 오늘 우리에게 도전하는 하나님의 나라와 기독교인의 삶은 그 현실적이고 체험적 삶에 있어서 은총의 선물이자 동시에 거룩한 과제이다. 먼저 자신들의 죄들을 고백하고 자신들의 삶의 자리에서 신학과 교회의 갱신을 자신들의 결단과 삶으로 이루어 나가는 것, 그것이 종교개혁자들이 한국 교회들과 그 구성원들에게 도전하고 있는 과제이다.

참고문헌

Calvin, John. *Institutes of the Christian Religion* 1 & 2. Philadelphia: Westminster, 1964.

Charry, Ellen T. "The Moral Function of Doctrine." *Theology Today* 49 (Apr. 1992): 31-45.

Erikson, Erik. *Childhood and Society*. New York: Norton, 1963.

Erikson, Erik. *Insight and Responsibility*. New York: Norton, 1964.

Fuller, Robert C. "Erikson, Psychology, and Religion." *Pastoral Psychology* 44 (1996): 371-383.

Leith, H. H. *A Study of John Calvin's Doctrine of the Christian Life. Dissertation Yale University*. Michigan: Ann Arbor, 1949.

Phillips, "Life Cycle and Images of God." *Pastoral Psychology* 40 (1992): 167-177.

Piediscalzi, Nicholas. "Erik H. Erikson's Contribution to Ethics." *Journal of Religion & Health* 12 (Apr. 1973): 169-179.

Piediscalzi, Nicholas. "Erik H. Erikson's Psychology of Religion." In *Religion and Social Sciences*, comp. H. Clark, 11-16. 1973.

Roach, D. R. *Ethical Implications of John Calvin's Theology*. Texas: Fort Worth, 1951.

Spencer, Richard L. "Reformed Spirituality and the Moral Law." In *Christian Ethics in Ecumenical Context*, ed. Shin

Chiba and others, 72-85. Grand Rapids: Eerdmans, 1995.
Steckel, Clyde J. "The Emergence of Morality and Faith in Stages: A Theological Critique of Developmental Theories." In *Changing Views of the Human Condition*, 159-177. Macon: Mercer University, 1987.
van der Walt, T. *Our Reformational Tradition*. Potchefstroom University for Christian Higher Education(PUCHE, Republic of South Africa), 1984.
Yankelovich, D. & W. Barrett. *Ego and Instinct: The psychoanalytic view of human nature revisited*. New York: Random House, 1970.

셋째 글

슐라이어마허의 삼위일체론:
『신앙론』에 나타난 인간학적 삼위일체 해석

슐라이어마허(Friedrich D. E. Schleiermacher)는 역사상 기독교 신학을 이해했던 위대한 지성 중 한 사람이지만 현대신학에서 가장 널리 비판받은 신학자인 것도 사실이다. 슐라이어마허는 특히 삼위일체에 대한 가르침으로 인해 심한 비난을 받아 왔는데, 그 이유는 두 가지로 요약된다. 첫째는 삼위일체를 소외시켰다는 것으로, 슐라이어마허는 저서 『신앙론』의 맨 끝에 삼위일체 교리를 배치함으로써 그것을 자신의 저작의 부록으로 만든 것으로 유명하다. 둘째는 삼위일체에 대한 슐라이어마허의 이해는 사벨리우스주의(Sabellianism) 또는 유니테리언주의(Unitarianism)에 가깝다는 지적인데, 사벨리우스주의에 따르면 삼위일체의 각 위격은 하나님의 활동 중 끊임없이 변화하는 다양한 측면을 지칭하는 이름에 불과하다. 그러나 슐라이어마허의 저작을 주의 깊게 읽어보면, 그에게 삼위일체는 부록이 아니라 오히려 기독교 교리들의 결론이라는 것을 알 수 있다.

이 글에서 필자가 피력하고자 하는 바는, 슐라이어마허가 그의 저작, 특히 『신앙론』에서 삼위일체에 대한 새롭고 창의적인 해석을 시도하고 있다는 점이다. 이것은 슐라이어마허의 신학에서 매우 특징적인 것으로, 소위 '인간학적'(anthropological) 접근이다. 이 글은 먼저 슐라이어마허의 『종교론』과 『신앙론』의 주요 관념들을 설명하고, 특히 종교적 신념의 진술들로서 교리 또는 믿음에 대한 슐라이어마허의 "인간학적 접근"에 대해 논의한다. 그런 다음 삼위일체에 대한 슐라이어마허의 접근 방식과 내용에 대한 일반적인 비판들을 검토하면서 비판의 관련성을 인정할 뿐만 아니라 동시에 함축된 문제들을 지적한다. 글의 후반부에서는 삼위일체에 대한 슐라이어마허의 인간학적 해석에 대한 설명을 시도함으로써 슐라이어마허를 향해 제기된 비판들을 독자들로 하여금 재고해 보도록 도전한다.

한편, 삼위일체에 대한 슐라이어마허의 해석은 예수 그리스도와 성령에 대한 자신의 독특한 생각들을 전제한다는 점에서 그리스도론과 성령론의 결합을 제시한다. 슐라이어마허는 교회 안에서의 성령에 대한 인간학적 교리를 사용하는데, 그리스도의 인격 안에서, 그리고 교회의 공통된 영 안에서 신의 본질과 인간 본성의 일치를 나타낸다는 의미에서 그렇다. 슐라이어마허에게 있어서 초월적 대상으로서의 객관적 삼위일체 이론은 불가능하며, 오히려 삼위일체는 신성에 대한 인간의 관계에 대한 적절한 표현이다. 슐라이어마허는 예수 그리스도를 참된 인간으로 확인하지만, 그분을 다른 인간들과 구별 짓는 한 가지는 그분의 하나님 의식의 항구적인 힘이다. 그리고 성령은 신자들의 공통된 삶에 생기를 불어넣는 공동의 영으로 신의 본성과 인간 본성의 연합이다. 각 위격은 하나님이 인간을 대하시는 고유한 방식을 보여준다. 이런 의미에서 삼위일체에 대한 슐라이어마허의 가르침은 삼위일체에 대한 하나의 인간학적 해석이다.

1. 서론: 슐라이어마허의 삼위일체론 이해

슐라이어마허(Friedrich D. E. Schleiermacher, 1768-1834)는 그의 이름 앞에 흔히 붙는 '현대신학의 아버지'라는 수식어가 암시하듯이 현대신학에 크고 혁명적인 기여를 한 신학자이다. 그러나 동시에 현대신학에서 그의 신학과 관련된 각종 오해와 함께 가장 강하고 폭넓은 비판에 직면해 온 신학자이기도 하다. 그리고 그에 대한 비판적 평가가 가장 극명해지는 때는, 피오렌자(Francis S. Fiorenza)가 지적하는 것처럼, 아마도 그의 신학에 있어서 다른 어떤 요소들보다 바로 삼위일체 교리에 대한 그의 독특한 해석과 관련해서 일 것이다.[1]

삼위일체와 관련하여 슐라이어마허의 독특한 접근에 대한 비판들은 무엇보다도 삼위일체에 대한 그의 진술의 분량(quantity)과 성격(nature)에 있어 발견되는 문제점들에 집중되고 있는데, 그 비판들을 요약하면 크게 두 가지이다. 첫째 비판은 그의 교의학적 체계의 완성이라 할 수 있는 『신앙론』에서 확인되는 삼위일체에 관한 언급들의 내용과 그 전체 저작 안에서의 위치(location)를 고려할 때, 슐라이어마허는 삼위일체의 의의를 과소평가했음에 틀림없다는 것이다. 그리고 둘째 비판은 슐라이어마허의 삼위일체에 대한 가르침은 사벨리우스주의(Sabellianism) 또는 심지어 유니테리어니즘

---

[1] Francis Schüssler Fiorenza, "Schleiermacher's understanding of God as Triune," *The Cambridge Companion to Friedrich Schleiermacher*, ed. Jacqueline Marina (New York: Cambridge University, 2005), 171.

(Unitarianism)에 차라리 가깝다는 것으로, 즉 그의 이해가 삼위일체의 각 위격들을 계속 달라지는 하나님의 활동의 각 측면들을 가리키는 단순한 이름들로 만들어버리는 경향이 있다는 것이다. 위의 비판들에 따르면, 슐라이어마허는 기독교 신앙의 주된 진술들은 한 하나님만을 언급하고 있고 삼위일체에 관한 논의는 이차적인 것에 불과하다고 주장하길 원했으며, 따라서 그는 삼위일체 교리를 그의 조직신학의 마지막에 부록으로 위치시켜 버렸다는 것이다.

한편, 슐라이어마허의 신학에 대한 올바른 평가를 위해서는 그의 저작들에 대한 보다 주의 깊은 고찰을 요구한다는 주장이 자주 제기된다. 예를 들어, 이 글의 주제인 "삼위일체"만 보더라도, 슐라이어마허의 저작 자체가 그에게 있어서 삼위일체론은 불필요한 첨가가 아니라 기독교 교리의 결론으로 간주되고 있음을 보여주기도 하는 것이 사실이다.[2] 즉 슐라이어마허에게 삼위일체론은 "그것과 함께 우리의 교회에서 진술된 기독교에 대한 전체 견해가 서기도 하고 넘어질 수도 있는" 것이었다.[3] 삼위일체 교리가 슐라이어마허에 의해 훼손되었고 나아가 급진적인 유일신론(monotheism)으로 나아갔다는 일반적인 평가에도 불구하고, 우리는 슐라이어마허의 저작에 대한 세심한 관찰이 그가 삼위일체에 대해 직접적인 거부를 표명하려 하지 않았다는 것을 암시적이지만 분명하게 보여준다는 점을 주목

---

2 Friedrich D. E. Schleiermacher, *The Christian Faith*, §170, 1, 739. 이 책은 그것을 "…기독교 교리의 정점(결론)으로 보여준다." 필자가 사용한 책은 독일어로 된 제 2판의 영어번역으로 H. R. Mackintosh와 J. S. Stewart가 공동편집(Edinburgh: T. & T. Clark, 1928)한 것이다.

3 Schleiermacher, *The Christian Faith*, §170. 1. 이하 *The Christian Faith*를 CF로 사용.

할 필요가 있다. 심지어 삼위일체 교리가 슐라이어마허의 신학에 있어서 중심적이라는 주장들도 있어 왔다(Carol Voisin, 1980). 그렇지 않다 하더라도, 필자가 이 글을 통해 말하고자 하는 것처럼, 슐라이어마허는 적어도 삼위일체 교리에 대한 새로운 해석을 제시하였다고 볼 수 있는 여지는 충분하다.

그렇다면 슐라이어마허의 삼위일체 해석에 대한 새롭고 건설적인 이해는 어떤 접근으로 시도되어야 할까? 필자는 이 글에서 슐라이어마허의 그 독특한 해석에 대한 하나의 설명을 시도하고, 그것을 슐라이어마허의 "인간학적 삼위일체론"(anthropological interpretation of the Trinity)이라고 부를 것이다.

필자는 먼저 이 글의 논의를 위한 배경적 고찰로서 슐라이어마허의 생애와 사상적 배경을 살펴보고, 이어서 그의 주저들인 『종교론』과 『신앙론』의 요지를 필자 나름의 의도를 가지고 기술하고자 한다. 여기서 필자는 슐라이어마허의 주저(主著)들 속에서 발견되고 있고, 그의 신학에 깊이 함축되어 있는 한 가지 특징적인 성향, 즉 종교적 확실성에 대한 진술들로서의 교리나 또는 신조 등에 대한 그의 독특한 "인간학적" 태도에 대해 주목하여 논할 것이다. 다음으로 삼위일체에 대한 슐라이어마허의 접근방식과 그 내용에 던져지는 일반적인 비난들을 그 타당한 이유들(설명들)에 대한 고찰에서부터 그 각각의 설명이 내포하고 있는 한계와 문제점까지 숙고해 볼 것이다. 또한 이 글의 주된 목적인 삼위일체에 대한 슐라이어마허의 해석에 대한 설명을 시도함으로써 독자들로 하여금 삼위일체 교리와 관련하여 슐라이어마허에게 적용한 지금까지의 비판들을 재고(再考)해 보도록 요청할 것이다.

2. 사상적 배경 및 슐라이어마허의 신학

생애와 사상적 배경

슐라이어마허는 계몽주의가 현대의 정신과 신학에 결정적인 영향을 끼쳤던 시대를 살았다. 계몽주의자들은 특히 성서적 세계관과 과학적 세계관의 관계에 대해 문제를 제기했고, 성서의 기록과 현대 과학이 충돌할 경우에 성서보다 과학을 선호하였다. 성서 기록의 역사적 타당성은 의심되었고, 성서는 종교적 경험들과 사고에 대한 인간의 오류 가능한 기록으로 간주되었다. 따라서 종교개혁 신학의 원리인 "오직 성서로"(sola Scriptura)를 떠받쳤던 영감설이 계몽주의의 영향을 받은 역사비평의 도전으로 그 초월적 규범으로서의 지위를 상실하기 시작했고, 신학의 객관적 규범인 성서의 문자적 권위를 대신해서 성서를 해석하는 해석자의 위치가 더욱 중요한 것으로 여겨졌으며, 이것은, 슐라이어마허의 신학이 가장 분명하게 대표하는 바대로, 주관적 경험이 신앙과 기독교 교리의 기초임을 확신하는 근대 개신교 신학으로의 이행을 가져왔다.

한편 계몽주의 이후 바야흐로 사유하는 주체로서의 인간 이성이 실재를 이해하고 해석하는 최고의 법정이 되었다. 인간의 자아의식

(cogito)을 통한 명증적 관념을 탐구하려 했던 데카르트에게 있어서 전통이나 기성의 권위보다는 사유하는 주체로서의 자기의식이 궁극적 진리의 척도가 되었다. 사실 데카르트 이후 자기의식의 문제는 칸트와 독일 관념론뿐만 아니라 현상학과 실존철학에 이르기까지 서구 철학의 근본적 주제가 되었다. 칸트는 다양하게 변화하는 대상의 근거를 대상에 대응하는 대상의식에서가 아니라 의식의 다양성을 통일하는 근거인 또 다른 근본의식에서 찾고자 했다. 인식론에 있어서의 그의 코페르니쿠스적 전환은 결과적으로 계몽주의와는 달리 인간의 주관 '밖에' 초월적으로 존재하는 대상으로서의 하나님은 유한한 인간에게 '직접적으로' 알려질 수 없다는 결론을 도출했다. 칸트는 하나님에 대하여는 (순수)이성에 근거한 인식이 불가능하다고 보았고, 칸트의 이러한 인식론적 제한은 고전적인 형이상학적 신학과 계몽주의의 자연종교의 불가능성을 의미했으며, 결국 칸트에게서 종교는 도덕으로 환원되고 말았던 것이다.

그런데 슐라이어마허는 칸트를 정면으로 직면한 최초의 위대한 신학자였다. 한마디로 말해서, 슐라이어마허는 칸트를 변형시켰지만 그의 전제들은 대부분 수용하였다. 말하자면 슐라이어마허는 계몽주의의 철학적 영향 하에 있었지만 동시에 그것에 대항하여 신학의 학문성을 변증하는데 골몰했던 것이다. 여기서 개인적 체험을 중시하고 인간의 '의식-경험'으로부터 출발하는 슐라이어마허의 새로운 신학적 방법론이 도출되었다. 그러므로 슐라이어마허는 종교개혁의 주체적 신앙체험에 근거한 이신칭의의 전통을 독일 계몽주의의 이해와 데카르트와 칸트를 경유하면서 체계화된, 인간 주체 중심의 자아-의식에서 출발하는 인식론적 원리 안에서 재해석한 것이다.[4] 그러나 슐라이어마허는 하나님의 존재와 영혼 불멸에 대한 칸트의 도덕론적 논증을 받아들이지는 않았다. 슐라이어마허에게 종교는 도덕 그 이상이었으며, 종교의 자리는 오히려 인간의 감정이었기 때문에, 그는 실천 이성 및 도덕의 영역에서 종교적인 신앙의 자리를 발견하자는 칸트의 제안을 거부했던 것이다.[5]

한편 슐라이어마허의 신학의 성격을 이해하고자 할 때, 그에게 끼친 경건주의적 신앙 유산이 간과되어서는 안 된다. 슐라이어마허의 아버지 고트립 아돌프(Gottlieb Adolph, 1727-1794)는 53세 때 모라비안 형제단과의 만남을 경험하였고, 이후 자녀들을 경건주의적 신앙으로 양육하였다. 슐라이어마허는 모라비안 형제단으로부터 경건주의 교육을 받았으며 14살이 되던 때에 회심을 체험했다. 슐라이어마허가 종교의 본질을 감정으로 간주한 것이나 특히 그의 『신앙론』에서 그리스도 중심적 신학을 주장한 것은 모라비안 경건주의의 영향으로 볼 수 있다.

또한 슐라이어마허는, 계몽주의적 합리주의에 대항해서 18세기 말과 19세기 초 유럽에서 일어나 당시의 철학, 문학, 음악, 그리고 신학에 지대한 영향을 미친 낭만주의 운동의 영향을 받았다. 특히 1795년 6월부터 베를린 자선병원에서 원목설교가로 활동했을 때, 슐라이어마허에게 강하게 영향을 끼친 모임 역시, 머지않아 그에게

---

4 윤철호, 『현대신학과 현대 개혁신학』 (장로회신학대학교출판부, 2003), 18-19.
5 목창균, 『현대신학 논쟁』 (두란노, 2006), 43.

『종교론』을 저술하도록 자극하게 될 프리드리히 슐레겔(Friedrich Schlegel, 1772-1829) 중심의 낭만주의 모임이었다. 이 시대의 낭만주의자들은 18세기 계몽주의의 연장선상에 서 있었지만, 계몽주의나 합리주의의 기계론적인 관점에서 벗어나 직관과 느낌, 그리고 상상력 등에 더 관심을 두었다. 낭만주의는 유한과 무한의 균형은 모든 유한한 형식을 넘어서는 무한자의 생동력에 의해서 깨어진다고 말한다. 낭만주의는 자연을 하나님과 분리되어 있는 물질로서 보는 기계론적, 물리학적 관점을 거절하며, 그 대신 자연의 모든 만물 가운데 하나님이 현존하며 자연을 새롭게 한다고 생각했다. 따라서 역사는 만물 가운데 현존하는 신적 정신에 의해 움직여 나아가는 유기적 과정으로 이해되었다.[6]

슐라이어마허는 데카르트와 칸트의 자아의식에 기초한 초월철학이 만들어 놓은 무한자와 유한자 사이의 인식론적 간격을 극복할 수 있는 원리를 위에서 언급한 낭만주의 운동에서 발견했다. 즉 낭만주의의 영향으로 내재적 원인으로서 모든 유한의 통일적 근거인 무한을 확보함으로써 슐라이어마허는 칸트의 초월철학의 한계 안에서의 이원론을 극복하는 길을 발견하는데, 특히 스피노자의 유기적 일원론의 철학에서 칸트의 오류에 대한 수정의 길을 발견한다. 하나님은 인격적이지는 않지만 '주체적, 또는 능동적 자연'(natura naturans)으로서 '대상적, 또는 수동적 자연'(natura naturata)으로서의 자연과는 구별되는 살아계신 하나님이다. 모든 유한한 실재들 안에는 무한

---

6 윤철호, 『현대신학과 현대 개혁신학』, 19-20.

자가 존재한다. 스피노자에 의하면, 오직 한 실체인 하나님만이 존재하며, 이 실체는 하나이며 나누어지지 않으며 무한하다. 그 밖의 모든 것들은 바로 이 한 실체의 변형일 뿐이다. 모든 실체와 양태들은 신적 본성 안에 존재하고, 오직 그것을 통해서만 인식될 수 있다. 스피노자의 이러한 신개념은 계몽주의의 괴리와 분리라는 이원론적 원리에 맞서는 "동일성의 원리"(principle of identity)에 바탕을 두고 있다. 범신론이 개별적인 것의 총계를 신이라고 말하는 것을 가리킨다면, 동일성의 원리는 신이 만물의 창조적 근거이며 통일이라는 것을 의미한다. 슐라이어마허는 스피노자의 신개념을 통해 비록 범신론자라는 오해를 사기도 했지만 이원성의 원리와 대조되는 동일성의 원리를 통해 종교에 대한 새로운 이해와 함께 하나님 이해를 발전시킬 수 있었다. 즉 슐라이어마허는 칸트의 초월철학의 이원론을 거부하고 유한한 세계의 총체성 밖에 초월적으로 존재하는 초세계적인 실재로서의 신개념을 수정하고자 했던 것이다. 결국 그는 비판철학과 신-스피노자주의의 입장을 받아들여 우리는 하나님의 내적인 속성들에 대하여는 말할 수 없고 다만 유한한 세계를 통해 경험된 하나님의 활동만을 말할 수 있다고 생각했다. 그리고 이러한 슐라이어마허의 사상적 경향은 그의 『신앙론』에 기술된 삼위일체에 대한 가르침에서 교회의 공통된 영 안에서의 신적 본질과 인간 본성의 일치에 대한 확신, 최고 존재 내의 영원한 상호구분(내재적 삼위일체)에 대한 회의, 하나님의 본질 및 속성에 관한 교리와 삼위일체 교리의 분리, 삼위일체 교리에 대한 경시와 사벨리우스주의적 경향의 설명 등의 배경이 되었다고 볼 수 있다.

『종교론』(1799)[7]과 『신앙론』(1821/22)[8]

슐라이어마허는 그의 초기 사상을 대표하는 저서 『종교론』에서 종교의 본질은 "우주에 대한 직관과 감정"이라고 단언한다. 계몽주의에서 주창되는 형이상학이나 도덕, 혹은 그 혼합으로서의 종교는 슐라이어마허의 관점으로는 자연종교(natural religion)에 지나지 않았다. 그것은 계시에 대한 생동적이고 개인적인 신앙체험에 의한 것이라기보다는, 칸트의 종교철학에서도 볼 수 있는 하나의 추상적, 합리적인 구조에 불과했다. 슐라이어마허는 종교의 본질은 "사유도 아니고 행위도 아니라, 직관과 감정"이라고 주장한다.[9] 슐라이어마허가 말하는 '직관'은 우주의 본성과 실체에 대한 파악 또는 인식이라기보다는, 우주의 행위를 받아들이고 체험하는 것이다. 이 직관은 필연적으로 우주의 계시를 받아들임으로서의 '감정'과 연결되는데, 그것은 무한자와 유한자가 일치하는, 즉 기독교적으로는 하나님인 우주의 계시를 받아들이고 체험하는 전인격적인 측면을 뜻한다. 슐라이어마허는 계시와의 만남(체험)을 통해서 형성된, 현실적으로 존

---

[7] Friedrich D. E. Schleiermacher, *Über die Religion. Reden an die Gebildeten unter ihren Verächtern* (Berlin, 1799). *On Religion: Speeches to its Cultured Despisers*, trans. John Oman with an introduction by Rudolf Otto, (New York: Harper & Brothers, 1958).

[8] Friedrich D. E. Schleiermacher, *Der christliche Glaube nach den Grundsätzen der evangelischen Kirche im Zusammenhange dargestellt*, hrsg. H. Peiter, 2 Bde., (Berlin, 1984). *The Christian Faith*, ed. H. R. Mackintosh and J. S. Stewart, (Edinburgh: T. & T. Clark, 1928).

[9] Schleiermacher, *On Religion - Speeches to its Cultured Despisers*, 36-37.

재하는 종교를 실증종교(positive Religion)라고 규정한다. 그러므로 그에게 기독교는 최고의 우주직관에 도달한 종교로서, 예수 그리스도를 중보자로 하는, 하나님과 인간 사이의 화해와 구원에 근거하고 있다는 점에서 "종교들 중의 종교"이다.

한편 슐라이어마허는 감정을 기독교의 유일한 본질로 만들어 버림으로써 성서와 신조들에 부여되는 객관적인 가치를 부정하려고 했다. 슐라이어마허에 따르면, 종교란 그 존재를 인정받기 위해 외적 증거를 필요로 하는 것은 아니며, 무엇보다 그것은 신조들, 교리들, 혹은 거룩한 책들의 내용의 형태이든지 간에, 결코 지식이 아니다. 종교는 애당초 사유와 행위의 차원에 구속되지 않으며, 또한 철학적 사색을 필요로 하지 않는다. 종교는 이론도 아니고 실천도 아닌 제3의 영역에 속하는 것으로, 종교의 본질은 경건이고, 경건은 감정이다. 슐라이어마허에 따르면, 만일 하나님에 대한 절대의존의 감정을 가지고 있다면, 그는 세계 속의 '성도들' 또는 참으로 종교적인 사람들의 한 사람이 되기 위해 필요한 모든 것을 가진 것이다. 시간과 공간을 통해 흩어져 있는 다양한 종교들의 서로 분리된 믿음들과 종교행위들은 그 자체로서 충분한 이러한 근본적인 본능 또는 태도를 장려하고 표현하는, 모든 것들이 어느 정도는 타당한, 단지 서로 다른 길들인 것이다. 종교와 감정을 동일시하는 것은 오랫동안 개신교의 어떤 유형들에 있어서 한 특징이었던 것이 사실이지만, 그러나 당시까지 어떤 신학자도 슐라이어마허만큼 성서와 신조들에 부여될 어떤 객관적인 가치를 부정하지는 않았고, 또한 감정을, 그것이 설사 하나님에 대한 절대의존의 감정이라고 하더라도, 기독교의 유일한 본질로 만들어 버리지는 않았다.

슐라이어마허의 명성을 보다 항구적인 것으로 만든 또 다른 주요 저작은 그의 『신앙론』이다. 슐라이어마허의 삼위일체론과 관련하여 우리는 그의 『신앙론』의 중심사상이 기독교적 구원론과 관계되는 기독론에 있다는데 주목할 필요가 있다. 슐라이어마허에 따르면, 기독교의 종교의식을 다른 형태들의 종교 의식으로부터 구별시키는 것은 그리고 그것을 다른 모든 것들보다 우월한 것으로 만드는 것은 그리스도에 의해 죄로부터 구원받았다는 느낌이다. 이것은 그리스도가 갈보리에서 죽음으로써 인류의 죄를 위해 빚을 대신 갚았다는 것을 의미하지 않는다. 그러한 생각은 기적이라고 할 수 있다. 그가 말하는 구원이란 기독교인이 그리스도의 인격 됨의 감명을 받음으로써 죄(또는 절대의존의 감정에 장애물이 되는 것이면 어떤 것이든지)를 더 잘 극복할 수 있다는 것을 의미한다. 또한 기독교인이 할 수 있는 한, 최고 수준의 하나님-의식에 도달할 수 있다는 것을 의미한다. 여기서 구원자와 기독교적 구원의식 간의 내적 연관성을 설명함에 있어서, 슐라이어마허가 보여주는 것은 그의 특징적인 인간학적 방식이다. 최신한의 표현대로, 슐라이어마허는 구원의 의식으로부터 구원자로 거슬러 올라가는 일종의 귀납적 추리방식을 사용한다.[10] 이런 맥락에서 "우리의 총체적 삶을 신의 역사하심으로 이루어진 것으로 간주하는 것과 우리의 총체적 삶을 신적으로 주어진 존재인 그리

---

10 최신한, 『슐라이어마허-감동과 대화의 사상가』, 186.

스도로부터 도출하는 것은 전적으로 동일하다"고 말한다.[11] 그러므로 신의 영향 아래에서 새롭게 변화하는 삶의 총체성은 교회 공동체를 통하지 않고는 불가능하다는 의미에서 기독론은 본래 교회론과 결합되어 있다.[12]

최신한이 지적하는 것처럼, 슐라이어마허가 교의학을 담고 있는 책의 이름을 일반적인 교의학과 구별되는 이름인 『신앙론』이라고 한 것은 주목할 만한 사실이다. 그것은 일반적으로 교의학이 교리의 보편적이고 객관적인 내용을 중시하는 반면, 신앙론은 보편적인 내용이 신앙인에게 받아들여지는 의미를 중시하기 때문이다.[13] 슐라이어마허는 종교적 권위의 중심은 내부에 있는 무엇이라고 생각했다. 슐라이어마허가 종교를 절대의존의 감정으로 정의할 때, 이 감정 또는 이 직접적인 종교적 경험이 개인에게 있어서 참된 종교적 권위이다. 그러므로 슐라이어마허에게 있어서, 교리와 신조는 단지 이 감정에 대한 해석이다. 교리와 신조는 단지 파생물로서 상대적이고 변할 수 있지만 경험은 심오하고 절대적이다. 그러므로 교회 안에서 궁극적 권위는 교회, 성서, 신조들이 아니다. 궁극적 권위는 교회, 성서와 신조를 낳은 종교적 경험 안에서 발견된다.

슐라이어마허는 분명 개신교의 전체 역사에서 루터, 칼뱅 등 종교개혁의 상징적 인물들에 대한 확실성들이 무너지기 시작한 전환점에 서 있었다. 교리 또는 믿음에 대한 어떤 명백한 진술들은 불쾌한

---

11 *CF*, §87. 3.
12 최신한, 『슐라이어마허-감동과 대화의 사상가』, 185.
13 *Ibid.*, 159.

것으로 보이게 되었으며, 인간 정신을 밝히기 보다는 인간 정신이 내팽개치기를 원하는 시멘트 주머니 같이 무거운 것이 되어 버렸다. 그런데 로마 가톨릭의 관점에서 보면, 슐라이어마허 신학의 한 가지 흥미 있는 특징은 그의 초점이 성서로부터 떠나 "기독교 공동체"로 옮겨졌다는 사실이다. 물론 기독교 공동체라고 했을 때 슐라이어마허가 의미한 것은 가톨릭에서 의미하는 것은 아니다. 어쨌든 슐라이어마허는 대체로 적어도 성서와 동일한 중요성을 가지는 것으로서, 그리고 기독교 안에 있는 한 요소로서의 교회에 대한 의식을 개신교 신학에 도입하였다는 것을 그의 『신앙론』에서 보여준다. 성서의 일부 구절과 몇몇 사변적 교리들은 신뢰할 가치가 없는 것일 수 있다. 그러나 개인적 경험들을 가진 기독교 공동체는 논박할 수 없는 과거와 현재의 사실인 것이다.

지금까지 필자는 슐라이어마허가 그의 『종교론』과 『신앙론』을 통해 보여준 성서와 신조들에 주어지는 객관적 권위에 대한 부정과 기독교 공동체에 대한 강조라는 그의 이중적 경향성을 확인하였다. 필자는 이러한 맥락에서 슐라이어마허의 삼위일체론에 던져지는 비판들을 숙고해 보려고 한다.

3. 슐라이어마허의 삼위일체론에 대한 비판

슐라이어마허는 삼위일체론의 중요성을 과소평가했나?

이제 슐라이어마허의 삼위일체에 대한 언급들, 즉 그것들의 방식과 성격에 대한 비판들을 살펴보자. 슐라이어마허는 흔히 삼위일체 교리의 의의를 과소평가했다고 비난받는다. 그리고 그 비판은 먼저 "위치"의 문제와 관련이 있는 것처럼 보인다. 즉 슐라이어마허는 삼위일체에 대한 그의 취급을 그의 『신앙론』의 맨 끝에 위치시킴으로써 마치 그의 교의학 체계 전체에 첨부된 하나의 부록과 같은 것으로 만들어 버린 것이다. 비판가들에게는 그가 삼위일체론을 그의 교의학의 맨 끝에 위치시켰다는 것은 삼위일체가 슐라이어마허의 교의학 전체 안에서 그 중요성이 축소되었다는 증거로 간주된다. 슐라이어마허는 삼위일체론을 그의 권위 있는 저작인 『신앙론』의 마지막 몇 페이지에서 취급함으로써 그 중요성을 깎아 내렸다는 것이다. 이런 이유로 비판가들은 슐라이어마허가 삼위일체 교리는 실제적 가치를 거의 가지지 못하는 것으로 보았고, 그것이 신앙의 본질과 거의 관계가 없는 것으로 확신했다고 서슴없이 말한다. 그들은 슐라이어마허가 삼위일체 교리를 신학자들로 하여금 예수 그리스도에 관한 것들을 이해하도록 돕기 위한 목적에서 필요한 단지 하나의 "신학적 갓돌(copingstone)"[14]로 보았다는 것이다.

---

14 독일어로 Schlußstein을 영어로 번역한 것인데, 이는 원래 건축학적으로는 마지막 놓은 갓돌 혹은 쐐기돌로 번역될 수 있고, 다른 한편으로 논의의 극치 또는 완성을 의미하는 '결론부'로 번역될 수도 있다. 이 글에서는 필자의 의도대로 여기서는

그런데 과연 위와 같은 비판가들의 주장은 슐라이어마허에 대한 정당한 평가일까? 실제로 슐라이어마허는 삼위일체 교리의 중요성을 과소평가한 것인가? 설사 그렇다고 하더라도 그가 그렇게 주장하게 된 이유는 좀 더 상황적으로 설명되어야 할 성격의 것이 아닌가?

최신한이 지적하는 것처럼, 슐라이어마허는 그의 삼위일체론을 『신앙론』의 결론부분에 위치시키고 있지만, 이것을 『신앙론』 1부와 2부의 진정한 종합으로 간주하지는 않았다. 삼위일체론은 기독교 교의학의 진정한 종석(宗石)이어야 하지만 이것이 아직 신학적으로는 만족스러운 모습으로 정리되지 않았다.[15] 필자 또한 슐라이어마허 자신의 언급들이 이러한 해석을 뒷받침해 주고 있음을 다음과 같이 발견한다. 우선 슐라이어마허는 삼위일체에 대한 그의 짧은 취급을 시작하면서, "(신앙론, 역자 주) 제2부 [2절]에서 우리의 논의의 모든 핵심적인 내용은 삼위일체 교리의 본질적인 내용 안에서도 또한 정립된다."고 말한다.[16] 이 말은 그의 삼위일체에 대한 가르침이 그의 책 『신앙론』 전체의 결론이 아니라 제2부 [2절]의 결론이라는 것을 암시한다. 여기서 주목할 것은 『신앙론』 제1부가 하나님에 대한 교리들, 즉 "신론"을 포함하고 있다면, 제2부 [2절]은 은총 의식에 대한 설명으로 "기독론"에 집중되어 있다는 사실이다. 그리고 기독교인의 구원과 관련되는 "기독론"이야 말로 『신앙론』의 핵심 주제임을 다시 상기하게 된다. 그러므로 우리는 여기서 한 가지 부수적

'갓돌'로 사용하지만 글의 말미에서는 '결론'으로 사용할 것이다.
15 최신한, 『슐라이어마허-감동과 대화의 사상가』, 167.
16 CF, §170.

인 것을 깨닫게 된다. 즉 이러한 슐라이어마허의 삼위일체론과 기독론의 관계, 즉 기독교적으로 경건한 자기의식을 그리스도에 의해 성취된 구원과 은총에 입각하여 설명하는 슐라이어마허 자신의 독특한 기독론과 삼위일체론의 밀접한 관계성이야 말로 슐라이어마허의 삼위일체론에 대한 건설적 이해를 위해 필수적인 항목이라는 것이다. 심지어 슐라이어마허는 "우리는 이 교리가 최종적으로 확정되었다고 생각할 이유가 별로 없는데, 그 이유는 이 교리가 개신교회가 세워질 때 별다른 새로운 고려를 수반하지 않았기 때문"이라고까지 썼는데,[17] 슐라이어마허의 이 말에 대한 해석에 대해서는 이 글의 몇 단락 아래에서 더 시도하겠다.

한편, 이상의 슐라이어마허 자신의 언급들을 확인함에도 불구하고 이것은 여전히 그가 삼위일체론의 중요성에 대해 과연 어떻게 생각했는가에 대한 충분한 설명은 되지 않는다. 이 질문과 관련하여 전문가들의 의견을 더 들어보면, 최신한은 슐라이어마허가 특히 교리를 그때마다의 경건한 자기-의식의 직접적인 표현으로 간주하기 때문에 기존의 삼위일체론이 이러한 표현을 체계적으로 완전히 담아낸 것으로 생각하지 않는다고 해석한다.[18] 크리스챤(C. W. Christian)의 설명도 대체로 최신한의 설명과 일치한다. 크리스챤에 따르면, 사실상 슐라이어마허는 삼위일체에 대한 폭넓은 취급을 포기하고 있다. 그 이유는 한편으로는 신적 본체에 있어서의 구별들에 관한 제안이 하나님을 대립의 영역으로 끌어들일 위험성이 있기 때

---

17 *CF*, §172.
18 최신한, 『슐라이어마허-감동과 대화의 사상가』, 167.

문이라는 것이며, 그밖에 슐라이어마허 자신이 언급하는 대로, "삼위일체론은 모든 기독교의 종교적 경험에 전제되어 있지도 않으며 그것에 포함되어 있지도 않기 때문"이라는 것이다.[19] 이러한 설명들에서 보듯이, 슐라이어마허에게 있어서 삼위일체론은 믿는 자의 직접적 자기-의식으로서의 경험에 대한 현대적 의식 개념에 부합하지 않는다는 판단은 슐라이어마허의 삼위일체론에 대한 해석들에 있어서 가장 공통적인 의견인 것이 사실이다.

확실히 슐라이어마허는 그의 『신앙론』에서 최고 존재 내의 영원한 상호구분, 즉 내재적 삼위일체에 대한 회의를 다음과 같이 드러내고 있다. "결과는 친숙한 이원론, 즉 본질의 연합과 위격들의 삼위성이다. 그러나 최고 존재 내의 영원한 상호구분에 대한 가정은 종교적 의식에 관한 진술이 아니다. 왜냐하면 거기서 그것은 결코 일어날 수 없기 때문이다."[20] 그러므로 삼위일체 교리는 부활, 승천교리와 마찬가지로 기독교 신앙론에서 본질적인 요소가 아니다.[21] 슐라이어마허는 우리의 자기-의식 안에 주어진 하나님 의식에 대해 말하면서, 세계 내 하나님의 존재와 구별되는 하나님의 존재 자체에 대한 진술은 불가능하다고 결론짓는다. 슐라이어마허는 이렇게 쓰고 있다.

---

19 C. W. Christian, *Friedrich Schleiermacher* (Waco, Texas: Word Books, 1979), 105. 여기서 슐라이어마허는 다음과 같이 말하고 있다. "삼위일체교리는 모든 기독교 종교적 경험에 전제되어 있지 않고 그것 안에 포함되어 있지 않기 때문에, 이들 정의들(삼위일체에 관한, 필자 주)은 우리의 현재의 논의에 해당되지 않는다." (*CF*, §37. 1 참조.)

20 *CF*, §170. 2.

21 *CF*, §170. 3.

우리는 단지 세계에 대한 우리의 의식과 함께 우리의 자기-의식 안에 주어진 하나님-의식만을 다루어야 한다. 그러므로 우리는 세계 내의 하나님의 존재와 구별되는 것으로서의 하나님의 존재 자체에 대한 신앙 진술을 가지지 못한다. 그것을 가지기 위해서는 굳이 사변으로부터 그것을 빌려와야만 한다.[22]

현대의 철학적 주관주의에 이어 급진적 성서학의 도움으로 전통적인 성서적, 교리적 신앙체계가 도전받고 파괴되기에 이르렀을 때, 그 폐허로부터 기독교 신앙을 다시 건설하려는 필사적인 시도들 또한 뒤따랐다. 거기에서 슐라이어마허는 현대신학의 아버지로 서게 되었던 것이고, 그는 현대주의에 있어 본질적인 것들 위에 서는 동시에, 또한 어떤 것들을 극복하고자 했다. 슐라이어마허는 이러한 과정에서 결국 두 가지 근본적인 현대주의적 명제들을 세우게 된 것으로 보인다. 첫째, 종교적 지식의 어떤 믿을만한 외적 근거가 존재하지 않기 때문에, 그것은 오직 개인적 경험에서 발견될 수 있다. 둘째, 교리들은 "이해하기 어렵다"고 생각되거나 또는 "믿기 어렵다"고 오늘날 말해지는 그런 사실에 대한 진술들로 간주되어져서는 안 되며, 개인적 경험에 대한 상징적 표현들로 간주되어야 한다. 초자연적 사건들은 실제 세계에서 일어나는 것이 아니라 사람들의 마음들 또는 상상들 속에서 일어나기 때문이다.

그러므로 개인적 경험이야말로 그 앞에서 모든 객관적인 신앙 진

---

22 *CF*, §172. 1.

술(성서, 신조들, 또는 어떤 다른 근거이든지)이 자신을 정당화해야(변호해야) 하는 심판관이다. 만일 어떤 가르침에서 개인적 경험을 통해 어떤 반향이 발견된다면, 그것은 받아들여질 수 있고, 만일 그렇지 않다면 그것은 한쪽으로 제쳐 두든지, 아니면 거부되어야 한다. 기독교 교의학에 대한 바로 이러한 접근방식이 『신앙론』에서 슐라이어마허가 삼위일체론을 하나의 부록으로 그 지위를 떨어뜨리게 만든 이유이다. 즉 기독교인의 자기-의식 안에 직접적으로 주어지지 않은 것은 신앙에 대해 주된 관심사가 아닌 것이다. 우리는 "죄가 많음"(욕망)에 대한 감정을 가질 수 있으며, 또는 우리의 죄들이 사함 받았다(구원)는 느낌을 가질 수 있다. 그러므로 이것들, 즉 죄와 구원에 관한 관념들은 "의미 있는" 것이다. 그러나 삼위일체에 대한 신앙은 어떠한가? 과연 한 하나님 안에 네 분, 다섯 분, 또는 여섯 분이 있다고 느끼는 것보다 특별히 세 분이 있다고 느끼는 것은 하나의 경험적 사실로 기독교 인식에 있어 공통적인 요소일 수 있을 것이라고 말할 수 있는가? 적어도 슐라이어마허는 그렇지 않다고 생각했던 것이다.

이제 우리는 슐라이어마허가 삼위일체론을 과소평가했다고 판단하는 데 있어 그 이유들 가운데 가장 설득력 있는 설명에 이르렀다. 즉 슐라이어마허가 삼위일체론을 과소평가 했다는 비판은 그가 삼위일체론을 복음과 어떤 상관이 있는 것으로 확신하지 않았다는 판단에 기초한 것이다. 위에서 소개한 것처럼, 슐라이어마허는 그의 『신앙론』에서 마침내 삼위일체교리를 다루기 시작하면서 그 서두에서 지적하기를, "우리는 삼위일체교리가 최종적으로 확정되었다고 생각할 이유가 별로 없다"[23]고 했다. 왜냐하면 결국 이 교리는 개신교회가 세워질 때 별다른 새로운 고려를 수반하지 않았기 때문이라는 것이며, 따라서 "여전히 이 교리는 그 최초의 시작으로 되돌아가는 변혁을 기다리고 있기 때문"이라고 슐라이어마허는 지적하였다.[24] 다시 말해서 만일 삼위일체교리가 복음 안에 포함되었다면, 16세기의 그 복음주의적 각성, 즉 그 종교개혁의 충격은 그 교리로 하여금 기독교 구원에 중심적인 모든 것을 가진 것으로 변형시키고 심화시켰을 것이라는 점을 암시한 것으로 볼 수 있다.

사실 슐라이어마허의 『신앙론』은 구원론에 집중되어 있다. 즉 슐라이어마허의 신학은 전적으로 구원에 집중되어 있으며, 구체적으로 말해서, 구원받은 자의 자기의식의 내용들에 집중되어 있다. 슐라이어마허에게 있어서, 기독교가 본질적으로 다른 신앙들과 구별되는 것은 그것 안에서는 모든 것이 나사렛 예수에 의해 성취된 구원과 관련되어 있다는 사실 때문이다. 따라서 삼위일체에 관한 것은 슐라이어마허에게 있어서 적합한 교리 체계 안으로 받아들여질 수 없었을 것이라는 추측이 가능하다. 왜냐하면 그것은 "복음", 즉 하나님과 함께 있는 심정으로서의 은총의 상태 안에서는 신-의식을 향해

---

23 CF, §172.

24 "We have the less reason to regard this doctrine as finally settled since it did not receive any fresh treatment when the Evangelical (Protestant) Church was set up; and so there must still be in store for it a transformation which will go back to its very beginnings." CF, §172. 이는 슐라이어마허의 전반적인 신학적 방법론을 반영하는 것으로, 즉 교리의 역사적 발전에 대한 비판적 검토와 근본적인 재해석의 필요성을 강조하는 것이 그것이다.

나아가는 인간의 자기-의식의 전개가 아무런 방해를 받지 않는 "그리스도 안에 있는 구원의 역사"에 직접적으로 관계될 수 없기 때문이다. 슐라이어마허의 용어를 사용한다면, 그것은 구원에 그 의미상 직접적으로 함축되어 있지 않다. 교회적으로 고안된 그 교리 자체는 "기독교적 자기-의식에 관한 어떤 직접적인 진술이 아니다. 단지 몇몇의 그러한 진술들의 조합일 뿐이다."[25]

그러나 위의 설명에도 불구하고 필자에게는 여전히 질문이 남는다. 우리는 과연 슐라이어마허가 삼위일체론이 구원에 대한 직접적인 하나의 의미가 아니라고 생각했으며, 따라서 그것이 기독교 교의학에서 비켜 세워져야 한다고 믿었다고 결론내릴 수 있을까? 슐라이어마허의 『신앙론』은 과연 그것을 말하고 있는가? 이러한 질문들로부터 여전히 자유하지 못한 상황에서, 유명한 『현대신학의 유형들』(Types of Modern Theology, Nisbet and Company Limited, 1937)의 저자 매킨토쉬(Hugh Ross Mackintosh)의 짧은 언급은 필자로 하여금 본 글의 마지막 작업으로 나아가도록 도전을 주기에 충분했다. 매킨토쉬가 적절하게 지적하는 것처럼, 슐라이어마허는 삼위일체 교리를 고찰하게 되면서, 다시 한 번 그의 일관된 관점을 시사하고 있다. 즉 "우리는 교회적인 정의들 앞에서 그다지 흥미를 보이지 말아야 한다. 왜냐하면, 소위 삼위일체 교리는 (슐라이어마허 자신이 표현하는 것처럼) 사실상 기독교인의 자기-의식에 대한 직접적인 언급이 아니라 대략 그런 종류이긴 하지만 몇몇 진술들 사이에서 이

---

25 CF, §170.

루어진 하나의 조합에 불과하기 때문이다."²⁶ 그런데, 매킨토쉬에 따르면, 슐라이어마허는 삼위일체 교리에 대한 과거 공의회의 결정들을 어느 정도 면밀하게 살펴 본 후에 한 잠정적인 결론에 이르게 되는데, 바로 그 결론의 내용인 즉, "이 (삼위일체) 교리가 개신교의 신조들에서 말해지는 대로 아직 그것의 확정적인 형태에 이르지 못했다"(위의 "결국 이 교리는 개신교회가 세워질 때 별다른 새로운 고려를 수반하지 않았기 때문"이라는 슐라이어마허의 표현에 대한 매킨토쉬의 이해 - 필자 주)는 것이다.²⁷ 즉 매킨토쉬에 따르면, 종교개혁시대에 개신교 지도자들은 이 교리가 수정되어야 한다는 문제를 제기하기도 전에 단순하게 그대로 받아들이고 말았던 것이며, 게다가 슐라이어마허에게 있어서 그것은 너무나 삼신론(三神論)에 가까워 보였다. 그러므로 비록 그가 삼위일체론과 관련하여 종교개혁자들에게 불만은 있었지만, 오스트회페너(Claus-Dieter Osthövener)가 결론내리는 것처럼, 슐라이어마허는 그의 태도에 있어서 원칙적으로 종교개혁으로부터 시작되는 전통(즉, 기독교 구원경험에 기초한, 구원전달의 과정에 대한 신적 통일성의 관계에 대한 믿음)에 서 있는 것이다.²⁸ 그리고 중요하게 상기되어야 할 사항은, 슐라이어마허는 이 교리를 포기할 의도는 추호도 없었으며, 비록 널리 인정받을 만큼 성

---

26 H. R. Mackintosh, *Types of Modern Theology* (London: Nisbet & Co. Ltd., 1937), 78.
27 Mackintosh, *Types of Modern Theology*, 78.
28 Claus-Dieter Osthövener, *Die Lehre von Gottes Eigenschaften bei F. Schleiermacher und Karl Barth* (Berlin: Walter de Gruyer, 1996), 97. 오스트회페너(Osthövener)에 따르면, 어떤 이유로 신학에서 하나님의 삼위일체에 접근하던 간에 그 원래적인 의미도 그 원래적인 형태도 다시 획득할 수 없을 정도로 계몽주의 이후부터는 그 원래의 형태가 거의 사라질 정도로 개편되게 된다.

공하지는 못했지만, 본질적으로 '종교적'이 되려는 것 이외에 다름 아닌 하나의 삼위일체주의에 도달하기 위해 진정으로 노력하였다.[29]

바로 이런 관점에서 볼 때, 슐라이어마허는 삼위일체론 역시 구원의 직접적인 한 의미로 보고 있었다고 하는 판단이 여전히 하나의 가능성으로 남아 있다. 필자의 견해로는, 우리가 슐라이어마허의 삼위일체론에 대한 한 적절하고 건설적인 신학적 이해를 추구한다면, 삼위일체 교리를 복음과 내적으로 연결되어 있는 것으로 진술하는 것, 즉 삼위일체를 구원론과 기독론의 연결 속에서, 심지어는 경건한 의식을 논의의 토대로 삼고 있는 교회론의 연장선상에서 다루어야 하는 과제가 요구된다고 본다. 이러한 과제는 이 글의 결론 부분에서 시행될 것이다.

슐라이어마허는 사벨리우스주의자인가?

삼위일체와 관련된 슐라이어마허에 대한 또 다른 비판은 삼위일체에 대한 그의 설명이 사벨리우스주의(Sabellianism)와 동일시될 수 있다는 인식에 근거해 있다. 인간 지식의 한계에 대한 슐라이어마허의 주장과 그의 신적 인과율 적용은 불가피하게 삼위일체에 대한 부정을 가져오게 한다는 것이다. 무엇보다 감추어진 하나님과 계시된 하나님 사이의 그의 구분은 하나님이 다양한 현시들 배후에 있는 하나의 영원히 알려지지 않은 단자(單子, monad)라는 사벨리우스

---

[29] Osthövener, *Die Lehre von Gottes Eigenschaften bei F. Schleiermacher und Karl Barth*, 97.

적인 견해를 증명하는 것이라는 주장이기도 하다.[30]

사실 슐라이어마허는 삼위성(trinity)과 일치성(unity) 사이의 간격의 문제에 대해 논하면서 결국 그 중간은 불가능하다고 보았다. 슐라이어마허에 따르면, "세 위격들 모두 안에 있는 신성(divinity)은 하나의 신적 본질(one Divine Essence)의 신성과 동일한 것이라는 입장이 위격들의 삼위성과 본질의 일치성 사이의 관계에 대한 우리의 생각들을 지배하는 규칙이어야 한다."[31] 그런데 "한편으로 더욱 실재론적으로는 우리는 그 일치를 세 위격 모두에 공통적인 본질로서 상위의 것으로 만들어야 하고 그 경우에 위격들의 구분은 하위의 것으로 드러나 뒤로 떨어지게 되면서 신적 군주(divine monarch)만 명백해 진다. 또는 다른 한편으로 더욱 유명론적으로는 우리는 그 삼위성을 상위의 것으로 만들어야 하며, 그 경우에 추상적인 것으로서의 그 일치성은 뒤로 떨어지게 되고 만다."[32] 그런데 문제는 우리의 종교적 의식을 위해 직접적 존재를 가지는 것, 성령의 신성과 그리스도의 신성, 즉 아들인 그리스도의 아버지에 대한 관계가 전면으로 나온다는 것이다. 슐라이어마허에게 이것은 결국 "삼신론으로 떨어지게 되는 위험"처럼 보였다.[33]

결국 슐라이어마허에 대한 비판들 가운데는 슐라이어마허는 전해내려 온 삼위일체적 입장을 단순하게 포기해 버린 아리우스주의

---

30 Fiorenza, "Schleiermacher's understanding of God as Triune," 172.
31 *CF*, §171. 3.
32 *CF*, §171. 3.
33 *CF*, §171. 3.

자라는 주장도 있다. 이러한 해석에 따르면, 슐라이어마허에게 있어서는, 하나님은 다양한 현시들 배후에 있는 한 분의 영원히 알려지지 않은 단일체라는 것이다. 그런데 과연 슐라이어마허를 아리우스주의자로 부를 수 있는 것일까? 우리는 슐라이어마허의 신학에서 한 특징적인 것으로 요한복음에 대한 그의 깊은 사랑을 상기할 필요가 있다. 즉 그의 신학적 사고는 원시 기독교의 신앙고백에 거의 상응하는 것으로서, 바울의 "하나님이 그리스도 안에 있다(God is in Christ)"라는 진술과 요한복음 기자의 "말씀이 육신이 되셨다(the Word became flesh)"는 진술을 그가 인용하는 것으로도 반증된다. 이런 맥락에서 슐라이어마허는 삼위일체 교리를 토대로 우리가 "조금도 부족함이 없이 하나님 자신이 그리스도 안에 있으며 기독교인들 안에 있다"고 말할 수 있다고 한 것이다.[34] 이런 의미에서 슐라이어마허 역시 삼위일체 교리를 기독교 교리의 "갓돌"이라고 부른 것이다. 물론 슐라이어마허는 분명 '경세적' 삼위일체를 신의 내적, 즉 '내재적' 삼위일체 교리로 확대해서 해석하는 것을 완고하게 반대함으로써 '내재적' 삼위일체를 특히 조심스럽게 다루고자 한다. 이러한 경향은, 루터에게서도 발견되는 것처럼, 계시된 하나님(인간본성과 연합된 것으로 생각되는 신적 본질)과 감추어진 하나님(신적 본질 자체) 사이의 구분에 그가 보다 충실하기 때문일 것이다.

슐라이어마허의 기본적인 전제는 우리는 하나님을 알지 못한다는 것이다. 즉 우리는 하나님 자체에 대한 객관적 지식을 가질 수 없고,

---

34 *CF*, §172. 1.

단지 우리 자신 및 세계와의 관계에서만 하나님에 대한 지식을 가질 수 있다. 그러나 슐라이어마허는 그의 신학에서 하나님에 대한 진술을 정당화하기 위해 한 가지 대담한 시도를 하고 있다. 슐라이어마허에 따르면, 종교의 본질은 만물의 위대한 출처요 근거인 "알려지지 않은 하나님"에 대한 절대의존의 감정이다. 이 비인식적인 감정을 분석한다면, 우리는 교리들을 "언어로 표출된 종교적 감정들에 대한 진술들"로 재해석할 수 있다. 말하자면, 슐라이어마허에게 있어서 신학의 과제는 삼중적이다. 즉 교리들을 발생학적으로 감정 안에 있는 그것들의 근원을 다시 추적하는 것, 그렇게 추적될 수 없는 모든 것들을 폐기하는 것, 그리고 그런 다음 그래도 남은 것들을 진정한 자기-이해의 기준으로 더욱 충실하게 해석하는 것을 말한다. 이것이 감정을 강조하는 낭만주의 경향의 신학이다. 이러한 의미에서 슐라이어마허의 신학에서 존재론적 삼위일체의 개념이 자리잡는 것은 애당초 불가능했다. 슐라이어마허가 말하는 대로, 그것은 계시의 직접적인 내용도 아니고 신앙의 직접적인 표현도 아니다. 기껏해야 삼위일체 교리는 "알려지지 않은 하나님"과 우리 자신들 사이의 관계를 설명하는 한 방법으로, 즉 사벨리우스주의의 형태로 유지될 수 있는 것이 차라리 하나의 가능성인 것이다.

이 문제와 관련하여 피오렌자는 그의 글 "Schleiermacher's understanding of God as Triune"에서 슐라이어마허의 삼위일체론에 대한 이해에 대하여 하나의 통찰력 있는 분석을 제공한다. 그는 이 글에서 삼위일체론에 관한 슐라이어마허의 주석에 반대하는 많은 비판에 대하여 응답한다. 다양한 오해들에 반대하여, 피오렌자는 슐라이어마허에게 있어서 하나님의 사랑과 지혜는 하나님의 단순한 특성들이 아니라 하나님의 참 본질의 표현들이라는 것을 지적한다. 그리고 그 자체들로서 감추어진 알려지지 않은 단일체의 계시가 곧 현시들은 아니다. 하나님은 그리스도 안에 있는 구원의 경험과 그것으로부터 오는 교회 안에 있는 공동의 성령에 대한 경험을 통해 사랑과 지혜로 알려진다. 그러므로 삼위일체론은 이러한 근본적 경험에 대한 숙고의 결과이다. 문제는 성부, 성자, 성령의 신성에 대한 성서의 확언이 하나님 안에 있는 내적 구별의 인정에 관한 하나의 사변적 교리를 필요로 했겠는가라는 것이다. 이에 관하여 슐라이어마허는 신적 본질에 대한 지식은 가능하다고 강조한 반면, 기독교의 구원의 경험은 신적 본질 안에서의 구별들이 본래적이고 영원히 존재했다는 것을 의미한다는 것을 부인했다. 무엇보다도 슐라이어마허는 그의 인식론적 겸손 외에도 신적 인과율에 대한 그의 이해 때문에 삼위일체적 위격들의 내적 관계들에 관한 사변들로부터 스스로 피할 수밖에 없었던 것이다. 어쨌든 이러한 해석에 근거해서, 피오렌자는 슐라이어마허의 삼위일체론에 대한 관념은 간단하게 아리안주의나 사벨리우스적 견해와 동일시되어서는 안된다고 결론짓고 있다.

오히려 피오렌자에 따르면, 슐라이어마허의 해석자들은 슐라이어마허의 삼위일체로서의 하나님에 대한 이해에서 그가 종교개혁의 충격을 어떻게 기술하는 가에 주목해야 한다. 즉 슐라이어마허는 삼위일체 교리가 개신교 종교개혁의 종교적 충격들의 결과로서의 어떤 구체적 재진술을 겪지 않았다는데 주목하고 있다는 것이다. 전통적인 교리적 진술들은 이 종교개혁의 충격을 표현하지 못하고 있다. 특히 삼위일체의 경우 하나의 신적 본질을 가진 세 위격들의 일치와 각 위격의 다른 위격들과의 동등성 등과 같은 개념적 문제들을 해결하지 않은 채 그냥 두었다. 이러한 이유들 때문에 삼위일체 교리는 동등성과 종속의 문제들 외에도 유니테리아니즘과 삼신론 사이에서 갈팡질팡하게 된다는 것이다. 따라서 피오렌자에 따르면 삼위일체 교리는 이들 개념적 이슈들을 고려하기 위해 재진술되어야 하며, 특히 종교개혁의 종교적 충격들을 통합하기 위해서도 그래야만 한다.[35]

4. 슐라이어마허의 인간학적 삼위일체 해석

이제 이 글은 결론 부분에 이르렀다. 위에서 언급한 대로, 필자는 삼위일체에 대한 슐라이어마허의 언급들, 즉 그의 삼위일체론에 대한 하나의 건설적 신학적 이해를 시도하려 한다. 필자는 슐라이어마허의 삼위일체론이 하나의 인간학적 해석을 보여준다고 생각하며, 따라서 그것을 슐라이어마허의 인간학적 삼위일체론이라고 부르고자 한다.

이미 수차례 언급했듯이, 슐라이어마허는 삼위일체에 대한 그

---

35 Fiorenza, "Schleiermacher's understanding of God as Triune," 173.

의 생각들을 『신앙론』의 본론에서 다루지 않았다는 이유로 비판을 받는다. 그러나 그러한 위치상의 문제로 슐라이어마허가 기독교회의 오랜 역사를 통해 신앙공동체의 삶과 교리적 발전을 통해 전해진 삼위일체론을 그의 교의학 체계에서 중요하지 않은 것으로 간주했다고 결론짓는 것은 너무 단순하고 성급한 판단일 것이다. 다시 주의 깊게 고려되어야 할 점은, 슐라이어마허에게 삼위일체론은 적어도 그의 신학에서 기독교 진리의 판단기준이 되고 있는 "기독교적 자기-의식에 관한 직접적인 관심은 아니다(… not an immediate utterance concerning the Christian self-consciousness)"[36]라는 사실이다. 즉 삼위일체는 기독교적 의존 경험에 필수적인 "감정"과 직접적으로 관련되어 있지 않다. 그것은 오히려 기독교적 자기-의식에 관한 몇 가지 직접적인 진술들의 결합일 뿐이다. 슐라이어마허의 삼위일체에 관한 언급들 가운데 이 일련의 핵심적인 진술들의 배후의 의미는 무엇일까? 어떻게 이해하는 것이 보다 정확한 의미에 접근하는 것일까?

위의 질문에 대한 답은, 필자의 견해로는, 슐라이어마허의 하나님 이해에 있어서 열쇠는 신자의 구원경험이라는 사실에서 찾아야 한다.[37] 슐라이어마허의 신학은 전적으로 구원경험에, 즉 그 구원에 대한 지식, 다시 말해서 구원받은 자의 자기-의식의 내용들에 집중되어 있다. 슐라이어마허에게서 삼위일체에 대한 이해도 마찬가지다. 이것은 슐라이어마허가 삼위일체를 다루기 시작하면서 그의 해

---

36 *CF*, §170.
37 Fiorenza, "Schleiermacher's understanding of God as Triune," 179.

석에 있어서 하나의 본질적인 요소는 그리스도의 인격 안에서와 교회의 공동의 영 안에서 일어난 "신적 본질과 인간 본성과의 연합(the union of the Divine Essence with human nature)"에 대한 교리라고 못 박는다는 사실에서 확인된다.[38] 그리고 그 교리에 기독교 교회의 가르침에 진술된 기독교에 대한 전(全) 견해가 달려있다. 슐라이어마허에게 있어서 삼위일체 교리는 그리스도 안에 있는 구원에 대한 근본적인 경험과 거기로부터 흘러나오는 교회의 공동의 영에 대한 숙고의 결과이다. 이러한 것들은 삼위일체 안에 있는 기독교적인 것으로 종교적으로 확신되는 것들로서 슐라이어마허의 신학에서도 여전히 본질적인 것이다. 그러므로 삼위일체론은 교회 안에서 일어나는 구원경험으로 확립되는 기독론과 성령론의 결합으로 제시되는 게 더 적절하다. 피오렌자는 이 점을 다음과 같이 설명한다.

> 그리스도 안에 있는 하나님의 존재가 없이는 구원은 그의 인격에 집중될 수 없을 것이다. 그리고 교회와 성령의 연합이 있지 않다면, 교회는 그 구원을 계속할 수 없을 것이다. 삼위일체 교리는 그리스도 안에서 그리고 교회 안에 내주하는 성령 안에는 신적 본질보다 덜한 (부족한) 것은 어떤 것도 존재하지 않을 거라는 기독교적 확신을 수호하기 위해 세워졌다.[39]

따라서 슐라이어마허의 삼위일체에 대한 언급들은 기독론과 성령론에 대한 그의 독특한 견해들을 전제한다. 그 자신이 "그 안에 있

---

38 *CF*, §170.
39 Fiorenza, "Schleiermacher's understanding of God as Triune," 81.

는 모든 것이 나사렛 예수가 이룩한 구원에 관련되어 있다"고 말할 정도로, 슐라이어마허의 신학적 통찰의 중심을 이룬 문제는 바로 기독론이었다. 그의 신학은 그리스도 중심적이다. 학자들은 그리스도 중심적 특징을 가진 슐라이어마허의의 신학과 더불어 현대신학에서 기독론의 새로운 시대가 시작되었다는 평가에 동의하는데 주저하지 않는다. 훗날 슐라이어마허의 비판가들 가운데 한 사람인 슈트라우스(D. F. Strauss, 1808-74)는 슐라이어마허의 신앙론은 단지 하나의 교리, 즉 그리스도에 대한 교리만을 가진다고 말했을 정도이다.[40]

그의 기독론에 따르면, 슐라이어마허는 예수 그리스도를 "한 분의 진정한 인간"으로 확인한다. '구속자' 예수 그리스도는 그의 인간 본성의 정체성으로 인해 모든 인간들과 동일하다. 그러나 그리스도는 인간성을 가지고 있다는 점에서 모든 인간과 같으나 다른 한편 완전한 신-의식을 소유하고 있다는 점에서는 모든 인간과 구별된다. 즉 한 가지 사실이 그리스도를 다른 모든 인간들과 구별시키는 데, 그것은 그의 "하나님-의식에 대한 지속적인 능력(constant potency of His God-consciousness)"이다.[41] 그러므로 슐라이어마허에게 있어서 예수 그리스도는 원형적인 인간이다. 여기서 원형성은 근본적으로 신-의식의 절대적인 힘을 의미하며, 따라서 그리스도는 절대적으로 완전한 신-의식을 소유한 신-의식의 완전한 원형으로 나사렛 예수 안에서 역사적으로 나타난 것이다. 이 부분과 관련하여, 목창균

---

40 B. A. Gerrish, *A Prince of the Church. Schleiermacher and the Beginnings of Modern Theology* (Wipf & Stock, 2001), 23.
41 *CF*, §94.

이 빠트리지 않고 설명하는 것처럼, 교회의 전통적인 용어나 성서적인 용어에 소극적인 태도를 보였던 슐라이어마허는 신성이란 표현대신 신-의식으로 표현함으로써 그리스도의 양성 교리를 거부했다는 지적을 받고 있다.[42] 어쨌든 이것은 슐라이어마허의 독특한 인간학적 기독론을 보여준다.

삼위일체를 다루기 위해 슐라이어마허는 또한 교회 안의 성령에 대한 인간학적 교리를 사용한다. 즉 슐라이어마허는 성령론을 신자들이 그 안에서 그리스도와의 교제에 참여하는 교회라는 컨텍스트에서 분석한다. 슐라이어마허는 『신앙론』 2부 2절 "교회의 기원"이란 제목하에 성령의 전달에 대해 말하면서 다음과 같이 말한다. "성령은 신자들의 공동의 삶 안에서 삶을 살아있게 하는 공동의 영의 형태로의 '신적 본질과 인간 본성과의 연합'이다."[43] 다시 말하면, 신자들의 공동의 종교적 삶에 생명을 불어넣는 것은 성령 사역의 한 형태이다. 슐라이어마허의 삼위일체론을 인간학적이라고 말할 때, 그것은 이러한 슐라이어마허의 독특한 신학적 해석에 근거한다. 이것은 우리로 하여금 교의학적 신학에 대한 슐라이어마허 식(式)의 주장을 다시 상기시킨다. 즉 신학은 일종의 이론적 지식이 아니라, 기독교 공동체가 함께 나누어 가지는 개인적 의식에 대한 가장 정확하고 변증적 언어로 된 진술인 것이다.

---

42 슐라이어마허는 그리스도의 신성을 인성으로부터 분리할 수 있다는 것을 부정했고, 그리스도의 양성이 서로 교류한다고 믿는 속성의 교류 교리를 부정했다는 점에서 기독론에서 전통적인 견해와 입장을 달리한 것이다. 목창균, 『슐라이에르마허의 신학사상』(한국신학연구소, 1993), 168. 참고. 목창균, 『현대신학논쟁』, 47-49.
43 *CF*, §123.

슐라이어마허의 이러한 예수 그리스도와 성령에 대한 신학적 해석에 근거해서 우리는 하나의 인간학적 삼위일체를 말할 수 있게 되는 것이다. 이러한 맥락에서 우리는 슐라이어마허가 삼위일체에 관한 진술을 그리스도의 신성과 성령의 신성에 대한 기반을 마련하기 위한 과정에서 발전된 이차적인 교리로 취급하고 있음을 이해할 수 있다. 그러나 동시에 슐라이어마허 신학에 있어서 삼위일체론은 기독론과 성령론에 깊이 관계되어 있으며, 또한 그 맥락 속에서 그의 인간학적 접근에 기초하고 있음을 말해야 한다. 다시 말하면, 슐라이어마허의 삼위일체론이 기독론과 성령의 조화라고 할 때, 그 공통분모는 신적 본질과 인간적 본성의 연합이다. 그것은 곧 그리스도의 인격성과 교회의 공동의 영 안에서 일어나는 것을 가리킨다. 즉 그리스도의 인격성이란 그리스도와 인간의 진정한 친교의 가능성과 그리스도 안에 있는 하나님의 존재를 나타내는 바, 그리스도의 한 인격 속에 신성과 인성이 결합되어 있다는 것을 말한다. 마찬가지로 슐라이어마허에게 있어서 성령도 신적 본질과 인간 본성의 연합이다.[44]

그의 『신앙론』에서 슐라이어마허는 일반적 인간 현상으로서의 경건으로 시작했으며, 종교의 환원될 수 없는 본질을 "절대 의존의 감정(the feeling of absolute dependence)"으로 정의한다. 절대 의존의 감정은 어떤 순수 감정이 아니다. 오히려 그것은 항상 느끼는 자기-의식 안에 있는 감정들에 의해 수반된다. 말하자면 그것은 항상 어떤 대상에 대한 관계성에 의해 불러 일으켜진다. 여기서 또 하

---

44 *CF*, §123. 1-3.

나의 슐라이어마허 신학의 중요 원리가 발전한다. 즉 "종교적 경험은 하나님에 대한 순수 의식의 한 순간이 결코 아니라는 것이다. 오히려 하나님을 의식하는 것은 어떤 대상과의 관계성 안에 있다는 것을 의미하며, 따라서 절대 의존의 감정 외에도 다른 (상대적인) 감정들을 의식하는 것을 의미한다."[45] 이것은 슐라이어마허의 신학에 있어서 방법론상 결정적으로 중요한 단서이다. 말하자면 "신이나 세계나 인간에 관한 신학적인 명제를 궁극적인 것에 대한 인간의 실존적인 참여에서, 다시 말해서 인간의 종교적 의식에서 이끌어 낸다는 점이다. … 이것은 우리가 신에게 종속시킨 성질이나 특성이 신과 우리의 관계의 표현이라는 것을 의미한다."[46] 결국 우리는 참 본질적인 신에 관해서 아무 것도 말할 수 없으며,[47] 다만 신과 우리의 관계를 바탕으로 하여서만 계시경험을 통해서 나타나는 것을 말할 수 있을 뿐이다. 이런 맥락에서 볼 때, 슐라이어마허에게 있어서 삼위일체 교리는 사색을 통해서도 근거되지 않지만 또한 "직접적이고 즉시적인 경험"을 통해 근거되는 것도 아니다. 오히려 그것은, 피오렌자의 표현을 빌리자면, 그리스도 안에서 "인격을 형성하고" 기독교 공동체 안에서 "공동체를 형성하는" 분으로서의 하나님의 존재의 현존에 대한 기독교 공동체의 역사적 경험을 통해서이다.[48] 이 점이 슐라

---

[45] Stephen Sykes, *Friedrich Schleiermacher* (London: Lutterworth, 1971), 29.

[46] Paul Tillich, *Perspectives on 19th and 20th Century Protestant Theology*, 송기득 역, 『19-20세기 프로테스탄트 사상사』(한국신학연구소, 1981), 138.

[47] 이 점과 관련하여 슐라이어마허는 불가지론자로 지목받는다.

[48] Fiorenza, "Schleiermacher's understanding of God as Triune," 181. 이런 의미에서 슐라이어마허에게 있어서, 경건은 윤리적 삶의 발전 안에서 그 본래적 자리를 가진다. 이것은 그의 신학에서 앎과 행위의 관계와도 밀접하게 관련되어 있다.

이어마허의 삼위일체에 대한 가르침을 하나의 인간학적 해석이라고 정의해야 하는 이유인 것이다.

틸리히에 따르면, 이러한 인간학적 관점은 삼위일체론에 대해 중요한 의미를 가진다. 틸리히는 다음과 같이 말한다.

> 하나의 초월적인 대상으로서의 객관적인 삼위일체성의 이론은 불가능하다. 삼위일체 교리는 신에 대한 인간의 관계를 충분히 표현한 것이다. 각 페르소나(*personae*)는 신이 인간과 세계에 관계하는 일정한 방식의 표상이다. 이러한 방식에서만 페르소나는 의미를 갖는다.[49]

틸리히에 설명에 따르면, 바로 위와 같은 이유 때문에 슐라이어마허는 삼위일체론적 상징에 대한 취급을 그의 신학의 전 체계의 마지막에 두었다. 즉 삼위일체론은 모든 특수한 관계 - 죄와 용서, 창조와 죽음과 영생, 교회와 개개의 기독교인에게 있는 성령의 존재 등의 문제를 다루는 데서 표현되는 관계- 가 기독교인의 종교의식과 관련하여 실증적으로 기술된 후에, 신론의 완성으로서 마지막에 놓인다는 것이다. 즉 우리와 신과의 관계를 기술한 다음, 슐라이어마허는 신적인 것 그 자체를 향하여 선을 그어 나아가다가 마침내 삼위일체론적 진술에 다다른 것이다.

그러므로 20세기 독일의 신학자이자 슐라이어마허 연구 전문가인 레데커(Martin Redeker)가 적절하게 표현하는 것처럼, 슐라이어

---

49 틸리히, 『19-20세기 프로테스탄트 사상사』, 139.

마허 신학의 독창성은 계시, 그리고 하나님과 세상의 관계성에 대한 그것의 실존주의적 이해에 있다.[50] 슐라이어마허는 스콜라주의의 초자연주의적 형이상학, 초기 개신교 정통주의, 그리고 계몽주의 신학의 초자연주의적 편에 서지 않았다. 오히려 슐라이어마허는 초자연적 형이상학과 항상 관련되어 있고, 초자연에 대한 객관적 지식을 요구함으로써 계시에 관한 사고를 그릇되게 하는 스콜라주의적 사고가 개신교 신학에 자리 잡지 못하도록 했으며, 그런 점에서 슐라이어마허가 확립한 새로운 신학적 사고는 루터의 종교개혁, 특히 스콜라주의에 대한 루터의 거절에 그 기원을 두고 있다고 보아야 한다.[51] 필자는 레데커의 글에서 삼위일체에 대한 슐라이어마허의 이해를 정확히 보여주는 한 비유적 서술을 발견하였기에, 그 일부를 여기에 옮겨 본다.

> 하나님은 유한한 세계 안에 있는 하나의 대상물이 결코 아니며, 이 유한한 세계 안에 있는 한 특별한 초자연주의적이고 기적적인 부분이나 갭(gap)이 아니다. 하나님은 그의 영원하고 전능한 권능 안에서 절대적으로 세계 위에 올리워져 있으며, 그러나 또한 그것의 근거요 전제로서 세계를 결정하고 생동력 있게 그것에 스며드는 분이다. … 여기서 신적 전능은 하나님의 영원하신 사랑, 그리고 영(Spirit)과 가장 친밀하게 연결되어 있다. 이 사랑은 그의 삶, 고난, 그리고 죽음 안에 있는 구속주의 원형적 완전 안에서 보여 지며, 그것은 인간과 세상에 대한 우월성을 죄와 하나님이 버린 세상 위에

---

50 Martin Redeker, *Schleiermacher - Life and Thought* (Philadelphia: Fortress, 1971), 149-150.
51 *Ibid.*, 150.

있는 신적 영의 권능으로 확증한다.[52]

즉 레데커에 따르면, "하나님의 계시 행위는 무엇보다도 창조주 하나님에 의해 세워지고 동시에 구속주 하나님에 의해 해방되어 개인적 실재로 되는 '종교적 인간의 직접적 자기-의식'에 관계되어 있다."[53]

그러므로 인간학적 삼위일체론 이해에 근거할 때, 슐라이어마허의 삼위일체 이해에 대한 평가는 삼위일체에 대한 이해뿐만 아니라 하나님의 인격에 대한 이해에 달려 있다. 그리스도 안에서와 기독교 공동체 안에서의 하나님의 특징적 존재는 단지 알려지지 않은 단일체 또는 하나님에 대한 확증일 뿐만 아니라 하나님의 참 본질이며 하나님의 창조적인 활동의 완전이다.[54] 슐라이어마허는 한 하나님이 창조자, 구속자, 그리고 성화자이며 이것은 모든 삼위 하나님께 적용된다고 주장한다. 또한 슐라이어마허에게 있어서 삼위일체는 바로 하나님 자신이 그리스도 안에 그리고 그리스도인들 안에 계시다는 진리를 보장한다.[55] 이런 맥락에서 슐라이어마허의 삼위일체론이 삼위 하나님이 다른 이름을 가진 것에 불과하고 다른 사역의 형태를 나타낼 뿐이라는 사벨리우스적 견해와 동일시될 수 있겠는

---

52 *Ibid.*
53 레데커에 따르면, 슐라이어마허의 근본적 신학적 이해에 해당하는 이러한 실존적 계시 개념이야말로 인간 예수 안으로의 신적 로고스의 성육신에 대한 믿음과 구속주의 구원 활동에 의해 지지된다.
54 Fiorenza, "Schleiermacher's understanding of God as Triune," 185.
55 *CF*, §172. 1.

가 하는 문제는 다시 검토되어야 한다. 그리스도 안에 있고, 또한 교회 공동체 안에 있는 하나님의 존재에 대한 그의 강조는 슐라이어마허로 하여금 교회 공동체 안에서의 성령의 존재를 그리스도 안에 있는 하나님의 존재에 의존하게 하고 그것으로부터 흘러나오도록 만들게 한다. 따라서 그러한 해석은 사벨리우스주의보다는 오히려 성령이 성부 그리고 성자로부터 유출한다고 하는 전통적인 '필리오케'(filioque)에 더 가까운 견해라 할 수 있다.

크리스챤이 확인해 준 것처럼, 확실히 『신앙론』의 마지막 단락에서 슐라이어마허는 『신앙론』의 그 이전 내용에서와는 다른 더욱 감각적인 해석을 보여 준다. 그것은 특히 삼위일체론의 교회론적 중요성에 대한 슐라이어마허 자신의 훨씬 더 깊은 평가를 보여주는 것이다.[56] 즉 슐라이어마허에 따르면, 삼위일체론은 세상 안에서 자기를 나타내신 하나님이 그리스도 안에서, 그리고 교회의 공동의 영 안에서 구원하시는 하나님으로 자신을 확증하셨다는 기독교적 인식에서 왔다. 확실히, 피오렌자도 그의 글의 결론에서 지적하는 것처럼, 삼위일체에 대한 어떤 신학이든지 대체로 삼위의 상호성(the mutuality)을 주장하는 반면에, 슐라이어마허는 하나님의 존재와 기독교적 경험 사이의 상호연결성(the interconnection)을 더욱 강하게 강조한다. 그리고 그 기독교적 경험이란, 활동과 인과율로서의 한 분, 즉 살아계시고 사랑하시는 하나님이 그리스도의 존재 안에 현존하고 있으며, 그를 통해 하나님의 사랑이 기독교 공동체 안

---

56 Christian, *Friedrich Schleiermacher*, 105.

에 창조의 질서를 완성시키는 성령의 존재 안에 현존하게 되는 경험을 말한다.[57] 말하자면 슐라이어마허는 구원에 대한 기독교적 관념을 의미 있게 설명하기 위해서 삼위일체론이 얼마나 결정적으로 중요한지를 더욱 더 깨닫게 된 것이라고 볼 수 있다. 슐라이어마허에 따르면, 삼위일체론이 부인되는 곳에서는 기독교 교리의 본질을 결정하는 그 중심적 교리적 핵심의 붕괴가 일어나고, 삼위일체 교리의 포기는 인간, 그리스도, 그리고 구원에 대한 교리의 수정이 불가피하게 초래되고 만다.[58] 그런 의미에서 그는 삼위일체론이 『신앙론』의 결론을 형성한다고 볼 수 있다.

결론적으로 말해서, 삼위일체 교리가 하나님의 창조와 구원의 활동이 그 모든 차원들에서 결국 하나라는 하나의 종교적 확언으로 이해된다면, 슐라이어마허에게 있어서도 삼위일체는 "기독교교리의 갓돌"(종석, 宗石: coping-stone of Christian doctrine)이다.[59] 매킨토쉬가 말하는 것처럼, 비록 완전히 성공하고 있지 못하지만, 슐라이어마허는 오직 "본질적으로 종교적이고 그 밖의 다른 어떤 것도 아닌" 하나의 삼위일체론에 도달하기 위해 진정한 노력을 하고 있다.[60]

---

57 Fiorenza, "Schleiermacher's understanding of God as Triune," 186-87.
58 Christian, *Friedrich Schleiermacher*, 105.
59 *CF*, §170. 1.
60 Mackintosh, *Types of Modern Theology*, 78.

5. 결론

현대신학의 아버지라 불리는 슐라이어마허에게 흔히 많은 비판들이 제기되어 왔다. 그러나 슐라이어마허 신학에 대한 적절한 이해를 위해서는 무엇보다 그의 저작들에 대한 주의 깊은 독서가 요구된다. 슐라이어마허의 신학이 수반하는 다양한 전통적 교리들과의 충돌에도 불구하고 그의 신학에 있어 깊은 통찰들을 섭렵하게 되면, 결국 그의 신학은 계몽주의, 칸트의 철학, 그리고 당대의 신앙 전통에 비판적이었던 과학적 사고의 발흥이 제기한 도전들에 적극적으로 대답하고자 시도하는 전통적 기독교를 위한 하나의 변증이었다는 결론 또한 간단히 부정하기 어렵다. 결국 슐라이어마허의 신학이 겨냥하는 대상이 누구인가를 묻는다고 할 때, 한편으로 슐라이어마허의 신학은 종교를 이성의 한계 안에서 규정짓고, 나아가 자신의 실천이성 비판에서 종교를 윤리의 틀로서만 해석하려고 했던 칸트를 겨냥하고, 다른 한편으로는 종교를 도그마적인 규범이나 형이상학적 지식으로만 풀어내고자 했던 17세기 정통주의를 겨냥함으로써 종교의 독자적인 영역을 확보하고자 했던 것이다. 이것은 삼위일체에 대한 슐라이어마허의 결코 자명하지 않은 해석에도 해당되는데, 즉 그의 삼위일체론 내지는 삼위일체 신앙에 관한 진술들도 바로 이러한 틀 안에서 보아야 한다.

슐라이어마허에게 사변적 이해들은 신앙의 진술들과는 직접적인 관계가 없는 것이었다. 그러나 그렇다고 해서, 예를 들어 삼위일체가 하나님에 대한 기독교적 자기-의식과 전혀 관계가 없는 단순히 사색에 불과하다는 말은 아니다. 문제의 핵심은 슐라이어마허에게 삼위일체는 계시의 직접적인 내용은 아니었으며, 따라서 삼위일체론의 존재론적 의미보다는 기독교적 자기-의식이 더 중요하였다는 것이다. 슐라이어마허는 삼위일체를 말할 때마다 사변의 결과물을 지양하고 그리스도의 인성과 하나님의 신성의 연합, 또는 교회의 공동의 영 안에서 역사하는 하나님의 신성을 강조하였다. 슐라이어마허에 있어서 삼위일체는 "다른 어떤 존재가 아닌 바로 하나님 자신이 그리스도와 기독교인들 안에 있다"는 진리를 보장하는 것이다. 그러므로 슐라이어마허에게 있어서 삼위일체는 기독교 신앙의 본래적 요소는 아니지만 결국에는 교회의 중요한 가르침을 담고 있는 교리이다. 그것은 우리가 예수 그리스도나 성령과 관계될 때에는 항상 하나님 자신과 관계하게 된다는 것을 웅변하고 있기 때문이다. 이러한 의미에서 슐라이어마허의 삼위일체론은 삼위일체에 대한 하나의 인간학적 해석이다.

참고문헌

김승철. 『역사적 슐라이어마허 연구』. 한들, 2004.
목창균. 『슐라이에르마허의 신학사상』. 한국신학연구소, 1993.
윤철호. 『현대신학과 현대 개혁신학』. 장로회신학대학교출판부, 2003.
최신한. 『슐라이어마허-감동과 대화의 사상가』. 살림, 2003.
틸리히. 『프로테스탄트사상사』. 한국신학연구소. 1980.

Christian, C. W. *Friedrich Schleiermacher*. Waco, TX: Word Books, 1979.

Clements, Keith W. *Friedrich Schleiermacher - pioneer of modern theology*. Minneapolis: Fortress, 1991.

Fiorenza, Francis Schüssler. "Schleiermacher's understanding of God as triune." In *The Cambridge Companion to Friedrich Schleiermacher*, ed. Jacqueline Marina. New York: Cambridge University, 2005.

Gerrish, B. A. *A Prince of the Church. Schleiermacher and the Beginnings of Modern Theology*. Wipf & Stock, 2001.

Mackintosh, Hugh Ross. *Types of Modern Theology*. London: Nisbet & Co. Ltd, 1937.

Claus-Dieter Osthövener, Claus-Dieter. *Die Lehre von Gottes Eigenschaften bei F. Schleiermacher und Karl Barth*. Berlin: Walter de Gruyer, 1996.

Redeker, Martin. *Schleiermacher: Life and Thought*. Philadelphia: Fortress, 1971.

Schleiermacher, Friedrich. *The Christian Faith*. English Translation of the Second German Edition, ed. H. R.

Mackintosh and J. S. Stewart. Edinburgh: T. & T. Clark, 1928.

Schleiermacher, Friedrich. *On Religion: Speeches to its Cultured Despisers*. Trans. John Oman with an introduction by Rudolf Otto. New York: Harper & Brothers, 1958.

Sykes, Stephen. *Friedrich Schleiermacher*. London: Lutterworth, 1971.

넷째 글

성경의 권위에 대한 건설적 이해:
칼뱅과 바르트의 *자유주의적*(liberal) 접근

이 글의 목적은 "성경의 권위"(the authority of the Bible) 문제에 접근함에 있어 소위 "개혁교회 전통"(the Reformed tradition)을 대표하는 신학자들이라 할 수 있는 칼뱅(John Calvin, 1509-1564)과 바르트(Karl Barth, 1886-1968)가 보여주는 연속성 혹은 공통된 입장(이 글에서 필자가 자유주의적/liberal/이라고 부르는 것)[1]을 논의하는 데 있다. 나아가 필자는 그러한 연속성이 특히 그들의 신앙과 신학의 성격과 내용을 고려할 때 소위 개혁주의(the Reformed) 배경을 가진 한국의 장로교 교단들에 속해 있는 성경 독자들에게 던질 수 있는 몇 가지 의미심장한 도전들에 주목하고자 한다.

성경의 권위에 대한 칼뱅과 바르트의 접근을 적절하게 분석해 본 경우라면, 성경의 권위 문제에 대해 칼뱅과 바르트 모두 상당한 수준으로 자유주의적 성향을 가졌다는 생각을 떨쳐버릴 수 없다. 성경의 권위에 대한 칼뱅과 바르트의 소위 *자유주의적*(liberal) 입장은 축자영감이나 성경무오류 주장에 대해 그들이 가졌던 비(非)정통주의적 견해, 다시 말해 성경 본문의 역사적 성격과 인간 저자의 한계 문제에 대한 그들 나름의 전향적 태도에서 찾을 수 있다. 즉, 칼뱅과 바르트는 축자영감이나 성경무오류 등 성경의 권위와 관련된 전통적 교리들에 자신들을 묶어 두지 않았다.

성경의 권위 문제를 다룰 때, 칼뱅과 바르트는 성경 독자들을 향

---

[1] 일반적으로 자유주의적(liberal) 이라는 단어는 모든 부과된 권위들로부터 자유하고자 하는 것과 같은 일종의 접근 방식을 가리킨다. 그러나 이 글에서 필자가 이 용어를 사용할 때는 단지 제한된 의미를 제시하고자 의도한다. 즉, 성경무오류나 축자적 영감 등 성경의 권위에 대한 정통주의적 주장들에 얽매이지 않기로 결심하는 태도, 또는 성경에 대한 역사적 비평의 접근 결과를 굳이 거절하지 않는 태도를 가리키고자 사용하는 용어이다.

해 성경의 중심 메시지인 하나님의 말씀 그 자체 앞에 서도록 촉구한다. 그 무엇보다 하나님의 말씀으로 돌아가야 한다고 외치면서, 칼뱅과 바르트는 성경이 하나님의 말씀이 되게 하는 전능하신 하나님의 주권적 행동을 강조한다. 그러므로 칼뱅과 바르트가 성경의 권위 주제에 대한 토론 테이블에 올려 놓는 도전적인 메시지는 "하나님을 하나님 되게 하라!" 이다. 또한 칼뱅과 바르트는 진지하고 충실한 성경 독자들에게 성경 본문의 본래 의미를 발견하도록 도전한다. 나아가 칼뱅과 바르트는 오늘의 성경 독자들에게 성경을 읽을 때 더욱 실존적이 될 것을 요청한다. 칼뱅과 바르트에게 성경 본문은 성경 저자들이 하나님의 현존과 직면하고자 행동했고 자신들의 삶에 끼친 하나님의 영향에 인격적으로 반응한 결과들로서, 다시 말하면 그와 같은 역사적 상황들의 산물이기 때문이다. 요약하면, 목회자는 성경을 먼저 학문적으로 이해할 수 있어야 하며, 동시에 성경을 사람들의 실제적 삶의 필요와 어려움에 적용할 수 있어야 한다는 것이다.

1. 연구의 배경과 의의

독자들은 이렇게 질문할 수 있다. 왜 칼뱅과 바르트인가? 필자의 대답은 다음과 같다. 필자 역시 개혁교회 전통에 속하는 장로교회 토양에서 신학생으로 또한 목회자로 성장하여 지금에 이르고 있다. 그런 까닭에 필자는 그동안 신학 관련 연구와 강의를 해 오면서 개혁주의 전통 위에 있는 신학자들 가운데 대표적인 인물들, 특히 성경의 권위 문제에 특별히 관심을 가진 신학자들을 진지하게 만나고자 애써 왔다. 우선 개혁주의 전통의 기초자 중 한 사람인 칼뱅은 종교개혁 시대에 진정한 성경 해석의 길을 모색함에 있어 누구와 비교해도 더 괄목할 만한 부흥을 이룬 인물이다.[2] 또한 마찬가지로 개혁주의 전통 위에 서 있으면서 지난 20세기 신학계에서 가장 영향력 있고 대중적이었던 신학자 바르트 역시 성경 독자들과 해석자들에게 실로 할 말이 많은 인물이다. 성경의 권위에 대한 바르트의 견해는 심지어 그의 신학이 "하나님의 말씀의 신학"(the theology of the Word of God)이라 불릴 정도로 현대 개신교 신학에 널리 그리고 지대한 영향을 끼쳤다.

한편, 한국에서 보수적 신학 성향을 가진 대부분의 학자들과 목회자들은 바르트 신학이 가진 자유주의적 성격에 대해 분명히 비판적이며, 그런 맥락에서 바르트를 자유주의자로 낙인찍는데 주저하지

---

[2] 비렝가(Robert Wierenga)는 성경의 권위와 해석에 대한 논쟁이 계속되고 있을 때 칼뱅의 주석상의 원리들에 대한 연구들은 매우 시의적절하다고 말한다. Robert Wierenga, "Calvin the Commentator," *Reformed Review* 32 (Fall 1978): 4.

않는다. 그러나 많은 신학생들 사이에는 다른 이해가 존재한다. 그들은 바르트가 성경무오(biblical inerrancy)나 축자영감(verbal inspiration)과 같은 주장 또는 관점을 가지고 성경의 권위를 강력하게 지지하는 인물이라고 오해하고 있다. 이러한 이해에 따르면, 바르트에게 있어 성경은 어떤 유보의 여지도 없이 하나님의 말씀이다. 한편 성경무오설에 대한 대부분의 개신교 교리들이 그 누구보다 칼뱅이 주는 성경에 대한 가르침들에서 자신들의 입장을 지지하는 인용들을 가져오고 있는 것도 사실이다. 그러나 바르트와 마찬가지로 칼뱅 또한 성경의 권위 문제에 대해 분명 자유주의적 성향을 보였다. 그의 성경 해석은 후대 개신교 정통주의에서 나타나는 성경의 영감을 전제로 한 교리와는 분명한 차이가 있었다.

이러한 성찰과 판단이 성경의 권위에 대한 칼뱅과 바르트의 공통된 (소위, 자유주의적) 입장을 논하게 된 배경이다. 필자가 볼 때, 칼뱅과 바르트에게서 확인되는 이러한 공통점은 성경의 권위와 관련된 논쟁이 항상 다시 고조되는 한국의 장로교단과 교회들에 속한 사람들에게 시사하는 바가 적지 않다. 필자가 기대하는 것은 다음과 같다. 기존의 신학 전통 위에 있으면서도 성경의 권위 문제에 대해 더욱 유연하고 실존적이며 전향적인 접근 방식을 모색할 수 있지 않을까 하는 것이다. 이를 통해 성경해석의 새로운 방법론의 발전도 기대할 수 있을 것이다.

그렇다면, 성경의 권위 문제에 대해 칼뱅과 바르트가 가졌던 기본 입장들은 사실상 어떤 것인가?

2. 칼뱅과 바르트의 기본 입장

칼뱅

칼뱅은 하나님의 말씀에 대한 설교자이자 교사로서 실로 탁월했던 인물이며, 두말할 필요 없이 분명한 것은 무엇보다도 그가 성경학자이고자 했다는 것이다. 칼뱅은 자신의 저서 『기독교강요』(*Institutes of the Christian Religion*, 1536) 독자들에게 주는 서문에서, 책을 출판하는 주된 목적들 가운데 하나는 거룩한 신학을 공부하는 후보자들이 하나님의 말씀을 읽을 수 있도록 돕는 것, 말하자면 그들이 하나님의 말씀에 용이하게 접근하도록 돕고, 어떤 벽에 부딪히지 않고 그 일에 진전을 이룰 수 있도록 준비시키고 안내하는 것이라고 선언한다.[3] 칼뱅은 성경의 각 책들을 연구하고 또한 그 책들을 하나님의 백성에게 가져가는 일에 충실하게 헌신했다. 하나님의 말씀에 대한 순종이 종교개혁 신학의 주요 특징들 가운데 하나라고 할 때, 특히 그것은 개혁주의 신학 전통에서는 다른 어떤 종교개혁 학자들보다도 바로 칼뱅에게 돌아가야 할 말임에 틀림없다.

성경의 권위 문제에 접근함에 있어 칼뱅은 다름 아닌 어거스틴의 신학이 보여준 바, 즉 '중도적 길'(*via media*)을 선택했다. 여기서 '중도적 길'이란 다음과 같은 의미이다. 즉, 한편으로 칼뱅은 예수 그리스도와 성경에 대한 믿음보다 더 우선적으로 하나님의 존재

---

[3] John Calvin, *Institutes of the Christian Religion* (Philadelphia: Westminster, 1961), "John Calvin to the Reader," 4.

와 성경의 진리에 대한 증거들을 요구하는 길, 말하자면 소위 합리주의적 스콜라주의를 거부했다. 또한 칼뱅은 다른 한편으로 성경과 별개로 성령의 역사와 인도를 강력하게 주장하는 신령주의적 분파주의자들을 똑같이 단호하게 거부했다.[4] 말하자면 여러 면에서 칼뱅은 성경을 외부적이고 형식적인 권위로 보는 중세적 개념을 계속 따르지 않았다. 칼뱅에게 있어 하나님의 말씀은 성경 그 자체와 동일한 것이 아니다. 오히려, 거울처럼 성경은 하나님의 말씀을 전달한다. 그러나 바로 이러한 이유로 성경은 그 말씀과 동일하지는 않다. 칼뱅은 하나님의 말씀의 권위에 복종했지만, 성경무오설과 같은 엄격한 교리에 의해 구속되거나 제한을 받는 성경 문자주의자(biblical literalist)가 아니었던 것이다.

바르트

바르트에 따르면, 하나님의 말씀은 그 형식에 있어 세 가지로 나뉜다. 첫째는 구전 형식으로 교회의 선포이고(preached), 둘째는 기록된 형식으로 성서이며(written), 마지막으로 근본적이고 본래적 형식으로 하나님의 영원한 말씀의 계시인 예수 그리스도(revealed)이다. 다시 말해서 하나님의 말씀은 세 가지 형태, 즉 과거의 계시인 예수, 성경 안에 있는 기록된 인간의 증언, 그리고 교회의 선포 속에서 성경에 대한 설교로 이루어진다. 하나님의 말씀의 기록된 형태는 계시와 선포와 따로 떼어져서 성경 안에 존재하지 않는다. 마찬가지

---

[4] Jack B. Rogers, *The Authority and Interpretation of the Bible: An Historical Approach* (SanFrancisco: Harper & Row, 1979), 55.

로 선포는 기록되고 계시된 형태들로부터 분리되어 존재하지 않으며, 마지막으로 계시된 형태는 기록되고 선포된 형태와 분리되어 존재하지 않는다.

그런데 성경의 권위에 대한 바르트의 소위 자유주의적 입장은 칼뱅의 경우와 마찬가지로 하나님의 말씀과 성경이라는 두 개념이 완전히 동일시되어서는 안된다는 그의 확신에 기초해 있다고 볼 수 있다. 즉, 바르트는 성경의 권위와 규범을 신적 계시에 대한 증거로, 그리고 교회의 선포의 기초로 제시한다. 따라서 바르트는 어떤 의미에서 성경으로 시작하고 있지 않는데, 성경 자체가 하나님의 계시는 아니기 때문이다. 오히려 성경은 그 역할에 있어 하나님의 말씀의 통로이며, 하나님의 과거 계시를 확증한다. 성경은 신적 계시의 증거이다.[5] 그러므로 성경의 권위에 대한 바르트의 접근에서는, 오히려 계시가 주된 원리이며, 성경은 그것에 종속된다.

결과적으로 신적 계시의 증거로서의 성경에 대한 바르트의 주장, 그리고 하나님과 인류 사이의 사건 또는 만남으로서의 계시에 대한 그의 개념은 어떤 종류이든 소위 성경 광신주의(bibliolatry) 그 자체를 거부하도록 만든다. 계시를 성경과 동일시하려는 소위 개신교 정통주의의 경향, 즉 성경무오설 개념에 집착하는 근본주의를 거부한다. 오히려 바르트의 자유주의적 입장은 현대적 성서 연구가 의미하

---

5 Karl Barth, *Church Dogmatics* I.2. (Edinburgh: T & T Clark, 1956), 463. 바르트는 이렇게 쓰고 있다. "우리는 성경을 신적 계시의 증거라고 불러야 한다는 사실에서 그 특별한 결정에 주의를 기울이는 것이 좋을 것이다. 우리는 여기에 의심할 여지없는 한계를 가진다. 즉, 우리는 성경 그 자체를 계시와 구별해야 한다. 증언은 그것이 증언하는 것과 절대적으로 동일하지는 않다."

고 가리키는 바, 소위 역사적, 비평적 문헌 연구를 승인하고 있다.[6]

요약하면, 성경의 권위에 대한 칼뱅과 바르트의 접근들을 분석해 볼 때, 필자가 발견하는 것은 이들 두 사람 모두 축자영감설(Verbal Inspiration, 逐字靈感說)이나 성경무오설(Biblical Inerrancy) 등 교리들에 제한을 받고 있지 않다는 사실이다. 성경은 하나님의 말씀인가? 물론 칼뱅과 바르트에게 그것은 사실이다. 그러나 그것은 축자영감설이나 성경무오설의 주장과는 다른 의미와 성격을 가진다. 칼뱅과 바르트 모두 성경 원문의 오류를 결단코 인정하려 들지 않는 성서 광신자나 근본주의자가 아니었다. 오히려 그들은 성경의 권위 문제에 대해 상당히 자유주의적 입장을 견지하고 있었다.

3. 성경의 권위에 대한 자유주의적 이해

성경의 권위에 관한 칼뱅과 바르트의 자유주의적 입장은 앞에서 언급한 대로 우선 축자영감설이나 성경무오설 이슈들에 대한 그들의 견해와 입장에서 찾을 수 있고, 한 걸음 나아가 보다 구체적으로 말하자면, 성경 본문의 역사적 성격과 성경을 기록한 인간 저자들이 가진 한계 등 이들 이슈들에 대한 그들의 전향적인 태도에서 확인할 수 있다.

성경 속 구절과 글자 하나 하나가 모두 하나님의 영감에 따라 이

---

6 Ross Mackenzie, "Authority in the Reformed Tradition," in *A Pope for all Christians* (New York: Paulist, 1976), 107.

루어졌다고 주장하는 축자영감설은 성경이 하나님의 영감을 받은 말씀이라는 의미에서 하나님이 성경의 저자임을 가리킨다. 우선 성경 자체가 그것을 확증하는 것처럼 보이는데, 말하자면 성경 자체가 모든 성경은 하나님의 감동으로 된 것으로 교훈과 책망과 바르게 함과 의로 교육하기에 유익하다고 말씀하고 있다(딤후3:16). 그런데 성경의 영감 그 방식에 있어, 칼뱅은 한편으로 볼 때 단편적이고 체계적이지는 않지만, 다른 한편으로 오늘날 성경무오설이 그 의미상 함축하고 있는 것보다 더 자유로운 이해를 보여준다. 또한 바르트 역시 성경의 영감에 대한 모든 기계적인 개념을 거부한다. 바르트에게 성경의 말씀은 언제나 인간의 말일 뿐이다. 성경의 말씀 그 자체는 예수 그리스도이신 그 한 분, 즉 참된 말씀에 대한 증거이다. 따라서 한 걸음 더 나아가, 성경무오설에 대한 칼뱅과 바르트의 자유주의적 이해는 성경 본문의 역사적 성격과 인간 저자들의 한계 등 비평적 신학 논의에서 항상 다시 제기되는 이슈들에 대한 그들의 견해에서 찾아볼 수 있다.

성경 본문의 역사적 성격

종교개혁 당시 다른 어떤 개혁가들 보다 칼뱅은 성경의 역사적 성격을 진지하게 받아들인 신학자였다. 칼뱅에게 있어서 성경은 많은 부분에서 역사적 과정의 산물이다. 그것은 역사적 사건과 인간 경험을 통해, 그리고 그 역사적 사건과 경험에 대한 사람들의 후속 성찰

을 통해 생겨났다.⁷

우선 칼뱅의 견해에 따르면, 본문에 대한 신중한 문법적, 역사적 주석은 성경 연구에서 필수적이다.⁸ 성경에 있는 신적 사항들에 대한 지식은 어쩌면 인간 편에서의 문법 능력에 의존할 수 있다. 칼뱅은 소위 기독교 인문주의자였다. 말하자면 16세기의 학문적 분위기와 토양에서 성장한 칼뱅은 기독교 학자가 되기 전에 이미 그 인문주의적 연구 방법과 엄격성을 익히고 있었고, 인문주의적 논증과 주석의 방법들을 알고 있었다.⁹ 칼뱅은 그리스어와 히브리어에 능통한 전문가가 되기 위해 최선을 다했고, 따라서 그는 항상 그리스어와 히브리어로 된 본문들로부터 강의했고, 상세하고 신중한 주석을 하기 위해 항상 이러한 도구들을 사용했다. 칼뱅은 단어, 문장의 연결, 그리고 관련된 역사적 정황들을 연구했다. 반면 로마 가톨릭교회는 그러한 문법적, 역사적 주석을 경멸하는 입장을 견지해 왔었다. 그러므로 칼뱅이 순전히 세속적인 라틴어와 헬라어 학자들의 방법을 성경 본문에 적용한 것은 당시로서는 실로 혁명적인 접근이었다.¹⁰

그렇다면 이와 관련하여 바르트는 어떠했나? 자신의 성경 해석에서 바르트는 전승 비평, 양식 비평, 편집 비평 등, 사실상 역사 비평

---

7 WCC, *The Bible: Its Authority and Interpretation in the Ecumenical Movement*, Faith and Order Paper No. 99, ed. Ellen Flesseman-van Leer, (WCC: Geneva, 1983), 31.

8 Ronald S. Wallace, "Calvin the Expositor," *Christian Today* 8 (May 1964): 9.

9 이것은 1532년 출판된 세네카의 『클레멘티아』(*De Clementia*)에 대한 주석에서 확인되며, 이후 그의 성경 주석들에서 사용한 원칙들에서도 확인된다. 칼뱅은 우리가 기독교 인문주의라고 부르는 르네상스 학문의 흐름에서 훈련을 받았다. 성경 본문에 대한 칼뱅의 깊은 관심은 그의 인문주의 유산의 직접적인 결과였다.

10 Wallace, "Calvin the Expositor," 9.

(Historical Criticism) 혹은 고등 비평(Higher Criticism)에 해당하는 그 어떤 연구 방법도 사용할 준비가 되어 있었다. 성경 그 자체를 하나님의 말씀으로 동일시하는 것을 이미 거절했던 바르트로서는, 역설적이게도 자신이 영감에 관한 권위 있는 교리와 역사비평적 방법 사이에서 어느 한 쪽을 선택하도록 강요받지 않았다고 말하기를 주저하지 않았다. 성경이 하나님의 말씀이 아니라 오류를 범할 수 있는 인간의 증언이라고 믿었던 바르트에게 있어 역사비평적 방법(the historical-critical method)을 거부할 이유가 없었던 것이다.[11]

인간 저자들의 한계

걸출한 성경 학자로서 칼뱅은 성경 기록이 가진 인간적 특성들을 무시할 수 없었다. 칼뱅에게 성경은 인간의 작품이다. 성경 속 이야기들은 인류의 종교적 교육에 관한 것들이다. 거기서 계시는 인류의 유아기에서 성숙기에 이르는 진행과 발전 단계에 맞추어 조정되어 왔다.[12] 칼뱅은 본문상의 어려움과 인간적 환경들의 영향을 예리하게 인식하고 있었다. 따라서 칼뱅은 성경 메시지의 어떤 부분을 접할 때 그것이 자리잡고 있는 상황과 문화를 또한 분석해야 했다.[13] 그 결과 칼뱅은 성경 저자들이 자신의 제한된 지식의 관점에서 기능하도록 허락되었고, 따라서 불일치들과 착오들이 잘못된 데이터의

---

11 Samuel H. Nafzger, "Scripture and Word of God," in *Studies in Lutheran Hermeneutics*, ed. J. Reumann, (Philadelphia: Fortress, 1979), 112.

12 John T. McNeil, "The Significance of the Word of God for Calvin," *Church History* 28 (Jun. 1959): 137.

13 *Inst.* IV.16.23; cf. *Inst.* IV.15.18.

기록에 통합될 수 있다는 점을 인정했다. 특히 칼뱅은 자신의 주석들에서 제안하길, 성경 속 어떤 명백한 불일치들이 인간이 가진 연약함 혹은 한계 때문이라고 말한다.[14] 같은 맥락에서, 그의 주석 전반에 걸쳐, 칼뱅은 성경의 개별 저자들의 스타일에 대해 언급했다. 성경의 언어는 종종 정제되지 않은 상태에 있고, 따라서 부정확하다.[15] 때때로 칼뱅은 그와 같은 결함이 인정되어야 한다는 것을 솔직하게 수긍했다. 그 결과 칼뱅은 성경의 문자적 정확성을 주장할 수 없었다.

성경 속 여러 곳에서 불일치가 존재함을 인정하면서, 칼뱅은 이러한 것들이 인간의 한계를 감안할 때 오히려 자연스러운 것이라고 보았다. 즉, 성경의 저자들 자신도 모든 인간의 연약함의 문제에서 벗어나지 못했다고 본 것이다. 칼뱅은 이렇게 말하고 있다.

> 왜냐하면 그들의 설교도 멀리 떨어진 어떤 것처럼 모호하고, 각기 다른 유형으로 구체화되어 있기 때문이다. 게다가, 그들이 회상한 지식이 아무리 놀랍더라도, 그들이 사람들의 공통된 후견에 복종할 필요가 있는 한, 그들은 또한 자녀들로 분류되어야 한다. 마지막으로, 그 당시에는 그 시대의 모호함에 영향을 받지 않을 만큼 명료한 분별력을 가진 사람은 없었다.[16]

---

14 Roger Nicole, "John Calvin and Inerrancy," *Journal of the Evangelical Theological Society* 25 (Dec. 1982): 428.

15 예를 들어, 칼뱅은 바울이 롬3:4에서 시51:4을 사용한 것에서 어떤 부정확함이 있음을 지적했다.

16 *Inst.* II.11.6.

따라서 칼뱅은 성경을 인간 존재의 작품으로 간주하기에 성경 속 말씀을 우상화하지 않는다.[17]

그럼에도 불구하고, 칼뱅은 하나님께서 선지자들의 이러한 모호한 개념들을 하나님의 자기 계시의 도구로 사용하셨다고 주장한다.[18] 칼뱅에게 있어서 연약한 인간 이성의 모호성과 성령의 능력은 상호 배타적인 것이 아니라 그 둘 모두가 성경에서 구현되었다. 칼뱅에게 있어서 성경의 권위는 인간적이고 오류가 있는 형식들에서가 아니라 사실상 그것이 가진 구원의 내용들에서 발견된다. 다른 말로 하면, 성경의 메시지가 가진 구원의 목적은 우리가 불완전한 형태의 단어라고 생각하는 것을 통해 올 수 있다.[19] 이러한 맥락에서, 칼뱅에 대한 전기를 쓴 파커(T. H. L. Parker)는 성경의 권위에 대한 칼뱅의 견해를 다음과 같이 요약한다. 즉, 성경의 피조성은 하나님의 말씀을 듣는 데 방해가 되는 것이 아니며, 오히려 완전히 필요한 조건이라는 것이다. 소위 칼뱅의 '적응'(accommodation) 개념에 따르면, 하나님은 인간이 이해할 수 있는 방식으로 인간에게 진정으로 말씀하신다.[20] 이러한 확신 안에서 칼뱅은 학문적 도구, 즉 문법

---

17 Richard C. Prust, "Was Calvin A Biblical Literalist?," *Scottish Journal of Theology* (Summer 1967): 315.

18 *Ibid.*

19 Rogers, *The Authority and Interpretation of the Bible*, 56.

20 T. H. L. Parker, *John Calvin: A Biography* (Philadelphia: Westminster, 1975): 77. "적응"(accommodation)이란 용어는 신학에서 그 의미상 변화들을 겪었다. 개신교 신학에서 가장 잘 알려진 것은 칼뱅이 사용한 것으로, 즉 하나님은 인간의 용어, 인간의 개념들로 말씀하심으로써 인간에게 자신을 적응시켰다는 것이다. 다시 말하면, 하나님은 그의 본성 상 알려질 수 없고 도달될 수 없지만, 그럼에도 불구하고 인간이 이해할 수 있고 응답할 수 있는 방식으로 인간과 소통해 왔다는 의미이다.

적-역사적 방법을 사용하여 인간적인 자료로서 성경을 자유롭게 연구 분석할 수 있었다.

마찬가지로 바르트는 성경을 오류가 전혀 없는 말씀들의 모음으로 생각하지 않았다. 바르트에게 성경은 하나님의 말씀인 동시에 인간의 말이다. 성경은 말 그대로 인간의 문서이기 때문에 그것은 또한 오류가 있을 수 있다. 이는 "성경을 통해 하나님의 말씀을 증언하는 이들 역시 잘못을 범하거나 오류가 있는 인간으로서 말하기 때문에"[21] 조건적이고 제한적이다. 신약성경만 보더라도 성경 속 증언들은 1세기의 세계관의 결과물이고 현대인의 그것과는 전혀 다른 중동문화의 산물이다.[22] 뿐만 아니라 예언자들과 사도들 역시 신학적 이해에 있어서 제약이 있었는데, 바르트는 그들이 모두 약함을 가지고 있으며, 그러므로 신앙과 신학에 있어서도 오류를 범할 수 있다고 주장한다.[23]

그러나 바르트에게 있어서 성경의 권위는 그 맛과 매력이나 무오류성에 있지 않듯이, 성경 속 인간 언어의 취약성은 성경의 권위를 거부할 근거가 되지 않는다. 여기서 우리는 바르트가 왜 성경 속 말들에서 이러한 인간적 한계를 강조하는지 되물어 볼 필요가 있다. 요점은, 바르트가 성경의 말씀 자체를 우상화하고 싶어하지 않는다

---

21 *CD* I.2., 506-507.

22 Frank M. Hasel, "The Christological Analogy of Scripture in Karl Barth," *Theological Zeitschrift* 50 (1994): 47.

23 *CD* I.2., 509-510. 바르트는 "어떤 한계들 내에서, 따라서 상대적으로 그들은 모두 취약하며, 따라서 종교와 신학에 있어서조차 그들은 오류를 범할 수 있기 때문이다"라고 썼다. *CD* I.2., 510.

는 것이다. 바르트가 말한 것처럼, 성경 문서들의 인간적 본성을 진지하게 받아들이지 않는 것은 인간적인 것과 신적인 것을 동일시하는 위험에 처하는 것을 의미하며, 이는 결국 우상숭배의 시작이 될 수 있다.[24]

4. 성경의 권위에 대한 긍정적 논의

이제 칼뱅과 바르트가 성경의 권위에 대해 어떻게 긍정적으로 말하는가 라는 질문을 생각해 볼 차례이다. 달리 말하면, 하나님 자신이 성경의 저자라는 점에 대한 칼뱅과 바르트의 생각은 무엇인가? 성경의 권위에 대한 칼뱅과 바르트의 긍정적인 진술을 고려하기 위해 우리는 성령의 사역, 성경의 원리, 그리고 성경의 중심, 즉 기독론적 유비 등과 같은 주제들을 칼뱅과 바르트가 어떻게 다루는지 살펴볼 필요가 있다.

성령의 사역

성경의 권위 문제와 관련하여 칼뱅은 항상 성령의 역할을 강조한다. 칼뱅에 따르면, 하나님이 성경의 저자라는 확신이 우리 안에서 가능해지는 것은 성령의 내적 증언에 의해서다. 칼뱅의 관점에서 볼 때, 성령은 하나님의 백성에게 하나님의 말씀의 진리를 확신시키며,

---

24 Hasel, "The Christological Analogy of Scripture in Karl Barth," 47.

성경 속에 계시된 하나님의 말씀은 그 말씀이 성령에 의해 해석되는 사람들에 의해 인식된다.[25] 우리는 성령에 의해 내적으로 감동을 받을 때, 즉 오직 구속적인 방식으로만 성경의 권위를 받아들인다.[26]

그러므로 칼뱅에게 있어서 성령의 내적 증거는 이성을 통한 모든 검증보다 우월하다. 즉, 성령의 증거는 모든 이성보다 더욱 탁월하다. 하나님만이 하나님의 말씀 안에서 하나님 자신의 합당한 증인이신 것처럼, 말씀도 성령의 내적 증언에 의해 다루어지기 전까지는 사람의 마음에 수용되지 않을 것이기 때문이다.[27] 칼뱅은 성경의 진리에 대한 우리의 확신은 인간의 추론들, 판단들 그리고 이유들 보다 더 높은 원천, 즉 성령의 비밀스런 증언으로부터 와야 한다고 지적한다.[28] 그러므로 칼뱅은 말하기를, 우리는 인간의 이성, 판단, 추측보다 더 높은 곳에서, 즉 성령의 비밀스러운 증언에서 우리의 확신을 구해야 한다.[29] 성경의 권위에 대한 인간의 확신을 위해서는 교회나 인간의 권위로서의 증거가 아닌, 종교적 지식에 대한 확실하고 의심할 여지 없는 기초가 필요하다. 성경은 그 기초이며, 성경의 진리는 인간의 판단이 아닌 다른 방법으로 알려져야 한다. 칼뱅에게 있어서 오직 하나님의 말씀만이 우리 인간의 판단의 영역 너머에 있다. 성령의 사역은 인간의 추론적 과정을 초월하며, 인간의 어떤 가능성보다 성경을 더 높은 곳에 위치시킨다. 칼뱅에 따르면, 성령의

---

25 McNeill, "The Significance of the Word of God for Calvin," 133.
26 *Inst.* I.7.5.
27 *Inst.* I.7.4.
28 *Inst.* I.7.4.
29 *Inst.* I.7.4.

능력으로 우리는 진리에 대한 더 높은 이해, 더 깊은 통찰을 얻을 수 있다.

칼뱅은 하나님의 말씀이 성령과 분리될 수 없다는 것을 인정했다. 그럼에도 불구하고 칼뱅은 또한 바로 그러한 이유로 급진적 개혁가들이 성령에 직접 접근하기 위해 성경을 저버릴 때 거기에는 오류가 있음을 인식했다.[30] 그러나 칼뱅은 급진적 개혁가들의 이단성에 맞섬에 있어서 성경을 성령과 동일시함으로써 그렇게 한 것이 아니라, 오직 그들의 분리불가성(inseparability), 즉 성경과 성령이 분리될 수 없음을 주장함으로써 급진주의 개혁가들의 이단성을 지적했다.[31] 칼뱅에게 결정적으로 중요한 점은, 성경은 오직 성령에 의해 내적으로 가르침을 받고 설득된 사람들에게만 하나님의 말씀을 가져간다는 것이었다.[32]

그렇다면 바르트의 경우는 어떠한가? 성경의 권위에 대한 바르트의 접근에 있어서 성령의 역할은 독자들이 성경을 하나님의 말씀으로 받아들이도록 돕는 내적 활동에서도 결정적으로 중요하다. 바르트는 다음과 같이 쓰고 있다.

> 성경은 그것이 하나님의 말씀이라는 사실에 의해 하나님의 말씀으로 인정된다. 이것이 성령의 증언 교리가 우리에게 말하는 바다. 그분의 인성에 따라 예수는 성령으로 잉태되었고 우리를 위해 동정녀 마리아에게서 나셨다. 다시 말하지만, 그분의 인성에 따라 예수는

---

30 *Inst.* I.9.1-3.
31 Prust, "Was Calvin a Biblical Literalist?," 314-315.
32 McNeill, "The Significance of the Word of God for Calvin," 145.

주의 만찬에서 성령에 의해 구속적으로 임재하신다. 그리고 성령으로 말미암아 그분의 인성의 증언들이 또한 그분의 영원하신 신성의 증언들이 되었고 또한 증언들이다.[33]

성경은 하나님의 말씀을 교회 안에서(in) 그리고 교회를 위한(for) 유일한 권위로 증거한다. 그리고 성경의 증거 자체가 성령의 증거이다. 따라서 성령을 통해 성경은 계시의 매개체가 되고, 예수 그리스도를 나타내며, 비록 그것이 인간의 말의 형태이기는 하지만 하나님의 말씀을 표현한다. 바르트에 따르면, 성령의 능력으로 말미암아 "오류를 범할 수 있는 사람들이 오류를 범할 수 있는 인간의 말로 하나님의 말씀을 말한다."[34] 이러한 인간 존재의 말 안에서 하나님의 참된 말씀이 들려질 수 있는 것은 진정한 기적을 통해서이다.

그러므로 바르트에게 있어서 성경을 면밀하게 읽는 것과 하나님의 말씀에 주의 깊게 귀 기울이는 것은 같은 것이 아니다. 물론 듣는 것이 읽는 것 없이 일어나지 않는다. 하지만 하나님의 말씀을 듣는 것은 성령의 능력이 아니라면 일어나지 않는다.[35] 차일즈(Breward S. Childs)가 묘사한 바와 같이, 여기서 바르트는 칼뱅에 비추어 볼 때 성경을 하나님의 백성들에게 생생하게 만드시는 성령을 매우 강조하는 입장에 서 있었다.[36] 파머(Ian S. Palmer)도 같은 주장을 반복한

---

33 *CD* I.2., 537.

34 *CD* I.2., 529.

35 George Lindbeck, "Barth and Textuality," *Theology Today* 43 (Oct. 1986): 374.

36 Breward S. Childs, "Karl Barth as Interpreter of Scripture," in *Karl Barth and the Future of Theology: A Memorial Colloquim*, ed. David L. Dickerman, (New Haven, CT: Yale Divinity School Association, 1969), 32.

다. 즉, 성경은 자율적이지 않다. 성경은 다른 고대의 책들과 나란히 서 있지 않다. 오히려 그것은 성령이 행하는 생명을 주는 사역을 통해, 그리스도인들이 그들의 주님을 만나는 곳이다.[37]

궁극적으로, 칼뱅에게 성경의 권위는 무조건적으로 적용되는 확고하고 외적인 규범이 아니다. 그것은 독자의 편에 있는 살아 있는 믿음의 관계에서 발견되어야 한다. 칼뱅은 성경이 하나님의 말씀이라는 것을 불신자들에게 증명하고자 하는 사람들은 어리석게 행동하는 것이라고 아주 분명하게 말한다.[38] 오히려 칼뱅은 말씀 자체가 우리에게 전해져야 한다고 계속해서 주장한다. 즉, 말씀은 신자들이 하나님을 바라보게 해 주는 거울과 같다는 것이다.[39] 하나님의 참된 말씀은 믿음 안에서 성경을 읽고 들음으로써 듣고 접할 수 있다. 마찬가지로 바르트에게 있어서 "성경은 하나님의 말씀이다"라는 말은 믿음의 고백이다. 즉, 성경 속 인간의 말로 하나님이 말씀하시는 것을 듣는 믿음에 의해 가능한 진술이다. 하나님의 말씀 앞에서 절대적인 항복과 순종으로 듣는 것은 성령의 내적 역사를 통해 일어난다.

성경의 원리

성경 해석의 과제에서 칼뱅이 사용한 중요한 주석 원칙들 가운데

---

37 Ian S. Palmer, "The Authority and Doctrine of Scripture in the thought of John Calvin," *Evangelical Quarterly* 49 (Jan.-Mar. 1977): 39.

38 *Inst.* I.8.13.

39 *Inst.* III.2.6.

하나는, 신학이나 교리 체계가 성경을 지배하도록 해서는 안된다는 거였다. 말하자면, 교묘하게 짜인 어떤 퍼즐의 해결에서처럼 어떤 신학이나 교리가 모든 부분의 의미를 드러내도록 허락해서는 안된다는 것이다.[40]

바르트에게 있어서, 교회 내에서의 성경의 권위는 동시에 교회에 대한 권위이기도 하다. 성경의 권위는 교회의 모든 권위의 기초이다. 교회는 성경을 무시하고 직접적이고 즉각적으로 하나님께 호소할 수 없는데, 이는 성경이 교회의 시작에서부터 하나님의 계시의 통로를 가지기 때문이다. 이런 의미에서 칼뱅과 마찬가지로 바르트는 종교개혁시대 당시의 두 극단, 즉 로마 가톨릭교회와 신령주의자들을 효과적으로 반대한다. 바르트에게 있어, 교회는 자신 보다 더 높은 권위를 인정하지 않는 한 그것은 더 이상 교회가 아니다. 즉, 더 높은 권위에 대한 그러한 인정이 없다면, 교회는 그 권위를 상실한다. 교회는 더 이상 하나님의 말씀의 담지자가 될 수 없다.[41] 말하자면 성경 속 증언들은 교회가 존재해 온 모든 시대에 교회를 상대로 보다 우위에 있으면서, 동시에 교회와 고유하고 권위적인 관계에 서 있는 것이다.[42]

---

40 Wallace, "Calvin the Expositor," 9.

41 Thomas Coates, "Barth's Conception of the Authority of the Bible," *Concordia Theological Monthly* 25 (Aug. 1954): 602-603.

42 Coates, "Barth's Conception of the Authority of the Bible," 604.

성경의 중심 - 기독론적 유비

칼뱅은 성경이 그 자체의 본래적인, 즉 내재된 중심 의미에 대한 특정한 이해에 일치하여 조직되고 해석되어야 한다는 것을 인식했다. 칼뱅에게 성경의 목표 또는 목적은 사람들을 그 안에서 구원이 결정적으로 드러나는 바로 예수 그리스도께로 인도하는 것이었다. 그러므로 칼뱅에게 있어서 성경의 권위는 성경의 문체 혹은 스타일에서가 아니라 그것의 구원하는 내용에서 발견된다. 다시 말해, 성경의 인간적 형식들이 아니라 신적 기능들에서 발견된다.[43]

칼뱅이 얼마나 예수 그리스도에 집중하고 있는가 하는 것은 성경의 통일성에 관한 그의 메시아적-기독론적 논증에서 확인된다. 그리스도로서 예수는 교회를 이스라엘과 연결시켜 주신다. 칼뱅은 그 유대인, 즉 나사렛 예수가 이스라엘의 메시아이자 교회의 주인으로서 교회 공동체를 구약의 하나님의 백성인 이스라엘과 함께 세웠다고 주장한다.[44] 칼뱅이 구약과 신약의 일치성에서 시작하는 것은 바로 그러한 기독론적 성경 해석 방식에 기반한다. 세상이 시작된 이래로 하나님에 의해 그의 백성의 무리 안으로 입양된 모든 사람들은 동일한 법과 동일한 교리의 결속으로 하나님과 계약이 맺어졌다. 따라서 이 점을 지적하는 것이 매우 중요하다.[45] "족장들과 맺은 계약은 본질적으로나 실제적으로 우리의 계약과 너무나 흡사하며, 그 둘은 실

---

43 Rogers, "The Authority and Interpretation of the Bible," 56.

44 Hans-Joachim Kraus, "Israel in the Theology of Calvin Towards a New Approach to the Old Testament and Judaism," *Christian Jewish Relations* 22 (Autumn-Winter 1989): 78-79.

45 *Inst.* II.10.2.

제로 하나이며 동일하다."⁴⁶ 칼뱅은 처음 선택된 사람들, 즉 유대인의 존엄과 특권을 선포한다. 칼뱅은 그의 시편 주석에서 이스라엘과 교회, 유대인과 기독교인이 비록 나뉘어져 있지만 동일한 노래와 기도로 하나님을 찬양한다는 그 고통을 수반하는 진리를 분명히 하고 있다. 그는 유대인과 기독교인이 이스라엘의 시편으로 함께 하나님을 찬양하고 예배하는 때, 바로 그와 같은 궁극적인 완성을 간구한다.⁴⁷ 마지막으로, 칼뱅은 하나님께서 이스라엘과 맺으신 언약이 영원하고 영속적이라고 주장한다.

바르트의 신학 또한 칼뱅의 경우처럼 기독론 중심적이라는 것은 어떤 유보도 없이 받아들여지는 사실이다. 그의 저술을 통해, 바르트는 자신이 주장하고 있는 요점들을 계속해서 예수 그리스도에 기초시키고 있다. 바르트에게 있어서 모든 인간의 종교는 그 자체를 초월한 목적을 지향한다. 그리고 그 목적은 예수 그리스도이다. 왜냐하면 그리스도는 인류의 모든 목적, 모든 갈망과 노력의 목표이기 때문이다.⁴⁸ 예수 그리스도에 대한 그의 지향은 그가 말하는 것처럼 교의학의 전체 내용을 결정한다. 물론 성경에 의해 증명되고 교회에 의해 선포된 하나님의 계시된 말씀이 그 하나이고 유일한 기준

---

46 *Inst.* II.10.2. 칼뱅은 신·구약 성경의 통일성을 세 가지로 설명한다. 첫째, 신약성경뿐만 아니라 구약성경에서 신자들은 불멸에 대한 소망으로 받아들여졌다. 둘째, 신·구약 성경 모두에서 신자들은 자신의 공로에 의해서가 아니라 오직 하나님의 자비에 의해서 지탱된다. 셋째, 구약성경을 믿는 사람들은 그리스도를 중보자로 알았다. 즉 그분을 통해 하나님과 연합하고 그분의 약속에 참여하게 된다고 믿은 것이다.

47 Kraus, "Israel in the Theology of Calvin Towards a New Approach to the Old Testament and Judaism," 80-81.

48 Karl Barth, *The Epistle to the Romans* (London: Oxford University, 1933), 97.

인 것처럼, 그리고 이 계시된 말씀이 예수 그리스도와 동일하신 것처럼, 확실히 교회교의학은 전체로서도 그러하고 그것은 모든 부분에서 기독론적으로 결정되어야 한다.[49] 마찬가지로 하나님의 말씀 교리(The Doctrine of the Word of God)는 그의 신학이 성경에 기초를 두고 있는 신학이며, 그리스도 중심적이고 계시에 기초한 신학임을 분명히 증언한다. 즉, 성경은 그것이 하나님의 기록된 말씀이 되듯이, 실로 역동적인 방식으로 하나님의 계시된 말씀에 대한 증거이다.

바르트에게 있어서 성경은 계시에 대한 증거로서 육신, 즉 예수 그리스도가 되신 하나님의 말씀에 대한 최고의 증거이다. 바르트가 말하듯이, "성경은 교회에 (그리고 교회를 통하여 세상에) 하나님의 계시, 즉 하나님의 말씀이신 예수 그리스도를 증명한다."[50] 따라서 바르트는 더 이상 역사적 예수에 관심을 두지 않으며, 오히려 육신이 되신 말씀이신 그리스도에 집중했다.

5. 현대 독자들을 위한 함의

지금까지 필자가 분명히 하고자 했던 요점은 간단히 말해 이것이다. 즉, 칼뱅과 바르트는 성경의 권위와 관련하여 적어도 겉보기에 자유주의적 접근을 보여주었고, 예를 들면 축자영감과 같은 교리들

---

49 *CD* I.2., 123.
50 *CD* I.2., 538.

의 비중을 기본적으로 포기했다는 것이다. 그들은 성경이 가진 역사적 성격과 성경 저자들의 인간적 한계 등과 같은 문제에서 자신들 나름대로 인간적으로 적용 가능한 이해들을 발전시켰다. 그럼에도 불구하고 칼뱅과 바르트가 취한 입장은 성경을 인간의 판단을 초월해 있는 권위로 적절하게 높이고 있고, 궁극적으로 교회가 하나님의 말씀을 경외하고 신앙을 수호하도록 계속해서 인도하고 격려하고 있다는 점 또한 유념해야 할 부분이다. 그렇다면, 성경의 권위에 대한 칼뱅과 바르트의 접근은 오늘날 교회들과 성경 독자들에게 어떤 측면들로 도전하는가? 이 글의 결론으로, 필자는 다음과 같은 네 가지 도전을 제안한다.

도전 하나

칼뱅과 바르트 두 신학자 모두 진정으로 성경에 기초해 있는 방식으로 자신의 신학을 발전시켰다. 칼뱅에게 있어서, 말씀 그 자체는 신학에 관한 것이든 아니면 또 다른 것이든 우리의 모든 명제를 통제하고 개혁하도록 항상 허용되어야 한다.[51] 칼뱅의 견해에 따르면, 바로 이 점에 있어서 로마 가톨릭교회는 실패했다. 가톨릭교회도 성경을 사용했지만, 이는 단순히 최종적인 체계를 확립하기 위한 목적으로 성경적 증거로 삼기 위한 것이었지, 그들의 교리 체계가 개혁될 수 있도록 하나님의 말씀의 비판 아래 두기 위한 것은 아니었다. 오히려 로마 가톨릭교회의 주장은 교회가 성경 위에 있는 권위를 가

---

51 Wallace, "Calvin the Expositor," 9.

진다는 것이었다. 말하자면 그들의 성경 해석에서 우선성은 말씀이 아니라 교회에 있었다. 그러나 칼뱅이 볼 때 교회를 탄생시킨 것은 다름 아닌 말씀이었다. 따라서 성경 해석의 행위에서 수위권은 자신의 신학을 가진 교회가 아니라 말씀 자체에 주어져야 한다.[52] 즉, 하나님의 말씀은 우리를 위해 성경 안에 자리잡고 있고, 교회는 사도들과 선지자들의 교리 위에 세워져 있다.

바르트는 또한 그의 교의학적 신학이 성경과 일치하는 것으로 생각했다. 그의 관심은 '성경에 따른 (일치하는) 신학'을 하는 것이었다.[53] 바르트에게 있어서 그가 믿었던 분은 그가 성경에서 만난 분이며, 그의 믿음들의 내용 전부가 성경에서 온 것이다. 그러므로 바르트는 자신의 교리적 결론들을 성경의 기준에 따라 평가한다. 그의 교의학의 내용뿐만 아니라 그의 방법도 성경에 부합해야 한다.

이런 점에서 바르트는 무엇보다도 먼저 우리 자신을 성경 본문으로 가져갈 필요가 있다고 말했다. 진정한 주석가는 항상 본문 안에서 신선한 깊이들과 새로운 신비들을 발견할 것이다. 경이로운 동산을 찾은 어린아이처럼, 그는 경이로움으로 가득차게 될 것이다. 같은 방식으로, 칼뱅은 우리가 하나님의 말씀에 대해 그러한 존경심을 가져야 하고, 따라서 비록 우리 편에서 해석의 차이가 있더라도 그러한 해석상의 차이가 가능한 한 하나님의 말씀을 변경시켜서는 안 된다고 했다. 특히 우리가 말씀을 해석함에 있어 커다란 분별력과

---

52 *Ibid.*, 9-10.
53 Christian A Baxter, "Barth: A Truly Biblical Theologian?," *Tyndale Bulletin* 38 (1987): 23.

절제를 가지고 임하지 않으면 말씀의 위엄은 어떤 식으로든 감소하게 되는 것이다.[54] 이러한 맥락에서 현대 교회의 실패는 그 권위의 참되고 유일한 원천인 영원한 말씀에서 이탈한 데 있다. 칼뱅과 바르트는 독자들에게 성경의 권위 문제를 다룰 때 성경의 중심 메시지인 하나님의 말씀 앞에 서라고 도전한다. 한 마디로, 칼뱅과 바르트의 공통된 외침은 "하나님의 말씀으로 돌아가라!"는 것이다.

도전 둘

또한 필자가 확인하는 것은, 성경의 권위에 관한 칼뱅과 바르트의 가르침에서 가장 두드러진 것은 하나님의 주권과 하나님의 자유로운 행위에 대한 가르침이다. 바르트에 따르면, 인간은 하나님께 도달하기를 열망할 수 없다. 하나님이 알려지려면 하나님이 스스로 계시되어야 한다. 성경은 하나님께서 그것을 하나님이 인간에게 말씀하시는 수단으로 삼으실 때마다 하나님의 말씀이 된다(becomes). 그러므로 성경의 권위는 어떤 영감 이론에 그 기초를 두어야 하는 것이 아니라, 성경의 선포를 하나님 자신의 말씀으로 만드시는 하나님의 자유에 근거해야 한다. 오직 하나님의 자유로운 결정만이 성경과 계시가 하나가 되는 사건을 일으킨다.

하나님께서는 이 사건을 예수 그리스도를 통해 나타내셨고, 성경은 구약성서와 신약성서 모두에서 그것에 대해 영감된 증거를 보여준다. 따라서 성경은 자율적이지 않다(not autonomous). 성경은 하

---

54 Recited from Wallace, "Calvin the Expositor"

나님의 주권적인 의지, 그리고 생명을 주는 성령의 역사를 통해 그리스도인들이 주님을 만나는 곳이다.[55] 바르트에게 있어서 성경의 말씀은 하나님의 말씀이 될 수 있는데, 그 이유는 하나님이 '은혜'의 주권 안에서 그것을 통해 하나님 자신을 인간에게 계시하시기 때문이다.[56] 칼뱅과 바르트는 성경을 하나님의 말씀으로 만드신 전능하신 하나님의 주권적 행위를 강조한다. 성경의 권위는 성경의 말씀 너머에 있는 하나님의 자유롭고 주권적인 행위에 있다. 그러므로 칼뱅과 바르트가 성경의 권위의 도표에서 성경 독자들에게 전하는 도전적인 메시지는, 한 마디로 말하자면, "하나님을 하나님 되게 하라!"(Let God be God!)이다.

도전 셋

한편, 칼뱅과 바르트는 성경을 진지하게 대면하는 독자들에게 성경 본문의 본래 의미를 발견하도록 도전한다. 위에서 언급했듯이, 칼뱅은 성경 말씀에서 어떤 오류와 결함을 인식할 수밖에 없다는 것을 알았다. 그러나 그는 신학적 논증에서 개별적인 단어들을 과도하게 사용하는 사람들을 반대하며, 동시에 본문의 결함들이 메시지 자체의 힘과 위엄을 손상시키는 것을 허용하지 않는다.[57] 예를 들어, 예리한 정신을 가진 칼뱅은 자신의 고전적 훈련을 사용하여 1532년에 세네카의 「클레멘티아」(De Clementia)에 대한 주석을 작성했다.

---

55 Palmer, "The Authority and Doctrine of Scripture," 39.
56 Cf. *CD* I.2., 508, 529.
57 McNeill, "The Significance of the Words of God for Calvin," 145.

이 주석에서 칼뱅은 본문을 신중하게 다루었으며 해석 문제에 대해 이전 권위자들과 동의하지 않는 것을 두려워하지 않았다. 저자의 의미에 대한 그의 주의 깊은 추구는 훗날 성경에 대한 그의 주석의 모델이 되었던 것이다.[58]

바르트 또한 본문 자체를 의미심장한 것으로 간주하는 것을 거부하지만, 단지 본문 안에 있는 원래 사건들로 우리를 되돌려 놓을 수 있는 편리한 수단으로는 간주한다. 바르트는 일종의 수단으로 성경을 진지하게 받아들일 준비가 되어 있는데, 말하자면 성경을 통해 '하나님이 그것들을 행하신 것처럼' 우리는 그 사건들로 돌아갈 수 있는 것이다.[59] 어떤 의미에서 바르트는 성경 본문의 본래 의미를 발견하는 데 매우 관심을 가졌다. 바르트가 성경 본문의 본래 의미를 발견하기 위해 어떻게 고군분투하는지 발견하는 것은 실로 도전이 되는 일이다. 성경 문서의 원래 의미야 말로 바르트가 그의 교회교의학에서 주석을 시작하는 장소로, 말하자면 바르트는 거기서 저자의 의도를 찾고, 문법 도구를 사용하며, 텍스트를 설명하는 배경 세부 사항을 참고한다.[60] 한 마디로 말해, 칼뱅과 바르트는 성경이 하나님 자신의 하나님의 말씀을 가지고(has) 있다고 믿었다.

도전 넷

한 걸음 더 나아가, 칼뱅과 바르트는 성경을 진지하게 만나는 독

---

58 Wierenga, "Calvin the Commentator," *Reformed Review* 32 (Fall 1978): 5.
59 Baxter, "Barth: A Truly Biblical Theologian?," 13.
60 *Ibid.*, 15.

자들에게 성경을 읽을 때 좀 더 실존적이게 되라! 고 도전한다. 자신의 주석들에서 칼뱅은 습관적으로 성경 본문을 역사적 상황의 산물로 취급했다. 말하자면 성경 저자들은 신적 존재, 즉 하나님의 실체와의 만남을 갖고자 움직였고, 그들의 삶에 대한 하나님의 존재에 의한 영향에 대해 개인적으로 응답했다. 칼뱅은 습관적으로 각 책의 인간 저자에 주목했고, 각 구절에서 저자의 목적과 의도에 귀 기울이고 유념했다. 그는 종종 우리 시대의 전문가들이 "삶의 자리"(Sitz im Leben)이라고 부르는 것을 다루었고, 성경의 온전한 의미와 메시지가 전달되기 위해서는 그러한 문제들이 중요하다고 분명히 느꼈다.[61] 이런 맥락에서 칼뱅에게 저자는 언제나 펜 그 이상의 존재이다. 그것은 하나님의 말씀이 허공에 떠 있는 것이 아니라 그 말씀을 받는 사람이나 성경 저자와의 개인적이고 인격적인 관계 안에서 주어진다는 것을 의미한다. 성경의 영감이 이루어질 때, 저자들은 자동기계들이 아니다. 하나님께서는 그들의 정신에 그 메시지를 넣어 주셨다. 물론, 요점은 성경의 가르침이 인간에 관한 것이 아니라 하나님에 관한 것이라는 점일 뿐이다. 그러나 칼뱅은 거룩한 성경을 주심에 있어서 하나님의 행동의 주권을 강조하지만, 사도들과 선지자들이 성경의 말씀을 말하고 기록할 때 그리고 그곳이 어느 곳이었든지, 그들이 단순히 비인격적인 꼭두각시였다고 말하지 않는다.[62]

더욱이 칼뱅과 바르트는 그들의 접근 방식에서 독자들뿐만 아니

---

61 McNeill, "The Significance of the Word of God for Calvin," 139..

62 Philip Edgcumbe Hughes, "The Inspiration of Scripture in the English Reformers Illuminated by John Calvin," *Westminster Theological Journal* 23 (May 1961): 150.

라 독자들에게도 생명이 없고 기계적인 것을 거부한다. 하나님께서는 인간의 마음 속에 있는 말씀의 해석을 통해 사람들을 개별적으로 만나신다. 목사는 성경을 학문적으로 이해할 수 있어야 하며, 동시에 성경을 사람들의 삶의 필요와 어려움에 적용할 수 있어야 한다. 이런 의미에서 칼뱅은 자신의 주석 작업이 평신도에게 경전을 개방하는 데 도움이 된다고 보았다. 칼뱅은 이 구절을 독자들의 삶에 직접 적용하고 있다. 칼뱅이 소위 '해석학적 다리'를 대하는 것은 하나님께서 각 시대의 말씀을 통해 그의 백성에게 말씀하신다는 그의 확신과 일치한다. 구절의 의미에 대한 그의 상세한 탐색은 그 구절이 독자의 일상 생활에 영향을 미칠 때 의미가 있다.[63] 성경은 책 중의 책이 아니라 하나님이 삶과 죽음의 문제에 대해 인간에게 말씀하시는 곳이라는 의미에서 권위가 있다.

마지막으로, 성경의 독자들은 그들 자신이 개인일 뿐만 아니라 성경 해석이 영향을 미치는 공동체이기도 하다는 사실을 지적해야 한다. 칼뱅이 교회에 대한 경외심을 말한 이유는 교회가 하나님의 영에 의해 깨우침을 받은 사람들을 포함하고 있기 때문이다. 교회가 집단화된 사람들로서 성경을 받아들일 때, 그리고 그 성경에 그 권위의 도장을 찍을 때, 교회는 의심스럽거나 논쟁의 여지가 있는 것을 진실하게 만들기도 하고, 그것을 하나님의 진리로 인정한다. 즉, 교회는 의무에 묶여 있으며 주저하지 않고 동의함으로써 경의를 표한다.[64] 칼뱅에게 있어서 성경의 권위에 대한 교회의 인정, 즉 공동

---

63 Wierenga, "Calvin the Commentator," 8.
64 *Inst.* I.6.2.

체의 동의는 성경을 교회의 삶 안에서 하나님의 말씀으로 받아들이는 데 중요한 의미를 갖는다. 한 마디로 줄이자면, 성경은 하나님의 백성을 위한 책이라는 점에서 권위를 가진다고 할 수 있다.

참고문헌

Barth, Karl. *Church Dogmatics* I.2. Edinburgh: T & T Clark, 1956(1), 2004.

Barth, Karl. *The Epistle to the Romans*. London: Oxford University, 1933.

Baxter, Christian A. "Barth: A Truly Biblical Theologian?" *Tyndale Bulletin* 38 (1987): 3-27.

Calvin, John. *Institutes of the Christian Religion*. Edited by John T. McNeill. Philadelphia: Westminster, 1961.

Childs, Breward S. "Karl Barth as Interpreter of Scripture." In *Karl Barth and the Future of Theology: A Memorial Colloquim*, ed. David L. Dickerman. New Haven, CT: Yale Divinity School Association, 1969.

Coates, Thomas. "Barth's Conception of the Authority of the Bible." *Concordia Theological Monthly* 25 (Aug. 1954): 595-614.

Hasel, Frank M. "The Christological Analogy of Scripture in Karl Barth." *Theological Zeitschrift* 50 (1994): 41-49.

Hughes, Philip Edgcumbe. "The Inspiration of Scripture in the English Reformers Illuminated by John Calvin." *Westminster Theological Journal* 23 (May 1961): 129-150.

Kraus, Hans-Joachim. "Israel in the Theology of Calvin Towards a New Approach to the Old Testament and Judaism." *Christian Jewish Relations* 22 (Autumn-Winter

1989): 75-86.

Lindbeck, George A. "Barth and Textuality." *Theology Today* 43 (Oct. 1986): 361-376.

Mackenzie, Ross. "Authority in the Reformed Tradition." In *A Pope for all Christians*, 94-128. New York: Paulist, 1976.

McNeill, John T. "The Significance of the Word of God for Calvin." *Church History* 28 (Jun. 1959): 131-146.

Nafzger, Samuel H. "Scripture and Word of God." In *Studies in Lutheran Hermeneutics*, ed. J. Reumann. Philadelphia: Fortress, 1979.

Nicole, Roger. "John Calvin and Inerrancy." *Journal of the Evangelical Theological Society* 25 (Dec. 1982): 425-442.

Palmer, Ian S. "The Authority and Doctrine of Scripture in the thought of John Calvin." *Evangelical Quarterly* 49 (Jan.-Mar. 1977): 30-39.

Parker, T. H. L. *John Calvin: A Biography*. Philadelphia: Westminster, 1975.

Prust, Richard C. "Was Calvin A Biblical Literalist?" *Scottish Journal of Theology* (Summer 1967): 312-328.

Rogers, Jack B. *The Authority and Interpretation of the Bible: An Historical approach*. SanFrancisco: Haper & Row, 1979

Wallace, Ronald S. "Calvin the Expositor." *Christian Today* 8 (May 1964): 8-10.

WCC. *The Bible Its Authority and Interpretation in the Ecumenical Movement, Faith and Order* Paper No. 99. WCC: Geneva, 1983.

Wierenga, Robert. "Calvin the Commentator." *Reformed Review* 32 (Fall 1978): 4-13.

다섯째 글

바르트 신학의 '중심의 개방성'(Openness of the Center):
신학에서 '중심의 개방성'과 한국 개신교회의 과제

이 글의 목적은 바르트의 신학에서 확인되는 '중심의 개방성'(Openness of the Center) 개념을 분석하고, 이를 통해 한국 장로교회가 직면한 현대적 과제들에 대한 통찰을 얻고자 하는 것이다. 필자는 특히 바르트 신학을 단순히 고정된 교리 체계로 이해하려는 기존의 해석 경향을 비판적으로 검토하고, 그의 신학이 지닌 역동적이고 예언자적인 성격을 부각시키고자 한다. 이를 위해 먼저 바르트의 주요 저작들에서 관련 부분들을 분석하고, 다음으로 그의 신학적 방법론이 현대 한국 교회의 에큐메니칼 운동과 사회참여, 그리고 신학 교육의 쇄신에 어떤 함의를 지니는지 고찰하는데 초점을 맞춘다.

바르트의 『교회교의학』은 흔히 웅장하고 강력한 체계를 지닌 것으로 평가된다. 하지만 교리와 관련하여 바르트의 신학을 하나의 고정된 체계로 간주한다면, 그것은 바르트를 오해하는 것이다. 사실상 바르트의 관점에서 볼 때, 하나님을 어느 한 가지 관념의 체계로 제한하는 것은 불가능한 일이다. 바르트의 신학이 고뇌하는 선지자의 목소리였고, 그의 신학이 시대의 다양한 상황 속에서 세상을 향해 분출되었다는 점은 부인할 수 없는 사실이다. 실로 바르트는 신학의 선지자였고, 한 인간으로서 세상을 향해 전적으로 책임적 존재이고자 애썼으며, 하나님 앞에서, 그리고 하나님의 백성의 공동체 안에서 자신의 존재 의미를 확인하였고, 행동으로 자신의 신학을 보여주려고 진력했다. 따라서 바르트의 신학을 이해하는 데에는 단순히 그의 신학에서 확인되는 어떤 원리나 체계에 대한 관심만으로는 충분하지 않다. 오히려 바르트가 시대가 직면한 다양한 신학적 문제들에 대해 자신의 입장을 취해야 했던 상황을 고려할 때, 우리는 "신학의 중심" 문제에 대한 바르트의 논의가 보여주는 개방성을 이해할 필요가 있다.

한국 교회의 많은 목회자들과 신학자들이 바르트의 신학에서 고정된 원리를 찾으려 애써 왔다는 점은 아쉬운 부분이다. 오히려 바르트의 신학을 한국 교회와 그 신학의 쇄신을 도전하는 창조적인 본문으로, 죄의 고백과 새로운 시작을 요구하는 예언자적 목소리로 간주하는 것이 옳을 것이다. 따라서 한국 교회가 바르트의 신학을 빌리고자 할 때 경계해야 하는 것은 다름 아니라 무엇보다도 '교리적 환원주의' 또는 '방법론적 우선주의'라 할 것이다.

이런 의미에서, 우리는 바르트가 고대의 도서관, 즉 성경에 대한 그의 접근 방식에서 보여준 경건함과 개방성에 주목해야 한다. 그리고 성경의 증언들이 가리키고 있는 하나님의 자유와 사랑, 그리고 그 안에 계시된 그분의 행위와 말씀에 대한 바르트의 예리하고 통찰력 있는 탐구를 다시 살펴보아야 한다. 바르트의 기본 입장은 오직 "하나님의 말씀 자체가 신실한 신학자의 입장을 결정한다"는 것이었다. 따라서 신학의 중심에 대한 바르트의 개방적 개념은 종교개혁의 정신(*Ecclesia reformata, semper reformanda*)에 따라 교회와 신학의 갱신을 추구하는 사람들에게 매우 의미가 있다. 오늘날 한국 교회가 겪고 있는 시대는 기독교 역사에서 성장과 발전으로 기록되어야 할 에큐메니칼 시대이다. 한국 교회는 특히 에큐메니칼, 즉 연합과 일치를 향한 노력, 사회 문제에 대한 참여, 그리고 신학 교육의 갱신 분야에서 신학에 있어 그 중심의 개방성을 고민하고 실천해야 한다.

1. 서론: 바르트와 한국 교회/신학

개혁교회 탄생의 요람이었던 스위스 출신으로 개혁교회 전통 (the Reformed tradition) 위에 있었던 신학자 칼 바르트(Karl Barth, 1886-1968)는 기독교 신학의 역사 전체에서 신학적 거인 중 한 사람이다. 사실상 바르트를 통해 20세기 기독교 신학, 특히 20세기 개신교 신학이 열렸다고 해도 지나친 말이 아니다. 큰 틀에서 말하면, 적어도 다음 두 가지 의미에서 그렇다. 말하자면 바르트는 자신의 시대 이전에 전개된 다른 신학적 흐름들을 비판적으로 활용했고, 또한 지난 20세기의 다양하고 중요한 신학적 흐름들에 엄청난 에너지와 자극을 주었다. 바르트가 세상을 떠난 지 반세기가 훨씬 더 지났지만, 지금도 수많은 새로운 학자들과 그를 따르는 사람들이 여전히 다양한 방향과 측면에서 그의 신학을 계속해서 평가하고 있다. 비평가들은 바르트를 20세기의 가장 중요한 기독교 사상가 중 한 사람으로 손꼽는 데 주저하지 않는다. 따라서 20세기 기독교 신학에 접근하고자 하는 사람이라면 누구든지 바르트가 제기한 문제들과 그의 신학이 가져온 영향들을 이해할 필요가 있는 것이다.

바르트의 신학이 한국 교회와 한국의 신학 기관들에 소개되기 시작한 것은 지난 세기의 중반인 1950년대 후반이었다. 바르트의 신학은 한국 교회들로부터 많은 관심과 반응을 불러 일으켰는데, 아이러니하게도 그것은 찬사와 함께 가혹한 비평을 동시에 수반했다. 특히 한국 장로교회는 바르트의 신학에 대한 이해의 차이, 혹은 오해로 말미암아 큰 분열을 겪기까지 했던 것이 사실이다.

말하자면 한국 교회와 신학자들은 바르트의 신학을 토론함에 있어 대체로 두 가지 상충되는 방식으로 접근해 왔다. 즉, 일부 신학자들은 개혁주의 신학의 전통에서 가장 현대적인 목소리 가운데 하나로 바르트의 가르침을 소개했고, 다른 신학자들은 대부분 보수적인 진영에서 나온 목소리들로, 바르트의 신학 요소들에서 소위 개혁교회 전통에 있는 교회들의 신앙 유산을 위협하는 진보적이고 자유주의적인 시도들을 지지하는 경향을 확인하였다. 후자에 따르면, 바르트와 그가 선도해 나간 신학, 소위 신(新)정통주의 신학(Neo-orthodox theology)은 개혁주의 전통의 신학에서 볼 때 적(敵, foe)이나 다름없는 것이었다. 그 결과, 바르트의 신학이 한국 교회의 신학 발전에 기여했음에도 불구하고, 그것은 또한 일련의 신학적 논쟁들을 불러일으키고, 심지어 교단적 분열까지 가져온바, 특히 한국 장로교회에서 그와 같은 교회 분열의 씨앗이 되었던 것이다. 이는 한국 신학계에서 바르트의 신학을 사용하는 문제 자체가 최근 수십 년 동안 신학적 쟁점 가운데 하나였다는 사실을 설명해 준다.

필자가 판단하기에, 한국 교회의 경우 바르트의 신학을 다루는 방식에서 가장 중요한 문제는 대다수 신학자들이 그의 신학에서 어떤 원리나 중심을 찾으려고 노력해 왔고, 그것을 그들 자신의 신학적, 정치적(=교파 혹은 교단적) 대의에 적합하게 만들어 이용하고자 하는 경향이 강했다는 것이다. 지난 수십 년 동안 바르트의 신학과 관련하여 한국 신학계의 분위기를 보면, 대체로 신학도들과 교사들도 바르트의 신학을 신학의 독특한 '브랜드' 또는 결정적인 '모델'로 삼고 싶어했다. 그러나 바르트의 신학이나 그의 『교회교의학』(Church Dogmatics)을 체계화하거나 바르트의 신학에서 다양한 사상을 특정의 지배적인 개념 아래 그룹화하는 것은 결코 적합한 접근법이 아니다. 물론 바르트의 신학이 신학의 주제들 가운데서도 특히 삼위일체론이나 그리스도 중심적 틀을 가지고 있다는 사실을 부인할 수는 없다. 그러나 바르트 신학의 중심으로서 그와 같은 개념적 원리를 찾고자 하고, 그것을 신학적 이데올로기로 만들려고 노력하는 것은 전적으로 다른 문제이고 여전히 문제의 소지가 크다. 어떤 신학자나 신학에 접근할 때 사실상 하나의 단순한 범주나 원리를 선택하고자 하는 그 어떤 시도에 대해서도 우리는 항상 경계하고 주의해야 한다.

한편 신학의 중심을 찾는 전통은 기독교 신학에서 길고 복잡한 역사를 가지고 있으며, 그것은 항상 매우 매력적인 주제였던 것이 사실이다. 사실상 신학의 중심을 찾고자 하는 시도는 신학자가 자신의 신학을 발전시키는 방법론과 관련하여 유용한 통찰을 제공할 수 있다. 이러한 맥락에서 생각할 때 바르트와 같은 소위 "새로운 시대를 여는" 신학자와 그의 신학적 체계를 이해함에 있어 "그의 신학의 중심성"을 분석하는 것은 가치 있고 의미있는 작업이 될 수 있다.

바르트 신학의 중심 원리나 중심을 찾을 때, 우리는 "신학의 중심"이라는 문구가 무엇을 의미하는지 물어볼 필요가 있다. 바르트를 읽고 해석함에 있어서 열쇠가 될 하나의 우선적 개념을 추구하는 것이 가능한가? 만일 그러한 것이 가능하다면, 그것은 어떻게 행해지고 있으며, 어떤 의미에서 그것은 우리 교회들에게 도전이 될 것인가?

이 글에서 필자가 먼저 말하고자 하는 바는, 바르트 신학의 중심은 그 본질에 있어 개방성(openness)을 가지고 있다는 것이다. 그리고 나서, 필자는 바르트 신학의 중심이 한국 장로교회를 향해 제안하고 있는 몇 가지 중요한 쟁점이나 도전에 대해 논의할 것이다. 바르트는 "신학의 중심"이란 주제를 그 누구보다 매우 신중하게 다룬 신학자 가운데 한 명이다. 특히 그는 『교회교의학』 I/2, #24, "가르치는 교회의 기능으로서의 교의학"[1]에서 이 주제를 다루었다. 필자는 이 부분을 읽은 것을 토대로, 그리고 사익스(S. W. Sykes)의 "Barth on the Centre of Theology"[2] 에서 보여주는바 바르트의 신학에 대한 탁월한 분석을 바탕으로, 바르트가 신학의 중심이 그 형식이 아니라 신학의 내용에 있다는 점을 구체적으로 말했다고 결론 내릴 것이다.

2. 바르트 신학에서 '중심' 개념

그 자신이 아직 젊은 신학도였을 때 바르트는 소위 '인간 중심적' 사고를 했다고 볼 수 있는데, 특히 교회에 대한 이해에서 그러했다.

---

[1] Karl Barth, *Church Dogmatics Vol. I.2 & IV.1.* (Edinburgh: T. & T. Clark, 1970).

[2] S. W. Sykes, *Karl Barth: Studies of his Theological Method* (Oxford: Clarendon, 1979), 17-54.

그것은 본래 바르트가 역사-비판적 연구 하에서 기독교를 역사적 현상으로 해석하거나, 절대적으로 종교적이고 도덕적인 본성의 내적 경험의 사실로 이해한 자유주의 신학 흐름의 추종자 중 하나였다는 것을 의미한다. 한편, 스위스의 자펜빌(Safenwil)에서 근무하던 시절, 바르트는 저 유명한 에피소드 하나를 만들게 되는데, 즉 그 자신이 인간 중심의 사고에서 하나님 중심의 생각으로 옮겨가는 전환을 경험했다는 사실이다. 실로 하나님의 말씀을 전하는 설교자로서 바르트는 하나님을 완전히 새롭고 진지한 방식으로 생각하기 시작했다. 어떤 상황에서도 하나님이 신학과 설교의 중심에 배치되어야 한다는 사실은 바르트의 신학에서 결정적으로 중요한 동기가 되었다. "세상은 세상이요, 하나님은 하나님이시다"(The world is the world, and God is God!) 또는 "하나님을 하나님 되게 하라!"(Let God be God!) 등, 종교개혁자 루터의 신학적-신앙적 입장으로도 널리 알려져 있는 이와 같은 예언자적 주제가 바르트의 작품들에서 반복적으로 등장하기 시작했다.

그렇다면 바르트가 말하고자 한 신학의 중심은 무엇인가?

기독교의 근본 교리들과 본질에 대한 바르트의 거부

사익스(S. W. Sykes)의 분석이 정확하게 지적하는 것처럼, 위의 질문에 대답하기 전에 우리가 먼저 인식해야 할 것이 있다. 그것은 다름 아니라, 바르트의 입장이 바르트 이전의 두 가지 신학적 전통의 시도들, 즉 기독교 신앙의 근본적인 것들을 정의하려고 시도한 개신교의 고(高)정통주의(high Orthodoxy of Protestantism)(17-18세기)와 19세기 서유럽 신학의 시도, 예를 들어, 절대적 의존이나 도덕성의 느낌의 관점에서 기독교의 본질을 정의하려고 시도한 신(新)개신교(Neo-Protestantism)와는 결정적으로 달랐다는 것이다.[3] 바르트는 "교의적 기초"(fundamentum dogmaticum)를 결정하려고 시도한 개신교의 고(高)정통주의에 반대했다. 바르트는 다음과 같이 주장한다.

> 하나님의 말씀 자체, 즉 *실체적이고 유기적인 기초*(fundamentum substantiale et organicum)는 결코 변하지 않는다. … 어떻게 우리가 우리의 *교의적 기초*(fundamentum dogmaticum)를 실체적이고 유기적인 기초와 동일시 할 수 있겠는가? 그러나 이것이 바로 개신교 정통주의가 잘못 시도했던 것이다.[4]

바르트에 따르면, 이러한 생각은 신앙의 첫 번째 조항들을 이차적이고, 인위적이며, 근본적이지 않은 조항들로부터 차별화시키려는 시도들을 가져왔다. 바르트의 관점에서 볼 때, 개신교의 고(高)정통주의 신학자들이 제안한 "근본 혹은 기초 교리들"은 단지 "어떤 원리의 계급과 기능이 부여될 수 없는" 가설들에 불과했다.[5] 사익스가 올바르게 설명했듯이,[6] 바르트의 판단에 따르면, 어떤 근본적인 조항들을 선택하는 원칙은 하나님의 말씀을 규정하고 동시에 그것을

---

3 Sykes, *Karl Barth: Studies of His Theological Method*, 33-35.
4 *CD* I.2., 865.
5 *Ibid.*
6 Sykes, *Karl Barth: Studies of His Theological Method*, 34.

제한한다. 오히려 하나님의 말씀은 하나님의 자유와 사랑 안에서 완전히 자유롭고 완전히 활동적이어야 한다. 따라서 "근본 신조들과 교리들"에 국한시켜 매달리는 방식은 하나님의 말씀의 살아 있음과 개방성에 모순된다. 이러한 맥락에서 바르트는 교리적 관념들과 하나님의 말씀 사이의 올바른 관계를 다음과 같이 정의한다.

> 그러므로 교의학에서는 무엇이 근본적인지 아닌지, 중심적인지 주변적인지, 더 중요한지 아니면 덜 중요한지에 대한 전통적 관념들을 일단 보류해야 한다. 이는 하나님의 말씀 자체가 이것들에 대해 새롭게 생명력 있는 결정을 내릴 수 있도록 하기 위해서이다.[7]

그러므로 바르트에게 있어서 교의학 자체는 교회나 개인의 신앙고백이 아니라 교회의 선포와의 만남이며, 하나님의 말씀과의 만남이다. 신학자는 어떤 근본 교리들이 명백하게 그리고 변화 불가능하게 계시된다고 말할 수 없다. 또한 신학자들은 그들이 그들 자신의 근본 교리들을 제안하고 있다고 결론 내릴 수 없다. "교의학은 분명히 기본, 기초 및 중심을 가지고 있지만 … 이 중심은 우리의 통제 아래 있는 것이 아니라 우리 위에서 통제를 행하는 것이다."[8] 그러므로 신학자는 자신의 교의학에서 하나님의 말씀 자체가 교회의 선포를 계속해서 반복적으로 도전하고 있으며, 자신은 성경으로 충실하게 돌아가고 성경을 인용함으로써 이 주장에 대해 증언해야 한다고

---

7 *CD* I.2., 865.
8 *CD* I.2., 866.

말해야 한다.

다음으로 역시 사익스에 따르면, 바르트는 특히 하르낙(A. Harnack, 1851-1930)의 『기독교란 무엇인가?』(What is Christianity?, Das Wesen des Christentums, 1900)로 대표되는 것, 즉 기독교의 본질을 정의하려는 19세기 신(新)개신교(Neo-Protestantism)의 시도에도 반대했다.[9] 바르트는 "기독교의 본질"에 대한 어떤 해석도 하나님의 말씀을 대체할 수는 없다고 확신하였다. 그는 "하나님의 말씀은 함축적이고 깊으며 그 기초가 잘 만들어져 있다 할지라도 '기독교의 본질'에 대한 어떤 기본적인 해석으로도 대체될 수 없다"[10]고 썼다. 바르트는 "기독교의 본질"을 정의하려는 비판적-역사적 시도는 그 방법론의 본질에 있어서 하나님이 아니라 인간에 기초한 것으로 판단한 것이다. 그러나 바르트에게 있어서 믿음 자체는 살아 있는 것이며, 오직 하나님이 살아 계신 그것과 다르지 않다.[11] 그래서 "신앙 그 자체는 어떤 견해, 관념 또는 원칙으로도 압축되고 요약될 수 없다."[12] 따라서 바르트는 해석의 선험적 원리들에 의해 지배를 받는 신학 체계, 즉 신(新)개신교(Neo-Protestantism)의 특징이라고 할 수

---

9 Sykes, *Karl Barth: Studies of His Theological Method*, 35.

10 *CD* I.2., 862.

11 과학적 신학의 중요성에 대한 하르낙의 강조와 관련하여, 바르트는 다음과 같이 대답했다. "복음의 중심이신 예수 그리스도의 인격에 대한 지식의 신뢰성과 공동체성은 다름 아닌 하나님에 의해 일깨워진 신앙(God-awakened faith)의 지식일 수 있다. 역사-비평적 연구는 이러한 지식의 그러한 기초들의 마땅하고 필수적인 종말을 나타낸다. 그것들은 하나님 자신에 의해 놓여지지 않았기 때문에 전혀 기초들이 아닌 것이다." H. M. Rumscheidt, *Revelation and Theology, An Analysis of the Barth-Harnack Correspondence of 1923* (Cambridge: Cambridge University, 1972), 35.

12 *CD* I.2., 862.

있는, "형식에 의해 지배되는 내용"의 방법에 반대했다. 오히려 바르트에게 있어서 신학은 어떤 다른 지적 탐구 영역으로부터 도출된 '기준들'에 종속될 수 없는, 그 자체로서 독립적인 학문이었다. 슈뵈벨(Christoph Schwöbel)은 이러한 독립성은 자기 합법화를 위한 능력으로서의 자율성이 아니라 탐구의 적절한 대상, 말하자면 신학의 참된 주제-문제, 바로 삼위일체 하나님에 대한 충실함이라고 결론지어 말한다.[13]

바르트에게 있어 신학의 중심은 무엇인가?

마침내 이 질문에 답하기 위해, 사익스(Sykes)는 우리가 한 걸음 더 나아가야 한다고 제안한다. 즉 바르트의 신학에서 그의 방법론적 입장이 무엇인가를 묻는 것이 바로 그것이다. 여기서 사익스의 분석이 말해주듯,[14] 우리는 바르트의 저작 『이해를 추구하는 신앙: 안셀름의 신학적 체계의 맥락에서 본 하나님의 존재에 대한 증명』(*Fides Quaerens Intellectum: Anselm's Proof of the Existence of God in the Context of His Theological Scheme*, John Knox, 1960)에 주목할 필요가 있다. FQI에서 바르트는 그의 전체 사고를 찾고 있는 비평가들에게 결코 간과될 수 없는 열쇠를 다루고 있다. FQI의 제2판의 서문에서 바르트는 무엇보다도 안셀름(Anselm of Canterbury, 1033-1109)에 대한 그의 연구가 갖는 중요성을 다음과 같이 지적한다.

---

13 Christoph Schwöbel, "Theology," in *The Cambridge Companion to Karl Barth*, ed. John Webster, (Cambridge: Cambridge University, 2000), 34.
14 Sykes, *Karl Barth: Studies of His Theological Method*, 35-39.

나를 향한 비평가들 대부분이 깨닫지 못한 것이 이것이다. 즉, 여기서 나는 바로 그 열쇠는 아니더라도 적어도 '하나의 강력한 열쇠, 즉 신학에 적합한 유일한 것으로서 나의 『교회교의학』(Church Dogmatics)에서 나를 점점 더 감동시켰던 전체 사고 과정을 이해하는 데 있어 중요한 열쇠'를 가지고 일하고 있다는 것이다.[15]

하나님 자신이 "진리의 이성/합리성"(ratio veritatis)이라는 안셀름의 말에 근거하여, 바르트는 다른 모든 종류의 이유 또는 근거는 오직 하나님에 의해서만 주어진다고 말한다. "인간의 이성이 올바르게 사용되는 방식은 일차적으로 그 대상에 의해 결정되는데, 이는 결국 진리이신 하나님 자신이 그 결정을 내리시는 방식이라고 할 수 있다."[16] 이는 인간 이성의 종속성과 하나님의 주권을 드러내는 것으로 이성의 올바른 사용은 자율적이지 않음을 강조하고 하나님이 주체적으로 이성의 사용을 결정하심을 표현하고 있다. 바르트의 확신에 따르면, 신앙의 대상에 대한 이성적인 지식은 오직 믿음의 대상에서만 나온다.

> 신앙의 대상에 대한 '이성적' 인식은 신앙의 대상으로부터 도출되는 것이지, 그 반대가 아니다. 이는 곧 신앙의 대상과 그에 대한 인식이 궁극적으로 진리, 즉 하나님과 그분의 뜻으로부터 도출된다는 것을 의미한다.[17]

---

15 Karl Barth, *Fides Quaerens Intellectum: Anselm's Proof of the Existence of God in the Context of His Theological Scheme* (John Knox, 1960). *FQI*, 11.

16 *FQI*, 46.

17 *FQI*, 52.

그러므로 하나님의 말씀을 제한하는 그 어떤 것도 허용될 수 없으며, 어떤 최종적인 명제적 내용이 있을 수 없다. 교회의 객관적인 믿음은 하나님의 진리, 즉 표현될 수 없는 하나님 자신 안에 감추어져 있다. 교리들은 진리 그 자체에 다만 접근해 갈 수 있을 뿐이다. 바로 이러한 바르트 신학의 방법론적 기초는 교의학의 길 또는 방법이 하나님의 말씀 자체에 의해 결정된다는 그의 확신으로 이어진다.

구체적으로 적용하면, 이 모든 것이 의미하는 바는 이것이다. 즉, 하나님의 말씀의 내용이 펼쳐지고 제시되는 것은 근본적으로 하나님의 말씀이 교의학과 교회 선포의 중심이자 토대로 이해되는 방식으로 일어나야 한다는 것이다. 이는 마치 하나의 원이 있을 때, 그 원의 둘레로부터 (교의학에서) 여러 방향으로 일정한 길이의 선들이 뻗어나가는 것과 같다.[18]

바르트에게 있어서, 하나님은 그분의 말씀 안에서 온전히 활동적이시다.

하나님은 그의 말씀 안에서 활동적이다. 그러므로 교의학은 그분의 말씀에 묶여 있어야 하며, 하나님의 과거, 현재, 미래의 활동으로 하나님의 말씀 안에서 계시되는 것만을, 모든 힘으로 말씀 안에서 하나의 사건인 것에 대해, 즉 어제 일어났고 오늘 일어나며 그리고 내일 일어날 것에 대해 모든 힘을 다해 설명하는 일만을 수행해야 한다.[19]

---

18 *CD* I.2., 869.
19 *CD* I.2., 883.

그러므로 기독교 공동체들에 의해 받아들여지고 선포된 그의 메시지는 참으로 자유롭고 항상 살아 있는 하나님의 행위이다. 바로 이 하나님의 행위가 신학의 중심이다. 따라서 하나님의 메시지의 내용은 하나님의 신실하고 자유로운 행위이며, 그분은 성육신하신 예수 그리스도 안에서 인류의 심판을 짊어지신 존재이다. 그러므로 속죄의 교리는 하나님의 행위와 존재를 선포한다는 의미에서 신학의 실제적이고 참된 중심이 된다. "하나님께서 당신 자신 안에서, 그리고 인간의 창조주요 통치자로서 행하시는 일은 모두 그 중심과 의미를 갖는 특정한 행위를 겨냥한 것이다. 그리고 그분이 원하시는 모든 것은 이 한 가지 행위에서 그분의 뜻으로 계시되는 것에 그 근거와 기원을 가지고 있다."[20] 물론 속죄의 중심성은 속죄 교리의 중심성이 아니라 속죄 행위의 중심이다. 하나님은 이 속죄 행위에서 하나님 자신이시다. 그러므로 바르트 신학의 핵심은 하나님의 사랑과 구속의 행위 안에서 표현되고 삶으로 구현되신 하나님의 주권적 은혜이다. 그리고 은혜와 믿음의 절대적이고 궁극적인 권위는 하나님의 말씀인 성경에서 찾을 수 있다. 이제 은혜의 증언으로서의 삶은 참여적이고 책임감 있는 정신으로서, 그리고 죄악되고 오염된 사회를 예수 그리스도와 하나님의 영광을 위한 하나님의 말씀으로 새롭게 하려는 태도로 현(現)실재의 모든 영역에서 구현되어야 한다.

---

20 *CD* IV.1., 7.

바르트 신학에서 중심의 개방성

결론적으로 말해, 바르트의 신학에는 어떤 중심이 있다. 그러나 바르트에게 있어서 중심은 어떤 방법론적 전제나 어떤 개념적 원리가 아니다. 그 중심은 어떤 교리적 원리도 아니다. 오히려 그 중심은, 한편으로 객관적으로 말한다면 하나님의 말씀의 화해시키시는 행위이며, 반대로 주관적으로 말한다면 말씀에 대한 개방성이며 말씀 자체의 개방성 둘 다이다.

그렇다면 바르트는 왜 이런 입장을 견지했나? 바르트는 자유를 사랑하고 정의롭게 행동하는 주체로서 하나님의 존재를 드러내기를 원했다. 교리가 아닌 하나님과 하나님의 자유로운 행위야말로 바르트에게 있어 신학의 주제이다. 바르트에게 있어서 윤리의 문제와 인간의 자유와 정의의 문제는 오직 그리스도의 예수 안에서 인류를 향한 사랑으로 행동하기 위해 자유롭게 주도권을 쥐고 있는 하나님의 이 '자유'와 '정의'로부터 생겨났다.

필자는 다음과 같은 결론에 도달했다. 하나님의 자유로운 행위는 본질적으로 개방성을 지닌다. 바르트가 그의 신학방법론에서 보여준 철저함은 바로 신학의 중심이 가진 이러한 개방성을 유지한 것에 있다. 신학자들은 신학의 대상을 통제하려드는 위험성에 대해 항상 경계해야 한다. 또한 교의학은 특정한 해석 원칙에 의해 통제되는 체계와는 달리, 개방적이어야 한다. 교의학은 선험적인(*a priori*) 어떤 것에 의해서도, 가설적으로든 잠정적으로든, 점유될 수 없다. 교의학은 진리에 관한 다양하고 실제적인 토론의 장이 되어야 하며,

새로운 신학들을 포함한 진리의 새로운 적용 가능성을 향해 열려 있어야 한다.

3. 신학에서 '중심의 개방성'과 한국 개신교회

여기서 필자는 바르트의 신학에서 '중심의 개방성'이 갖는 의미를 탐구하고, 이를 바탕으로 한국 장로교회가 직면하고 있는 몇 가지 중요한 쟁점과 도전에 대해 건설적인 성찰을 시도하고자 한다. 여기서 "개방성"이란 적어도 에큐메니칼, 사회적 책임으로서의 윤리, 신학 교육 등 세 가지 영역에서 개혁주의 전통에 서 있는 한국 교회 진영에 고유한 중요성을 가진다고 필자는 믿는다.

에큐메니칼

140여 년 전 개신교 선교사들이 들어오면서 태동한 한국 개신교회는 그 외적인 규모에서 볼 때, 세계 교회의 역사에서 유례를 찾아볼 수 없는 가히 기적과도 같은 성장을 이룩했다. 그러나 다른 한편으로, 한국 개신교회는 폭발적인 교회 분열이라는 비극적이고 부끄러운 역사를 써온 것도 사실이다. 현대 세계 교회가 복음전파의 사역, 사회 문제에 대한 참여, 창조세계의 보전을 위한 일치와 협력을 추구하고 있는 가운데, 한국 개신교회는 역사 속 분열의 죄를 고백하고 그 분열의 결과들을 극복해 나가며, 진정으로 연합된 교회를 향한 길을 가능한 한 빠르고 폭넓게 열어가야 한다. 필자는 한국 개신교의 두 번째 세기가 성장과 분열의 시대였던 첫 세기를 뒤로 하고 진정 기독교적 삶의 모든 영역들에서 에큐메니칼 운동의 세기가 되어야 한다고 믿는다.

한국 개신교회가 보여준 대부분 교단 차원의 분열, 분리주의는 이른바 자유주의와 보수주의의 갈등과 대결, 즉 변화와 보전이라는 두 가지 상호 대립하는 가치와 추구에서 비롯되었고, 그것은 지금도 마찬가지다. 사실, 오늘날에도 한국의 많은 교회는 최초의 선교사들에 의해 전파된 보수적 신학의 영향을 여전히 받고 있다. 보수적인 성향의 교회와 지도자들은 교리나 사회적 이슈에 대한 태도에서 어떤 특정한 진보적인 사고나 실천으로부터 자신의 입장과 진영을 보호하는 것을 우선하여 왔다. 그그들은 교리적 차이가 분열을 피할 수 없었던 이유라고 주장하지만, 사실 교리적 문제가 실제적인 원인은 아니었다. 적어도 항상 그렇지는 않았다. 오히려 교단의 모든 분열들 뒤에는 정치적인 이유들이 있어 왔다. 또한 다른 한편으로, 한국 교회 안에서 갈등과 분열은 인간 해방을 의미하는 역사적 구원 이슈에 대한 서로 다른 접근 방식들에서 비롯된 것도 사실이다.

이러한 맥락에서 한국 개신교회는 에큐메니칼 토론의 상황에서, 바르트 신학의 중심의 개방성을 통해 진지하게 성찰할 필요가 있다. 당연히 바르트 신학과 같은 대중적인 신학이 또 다른 교리적 대립의 원인으로 허용되어서는 안 될 일이다. 오히려 한국 교회는 교단 차원의 분리주의를 극복하고 성경에 기초한 에큐메니칼 정신을 확립해야 한다. 젠킨스(Daniel Jenkins)가 바르트에 대한 그의 독창적인 에세이에서 다음과 같이 올바르게 지적했다. "… 비록 그(바르트)가 개혁주의 전통으로부터 와서 그로 인해 비타협적으로 말하지만, 그의 목적은 에큐메니칼 운동에 가장 지속적인 영감을 제공하는 기독교 신앙의 중심 현실들을 사람들에게 상기시키는 것이라고 보아야 한다."[21] 바르트는 교회를 하나님의 말씀의 자유롭고 살아있는 사건으로 이해한다. 우리는 하나님의 말씀의 중심으로 돌아가 하나님의 해방과 구속의 행위 아래 함께 모이도록 부름 받았으며, 따라서 우리는 그리스도인들로 이루어진 하나의 에큐메니칼 단체가 될 수 있다. 하트(Trevor Hart)가 결론짓듯이, 바르트에게 있어 신학적 진술의 방식은 어떤 의미에서, 그들이 그들 자신을 넘어서고, 기독교 공동체들 가운데 신앙의 특정한 구조의 틀을 넘어서서 궁극적으로 하나님의 실체에 대해 언급하는 방식이다.[22]

세상에 대해 윤리적으로 책임적인

한국 개신교회가 가진 또 다른 문제점은 교회가 신자들의 삶을 역사적, 세상적 실존으로부터 분리시킨다는 비난을 줄곧 받아왔다는 사실이다. 특히 전통적 교리의 개념에 입각한 종말론은 한국 교회의 신실한 그리스도인들을 현실도피주의, 즉 현(現) 세계의 더 좋거나

---

21 Daniel Jenkins, "Karl Barth," *A Handbook of Christian Theologians* (Nashville, TN: Abingdon, 1984), 406.

22 Trevor Hart, *Regarding Karl Barth: Toward a Reading of His Theology* (Downers Grove, Il: InterVasity, 1999), 137.

더 나쁠 수도 있는 그 미래에 대한 어떤 역사적 책임을 무시하는 경향으로 인도하는 경우가 많다. 따라서 한국사회에서 개신교 교회들은 급속한 산업화 발전의 과정에서 가톨릭 교회들보다 상대적으로 국내 정치의 민주화나 도시 노동자 문제와 같은 사회적 이슈들에 관심이 덜하다는 비판을 받아왔다. 뿐만 아니라 한국 개신교회와 지도자들이 개교회의 양적 성장과 교단의 헤게모니 싸움에 몰두해 왔다는 공공연한 지적과 비판이 있었던 것이다.

바르트의 신학과 관련해서 한국의 많은 신학자들과 설교자들은 복음을 사회 운동으로 세속화하는 것에 대한 바르트의 경고를 단편적으로 강조하려고 했고, 따라서 하나님의 권위의 절대성과 하나님의 섭리를 강조하는 경향이 있어 왔다. 그들은 생각하기를, "우리가 할 수 있는 일은 단 하나뿐이다. 그것은 이 사회와 세상에서 하나님의 행위를 따르는 것이다." 그러나 하나님의 자유로운 행위가 의미하는 것은 "어떤 것도 하지 말고 전적으로 하나님의 섭리에 의지하라"는 의미는 아닐 것이다. "오직 하나님 자신으로부터만" 또는 "하나님의 말씀 안에 있는 계시로부터만"이 "세상이 없는 오직 하나님"을 의미한다고, 우리는 그렇게 말할 수 없다. "세상이 없는 하나님"은 바르트의 신학을 고려할 때 가장 위험한 결론이며, 바르트 신학에서 특징적인 "하나님의 인간성"(the humanity of God)[23]에 대한

---

23 Cf. Karl Barth, "The Humanity of God," in *The Humanity of God*, trans. John Newman Thomas, 37-65, (Atlanta: John Knox, 1960). "하나님의 인간성"(The Humanity of God)이란 제목의 강의에서 바르트는 그의 교회교의학에서 발전한 하나의 교정을 인정했는데, 그것은 로마서의 급진적 타자성으로의 진전을 의미한다. 바르트의 사상에서 일어난 이러한 변화는 종종 그의 "기독론적 집중"이라고 불리며, 하나님은 그리스도 없이는 이해될 수 없다는 의미를 포함한다. 물론 반대로 그

강조와 하나님의 구원 사업의 보편성을 강조하는 것을 망각하는 것이다. 세상 안에서, 사회 속에서의 신학적 윤리의 실천은 바르트 신학에서 진정으로 희생되지 않고 있다.[24] 웹스터(John Webster)가 확인했듯이, "바르트는 개혁주의 전통의 신학과 기독교 실천에서 가장 독특한 측면 중 하나가 도덕에 부여한 높은 위상이라고 항상 주장했다. 결과적으로 그의 교의학적 신학은 기독교에 대한 기독론적으로 초점을 맞춘 설명에 본질적이라고 그가 생각했던 바, 즉 하나님과 인류 사이의 언약에 해당하는 두 가지 주제, 즉 교의학 그리고(and) 윤리로 설계되었다."[25]

지상의 사건과 초(超)지상의 사건 사이의 완전한 분리에 대한 모든 종류의 오해들은 여기서, 즉 바르트의 신학적 중심의 개방성이라는 개념에서 거부되어야 한다. "세상은 세상이요, 하나님은 하나님이시다"라는 바르트의 중심 주제에 대해서는 항상 진지하게 의문이 제기되어야 한다. (참된) 자유는 사람이 자신의 사적 존재의 문턱을 넘어 열린 곳으로 뛰어나감으로써 하나님을 위해 그리고 지상의 인류의 복지를 위해 하나님의 증인으로 봉사하도록 이끈다.[26] 여기서 우리는 바르트 신학의 중심에서 교회가 세상에서 하나님의 구속 사

리스도는 인간성 없이 이해될 수 없다는 의미도 포함한다.

24 골비처(H. Golwitzer)의 인용에 따르면, 바르트는 그가 조용히 전제하거나 부수적으로 강조한 방향을 언급했다. 예를 들어, 윤리, 공동 인류, 서번트 교회, 제자도, 사회주의, 평화 운동, 그리고 그 모든 것과 나란히, 정치가 그것들이다. G. Hunsinger, ed., *Karl Barth and Radical Politics* (Philadelphia: Westminster, 1976), 99.

25 John Webster, *Karl Barth* (New York: Continuum, 2000), Chap. 7 "Ethics and Politics," 141.

26 *CD* IV/2, 565.

역에 참여할 가능성을 보여주는 개방성의 의미를 다시 생각할 필요가 있다.

흔히 지적되듯이, 하나님의 나라로부터 이신칭의(Justification by Faith)의 원리로 도피하는 것은 구원에 대한 개인주의적 해석을 가져온다. 그것은 복음을 삶에서 신학으로 옮기는 것, 즉 교리의 고백 또는 교리의 체계화를 의미한다. 이런 의미에서 우리는 바르트 신학에서는 하나님의 말씀과 하나님의 실체 사이에 어떤 분리도 없다는 것을 기억해야 한다. 하나님의 나라는 선물(Gabe)이자 동시에 임무(Aufgabe)이다. 지난 수십 년 동안 교회의 사회 문제에 대한 참여는 한국 사회 전체에 심각한 문제가 되어 왔다. 점점 더 많은 신학 수업의 자리에서 학생들이 해방신학, 민중신학, 페미니스트 운동, 환경문제, 사회윤리에 대한 관심을 높였다. 이러한 사실은 한국 교회가 사회와 세계를 향해 무엇인가를 하도록 촉구한다. 예수 그리스도는 교회의 머리이시며 세상의 주님이시다. 아버지 하나님과 창조주는 역사와 사회의 통치자이시며, 성령님은 하나님의 섭리를 이루시며, 일반적인 역사와 사회와 문화에서도 복음과 교회를 뛰어넘고 계시다. 오늘날 기독교 교회들은 역사적, 사회적, 정치적, 문화적 영역에서 자신들의 고유한 역할을 수행하기 위해 노력하고 있다. 바르트가 분명히 해 주는 바는, 그들의 정치 활동에서 그리스도인들은 예수 안에서 언약을 위해 지음 받은 인간의 대의를 바라보시는 주권자이신 하나님의 은혜를 증거한다는 것이다.[27]

---

27 Cf. William Werpehowski's "Karl Barth and politics," in *The Cambridge Companion to Karl Barth*, ed. John Webster, 228-242, (Cambridge: Cambridge University, 2000).

신학 교육

한국에서 기독교는 교회 수(數)가 급속히 증가하고 교회들 간의 분열이 잦아지면서 신학 기관의 수도 눈에 띄게 증가했다. 따라서 신학 기관들에서 행해지는 교육 프로그램은 교파적, 교리적 배경과 지시에 의해 통제되고 영향을 받는다. 사실 그들은 전통적인 신학과 새로운 신학 사이에서 우왕좌왕하고 있다. 한국 신학교육의 또 다른 문제는 대부분의 지역 교회들이 신학기관들에서 행해지는 교육에 대한 깊은 불신을 가지고 있다는 것이다. 때때로 바르트의 신학과 같은 어떤 특정 신학에 대한 협소한 사용과 그에 따른 배타성은 특정 교수들과 그들의 신학에 대한 교회와 목회자들 사이에 불신감을 불러 일으킨다.

한국의 개신교 교회들은 종교개혁이 어떤 분리주의 운동이 아니었다는 사실을 기억할 필요가 있다. 사실상 칼뱅의 개혁 운동은 에큐메니칼 정신에 기초했다. 이러한 깨달음을 바탕으로 교회들은 강단의 교환, 신학적 토론, 심지어 목회자들과 성도들의 교류를 촉진해야 한다. 더욱이 교회는 제3의 신학을 추구해야 한다. 이 글을 통해 필자가 생각하는 것은, 우리가 바르트의 신학에서 본 중심의 개방성에서 제3의 신학의 가능성을 찾을 수 있을 것이라는 기대이다. 신학은 성경을 진실로 복음주의적인 방식으로 이해하고, 신앙의 보편성을 보전하며, 구원의 능력의 절대적 가능성에 불을 밝히는 것이어야 한다. 그러므로 한국에서 바람직한 신학 교육에 대해 기대를 한다면, 그것은 성경을 복음적으로 이해하고, 신앙의 보편성을 유지하며, 또한 모든 시대에 모든 민족에게 적용될 수 있는 구원의 능력의 절대적 가능성을 조명해 줄 수 있는 그러한 신학에 대한 추구이다. 또한, 그러한 신학은 어떤 형태로든 정서적이고 심리적인 지향, 스콜라주의적 해석, 또는 신학의 선택적 정치화를 거부해야 한다.

따라서 신학적 양심에 따른 학문 연구의 자유가 보장되어야 한다. 바르트 신학에서 신학적 중심의 개방성은 말하자면 형식에서 내용으로 이동하는 것으로, 근본적으로 방법론적 변화를 의미한다. 바르트에게 있어서 신학의 내용은 신학의 방법을 결정한다. 필자는 이것을 하나님의 말씀이 이 시대의 다양한 종류의 신학들에 열려 있다는 의미로 해석한다. 바르트와 동시대 개혁교회 신학자였던 브루너(Emil Brunner, 1889-1966)의 "자연과 은총"에 대한 바르트의 "아니오!"가 마지막 단어가 될 수 있다는 믿음에 비록 우리가 동의한다 할지라도, 인류에 대한 바르트의 대답은 "아니오!"가 아니라 "예!"였다. 하트(Trevor Hart)의 또 다른 결론적인 발언을 사용하면, 그리스도 안에서 하나님과 인류 사이의 접촉에 비추어 만들어진 기독교의 진정한 주장은 "유한이 무한을 파악한다"(*finitum capax infiniti*)가 아니라, 오히려 "무한이 유한을 파악한다"(*infinitum capax finiti*)이다. 즉, 하나님은 그분으로부터의 우리의 모든 소외와 거부 속에서 우리와의 접촉을 확립하고 유지할 수 있다. 정확히 우리의 죄 가운데서 우리를 붙드시고 우리를 진흙 속에서 들어 올려 우리를 그분의 말씀에 대한 충실한 응답자들이 되게 하신다.[28] 그러므로 신학의 중

---

28 Hart, *Regarding Karl Barth: Toward a Reading of His Theology*, 172.

심은 예수 그리스도의 성육신 안에서 행하신 하나님의 행위의 중요성 안에서 그 개방성을 가져야 한다. 이런 의미에서 어떤 새로운 신학이란 없다. 오히려 하나의 내용, 즉 하나님의 말씀에 기초한 것으로서 서로 다른 관심들과 방향들을 가진 신학들이 있는 것이다.

4. 결론: 교회와 신학의 쇄신을 위한 제언

우리는 바르트의 『교회교의학』이 실로 크고 강력한 어떤 체계를 가지고 있다는 점을 부정할 수 없다. 그러나 바르트 신학을 교리라는 맥락에서 하나의 고정된 체계로 생각하게 될 때, 우리는 바르트를 오해하는 것이다. 바르트와 같이 사상과 활동에서 위대한 변화와 진전을 이룬 신학자에게 있어, 어떤 하나의 사상 체계 안에 하나님이 제한될 수 없다. 오히려 바르트의 신학이 고뇌하는 선지자의 목소리이며, 그의 시대의 다양한 상황에서 세상에 쏟아져 나왔다는 것은 분명한 사실이다. 바르트는 학자이면서 선지자였다. 그는 인간으로서 세상을 행해 전적으로 책임지려고 노력했고, 하나님 앞에서 그리고 하나님의 백성의 공동체 안에서 자신의 존재의 의미를 깨닫고, 자신의 사회-정치적 행동에서 자신의 신학을 보여주려고 노력했다. 폭넓은 지식, 날카로운 사고, 학문적 규율, 그리고 훌륭한 지적 창조성을 넘어 바르트는 그 증언에 응답하려고 노력했다. 그 노력이란 다름 아닌 그리스도 안에 있는 하나님의 자기 증거의 중요성과 씨름

하기 위해서였다. 바르트의 신학을 이해하는 데 있어, 그의 신학적 원리나 체계에 대한 단순한 관심만으로는 충분하지 않다. 오히려 그가 다양한 신학적 문제에 대해 입장을 취해야 했던 시대적 상황을 고려한다면, 우리는 먼저 바르트의 신학의 중심에 대한 논의가 보여주는 개방성을 이해해야 한다.

바르트는 지난 세기, 즉 20세기 기독교 신학에서 가장 심오하고 영향력 있는 신학자 중 한 명이다. 그러나 이것이 우리가 신학 토론에서 그의 신학을 우리의 본문으로 삼아야 한다는 것을 의미하지는 않는다. 한국 교회의 많은 목회자들과 신학자들이 여전히 바르트의 신학에서 어떤 고정된 원리를 찾으려고 애쓰고 있다면 유감스러운 일이다. 오히려 바르트의 신학은 한국 신학과 교회의 쇄신을 촉구하는 창조적인 본문으로, 그리고 교회의 분열과 세상의 현실에서 눈돌리기라는 차원에서 우리 그리스도인들의 죄의 고백과 새로운 시작을 요구하는 예언적 목소리로 간주되어야 한다. 무엇보다도 한국 교회가 바르트의 신학을 빌릴 때, 그들은 '교리적 환원주의' 또는 '방법론적 우선주의'에 저항해야 한다. 이런 의미에서, 우리는 바르트가 고대 도서관인 성경에 접근하면서 보여준 경건함과 개방성, 즉 성경 속 증인들이 지적하고 있는 그분의 자유와 사랑 안에서 하나님의 행위와 말씀에 대한 그의 예리한 통찰력의 탐구를 다시 살펴봐야 한다. 바르트의 기본 입장은 오직 "하나님의 말씀 자체가 신실한 신학자의 입장을 결정한다"는 것이었다. 진정한 중심은 우리가 통제하는 어떤 것이 아니라 오히려 우리를 통제하는 그것이다.

한국 개신교회의 역사는 이미 두 번째 세기의 중반을 향해 달리고 있다. 한국 교회의 신학은 이미 새로운 환경, 새로운 상황에 직면한 지 오래다. 이 글을 통해 숙고해 본 신학의 개방성 개념은 교회와 신학의 신학적 쇄신을 추구하는 사람들에게 분명 의미가 있는 주제이다. 오늘날 교회와 신학의 쇄신을 고민하는 이들에게 주어진 신학적 과제는 무엇인가? 우리가 이미 진입했고 또한 진입하고 있는 새로운 시대는 그야말로 기독교 역사에서 에큐메니칼 시대이다. 우리는 에큐메니칼 노력, 사회적 이슈들에 대한 참여, 그리고 신학 교육의 갱신의 분야들에서 신학의 중심 그 자체의 개방성을 실천해야 한다.

참고문헌

Barth, Karl. *Church Dogmatics* Vol. I.2 & IV.1. Edinburgh: T. & T. Clark, 1970.

Barth, Karl. *FIDES QUAERENS INTELLECTUM.* Theologischer Verlag Zürich, 1931; *Fides Quaerens Intellectum: Anselm's Proof of the Existence of God in the Context of His Theological Scheme,* John Knox, 1960.

Barth, Karl. *The Humanity of God.* Atlanta: John Knox, 1960.

Hart, Trevor. *Regarding Karl Barth: Toward a Reading of His Theology.* Downers Grove, IL: InterVasity, 1999.

McCormack, Bruce L. *Orthodox and Modern: Studies in the Theology of Karl Barth.* Grand Rapids, MI: Baker Academic, 2008.

Marty, Martin E. & Dean G. Peerman. *A Handbook of Christian Theologians.* Nashville, TN: Abingdon, 1984.

Rumsheidt, H. M. *Revelation and Theology, An Analysis of the Barth-Harnack Correspondence of 1923.* Cambridge: Cambridge University, 1972.

Sykes, S. W. ed. *Karl Barth: Studies of his Theological Method.* Oxford: Clarendon, 1979.

Webster, John. *Karl Barth.* New York: Continuum, 2002.

Webster, John. ed. *The Cambridge Companion to Karl Barth.* Cambridge: Cambridge University, 2000.

여섯째 글

틸리히와 생태신학:
'동일성 원리'(the Principle of Identity)의 생태학적 비전

개혁교회와 현대 개혁신학

틸리히(Paul Tillich)의 신학사상을 관통하는 대부분의 특징들은 최근까지 학계에서 깊고 폭넓게 연구되어 왔다. 한편, 그 가운데 틸리히의 이른바 "자연신학"은 기독교 신학의 다양한 측면에 끼친 지대한 영향에도 불구하고 개신교 신학 진영에서 크게 주목받지 못해 온 것이 사실이다. 이에 본 연구는 틸리히의 신학 사상이 가진 자연신학적 측면을 새롭게 조명하고, 이를 생태신학적 담론과 연결시킨다는 점에서 의의가 있다.

틸리히의 신학은 기본적으로 자연에 대한 깊은 이해와 존중을 보여 준다. 이 글에서 필자가 강조하고자 하는 점이 바로 이것이다. 즉 틸리히의 자연신학은 그의 신학사상에서 하나의 주변적 논제가 아닌 오히려 중심적이고 평생 지속된 관심사였으며, 하나님과 자연의 관계, 또한 피조물 사이의 관계에 대한 틸리히의 비전은 오늘날 뜨거운 이슈로 떠오른 주제인 생태학적 신학(Ecological Theology)의 다양한 논의들에 많은 시사점을 던져준다.

이 글에서 필자가 특히 주목하는 점은 다음과 같다. 틸리히의 '동일성의 원리'(the Principle of Identity) 이해는 독일 관념론에 대한 실존주의적 바탕에서의 비판적 해석으로 간주되는데, 이것이 오늘날의 생태학적 상황에 대한 더욱 포괄적인 비전으로서 하나님과 인간 사이의 관계뿐만 아니라 인간과 자연, 즉 피조물 사이의 관계에까지 의미심장한 메시지를 던져준다는 점이다. 틸리히의 하나님과 세계에 대한 유기적 생태학적 모델에 따르면, 세상을 유지하고 보존시키며 그리고 새롭게 하시는 하나님의 사역은 하나님의 일 가운데 가장 우선되며 으뜸가는 일이다. 그러나 다른 한편으로, 동시에 유한한 존재(인간) 또한 무한에 참여하며, 무엇보다도 인간은 우주의 모든 영역과 그 나름의 전략들에 참여한다. 그리고 인간이 피조세계의 그리고 피조세계를 위한 하나님의 위대한 계획에 참여하고 있다는 의미에서 인간은 그 윤리적 책임에서 자유롭지 않다.

이 글에서 필자는 하나님과 자연의 관계에 대한 틸리히의 관점들, 특히 그의 동일성의 원리를 사용할 때 그것이 최근 신학에서의 생태학적 논의들을 위해 가질 수 있는 일련의 함의들을 토론하고, 결과적으로 신학 영역에서 진행되고 있는 최근의 생태학적 논의에 틸리히의 신학이 기여할 수 있는 몇 가지 방향들을 제안할 것이다.

1. 서론: 생태신학자 틸리히

폴 틸리히(Paul Tillich, 1886-1965)는 지난 20세기 개신교 신학의 전개에서 가장 영향력 있었던 조직신학 교수 중 한 사람으로 평가받고 있다. 틸리히는 기독교 실존주의 신학자로 불리고 종교사회주의자로도 분류되며, 보다 정확하게는 철학적 신학(philosophical theology)을 전공으로 했다는 점이 기억될 필요가 있다. 그의 철학적 신학은 독일 관념론과 실존주의 철학을 신학적으로 수용하며 발전했는데, 이는 그의 자연신학을 이해하는 데 중요한 토대가 된다. 사실 그의 신학에서 특징적인 대부분 측면들이 오랜 시간 면밀히 연구되었고, 깊이 있고 광범위하게 토론되어 왔다. 그러나 기독교 신학의 다양한 분야에 미친 그의 방대한 영향력에도 불구하고, 판추이 라이(Pan-chui Lai)가 올바르게 지적했듯이, 최근 일부 틸리히 연구자들이 주목하고 있는 틸리히의 '자연신학'(theology of nature)은 개신교 신학사상의 주류에서 크게 주목받지 못했다.[1] 이들은 틸리히의 자연신학에 대한 체계적 연구가 오늘날 생태위기 상황에 더욱 절실히 요구된다고 믿고 있다. 이런 맥락에서 생태신학의 자원으로서 틸리히의 신학사상이 가진 생태학적 함의들을 고찰하는 것은 시의적절하다.

---

1 Pan-chui Lai, "Paul Tillich and Ecological Theology," *Journal of Religion* (Apr. 1999): 233. 이 글에서 라이(Pan-chui Lai)는 긍정적인 시도를 통해 틸리히와 생태신학 사이의 강력하고 밀접한 관계를 확인한다. 라이의 견해에 따르면, 칼 바르트가 대표하는 당시 지배적인 신(新)정통주의 신학은 자연 신학을 거부하고 자연 신학을 무시하는 것이 특징인 반면, 틸리히는 자연 신학에 대한 보다 포괄적인 비전을 옹호한 경우라 할 수 있다.

판추이 라이가 주장하듯 틸리히 자신이 '생태신학'(Ecological Theology)이라는 말을 사용하지는 않았지만, 자연신학은 결코 그의 사고에서 주변적인 문제가 아니었다. 사실, 자연에 대한 틸리히의 견해는 오늘날과 같이 환경 위기가 신학적 논쟁의 이슈로 떠오르기 훨씬 전에 형성되었다. 그리고 자연신학에 대한 틸리히의 관심과 하나님과 자연의 관계에 대한 그의 생태학적 비전은 평생의 신학적 작업을 통해 지속되었다.[2] 예를 들어, 『영원한 현재』(The Eternal Now, 1963)에 실린 그의 설교 중 하나인 "인간과 지구"에서 틸리히는 이미 예고한 바 있다. 즉 틸리히는 생태학적 관심이 장차 기독교 신학을 향한 새로운 도전이 될 것이라 내다보았고, 지구라는 행성의 생존에 진지하고 깊이 관심을 가진 사람들에게 기독교 메시지를 제시해야 할 과제에 대해 말했던 것이다. 틸리히는 이렇게 말한다.

> 이제 "지구와 우리"는 단순히 인간의 호기심, 예술적 상상력, 과학적 연구 또는 기술적 정복의 주제만은 아니어야 한다. 그것은 심오하기 그지 없는 인간의 관심사, 그리고 고통스러운 불안의 문제가 되었다. 우리는 필사적으로 그것의 심각성을 피하고자 시도하고 있을 뿐이다.[3]

틸리히는 우리가 살고 있는 이 지구라는 행성이 극도로 깊은 인간의 관심사, 그리고 끔찍하게 고통스러운 불안의 문제가 되었다고 말한다. 틸리히에 따르면, 우리는 지구와 우주에 대한 인간의 관계가

---

2 Ibid., 234.
3 Paul Tillich, The Eternal Now (New York: Scribner, 1963), 67.

민감하고 사려 깊은 사람들에게 최우선의 관심사로 부상한 그런 시간을 살고 있다. 틸리히는 과학계의 일부 대표자들이 이른바 '생존의 과학'(science of survival)이라고 불리는 새로운 연구 분야를 요구했을 때, 그것은 개인이나 사회 집단, 국가 또는 인종의 생존을 의미하는 것이 아니라, 문명화된 인류, 또는 인류 전체, 또는 심지어 이 행성 표면의 생명체 전체의 생존을 의미한다고 강력하게 주장한다.[4] 따라서 틸리히가 생각할 때, 양심적 신학자들이 수행해야 할 과제는 바로 이 질문에 대답하는 것이다. 질문인 즉, "그렇다면 이 세상에서 남자[또는 여자]의 곤경에 대해 기독교의 메시지는 무엇을 말하고 있는가?"[5] 그리고 이 질문은 단순히 신학적인 논쟁이 아니라, 오늘날 인류를 향해 생태학적 위기에 눈을 뜨도록 요청하는 것, 바로 그것이다.

이 글에서 필자가 강조하고자 하는 바는 다음과 같다. 한 문장으로 말하면, 틸리히의 자연신학은 하나님과 자연의 관계, 그리고 피조물들 사이의 관계에 대한 보다 포괄적인 비전을 옹호하며, 따라서 생태신학의 테이블을 둘러싼 최근의 논의에 많은 함의를 가지고 있다는 것이다. 무엇보다도 필자는 틸리히는 분명 자연에 대한 풍부한 인식을 가지고 있으며, 자연의 의미에 대해 중요한 함의를 가진 그의 철학적 신학(philosophical theology)에서 발견되는 '동일성의 원리'(the Principle of Identity)가 확인해 주듯이, 그 인식은 신학적으로 충분한 근거를 가지고 있다는 점을 주장하려고 한다. 틸리히는

---

4 Ibid., 66.
5 Ibid., 70.

생태학적 논의에서 중요한 위치를 차지하고 있으며, 그의 신학이 많은 점에서 제안하는 바가 크게 함축적이기 때문에, 기독교 생태신학의 선구자 중 한 사람인 센트마이어(Paul H. Santmire, 1935-)가 주장하듯이, 틸리히는 생태신학의 주제에 관심이 있는 모든 이에게 대화의 파트너이자 신학적 자원이 될 수 있다.[6] 이 글의 목적은 하나님과 자연의 관계에 대한 틸리히의 생각, 특히 동일성의 원리에 대한 그의 신학적 사용이 최근 신학의 생태학적 논의에 미칠 수 있는 가능한 함의들을 논의하는 것이다. 그리고 이 연구는 틸리히의 신학이 신학의 생태학적 논의에 긍정적으로 기여한다고 할 때 그것을 어떻게 이해할 수 있겠는지에 관한 몇 가지 측면을 제안할 것이다.

2. 생태학적 위기와 신학적 응답

틸리히와 생태신학의 관계를 논의하기에 앞서, 오늘날 생태학적 위기에 대한 일반적인 신학적 접근이 최근 학계에서 지난 수십 년 동안 어떻게 진행되었는지 요약하고 정의할 필요가 있다. 왜냐하면 틸리히의 신학에서 발견하게 될 생태학적 함의는 생태학적 위기에 대한 이러한 공통된 신학적 접근과 관련시켜 동시에 평가될 필요가 있기 때문이다. 특히 1960년대 후반, 역사학자 화이트(Lynn White Jr., 1907-1987)는 창세기의 창조 이야기에 표현된 바와 같이 하나

---

6 Paul H. Santmire, *The Travail of Nature* (Philadelphia: Fortress, 1985), 252.

님의 초월성과 '하나님의 형상'(Imago Dei)으로서의 인간에 대한 유대-기독교적 이해를 지목하였고, 이러한 이해가 특히 자연에 대한 인간의 지배를 지지함으로써 결과적으로 우리 인류를 생태학적 파멸의 위기에 이르게 했다고 결론지었다. 화이트의 견해에 따르면, "우리의 생태학적 행동은 인간-자연 관계에 대한 우리의 관념들에 달려 있다."[7] 즉, 인간과 세계의 관계에 대한 잘못된 이해는 자연에 대한 인간의 부적절한 행동을 초래한다는 것이다. 그러므로 화이트의 주장에 따르면, 우리는 우리의 옛 종교를 다시 생각해 보거나, 그렇지 않으면 인간과 자연의 관계에 대해 다른 비전을 가질 수 있는 새로운 종교를 찾아야 한다.

같은 맥락에서 틸리히 역시 생명의 파괴와 생존이 다름 아닌 인간의 손에 맡겨져 있다는 것을 깨달았다. 틸리히의 말을 빌리면, "시편에 따르면 만물을 다스리는 사람은 만물을 구원하거나 멸망시킬 권세가 있으니 이는 그가 하나님보다 조금 못하기 때문이다."[8] 그러나 틸리히는 시편 8편이 잘못 이해되었고 심지어 오용되었다고 주장한다. 다시 말해 "하나님보다 조금 못하게 하시고"(little less than God)라는 표현은 인류로 하여금 동물을 지배하는 위치에 있게 했을 뿐만 아니라 자연의 모든 영역을 인간의 통제 아래 두었고 심지어 땅과 그리고 그 너머에서 모두 인류를 하나님과 같은 위치로 끌어올

---

7 Lynn White, Jr., "The Historical Roots of Our Ecologic Crisis," *Science* 155 (Mar. 1967): 1203-1207.
8 Tillich, *The Eternal Now*, 67.

리는 지경에 이르게 하였다.[9] 요약하자면, 오늘날 인류가 직면한 생태학적 위기는 하나님의 형상에 대한, 그리고 인간과 자연의 관계에 대한 인간 중심적 해석이 초래한 비참한 혹은 비극적인 결과로 간주되어야 한다는 것이다.

생태계 위기에 지속적으로 관심을 보여 온 대표적인 독일 신학자 위르겐 몰트만(Jürgen Moltmann)은 특히 하나님과 자연의 관계, 인간과 자연의 관계에 대한 이해와 관련하여 전통적인 창조 교리를 비판적으로 재고할 것을 요구하는 도전에 적극 응답해 왔다. 몰트만은 『창조 안에 계신 하나님』(God in Creation, 1993)에서 자신의 초기 저작들에서 상대적으로 소홀히 다루었던 '창조의 교리'에 온전히 주목했다. 『창조 안에 계신 하나님』 제2장에서 보듯, 몰트만의 창조 교리에 따르면 생태학적 위기는 "치명적이며, 그것은 인간에게만 해당되는 것이 아니라 … 다른 생명체와 자연 환경에도 치명적이다."[10] 몰트만의 관점에서, 자연에 대한 인간의 관계에 있어 위기인 생태학적 위기는 인간과 자연의 관계, 그리고 자연에 대한 하나님의 관계에 대한 새로운 신학적 이해를 요구한다. 몰트만에 따르면, 인간과 자연 사이의 착취적 지배 관계야말로 생태학적 위기를 초래했으며, 이러한 관계는 자연의 독립성을 존중하고 자연과의 상호 관계에 참여하는 것으로서, 자연과 함께하는 인간 공동체에 대한 의식으로 대체되어야 한다. 이에 따라 하나님의 형상에 대한 전통적인 해석의 수정이 절대적으로 필요하다고 볼 수 있다. 몰트만의 관점으로 볼

---

9 *Ibid.*, 71-72.
10 Jürgen Moltmann, *God in Creation* (Minneapolis: Fortress, 1993), 20.

때, 인간은 하나님의 형상을 공유하는 존재로서 자연 안에서 독특한 위치를 차지하지만, 그럼에도 불구하고 인간이 자연의 소유자나 통치자는 아니다. 오히려 인간은 피조물로서 인간 중심적인 것이 아니라 신 중심적인 창조의 공동체 안에서 자연과 함께 속해 있다.

또한 몰트만이 지적하는 바에 따르면, 서구 교회의 전통은 하나님과 자연의 관계에 관해 말함에 있어 오랫동안 창조주 하나님과 세상과의 절대적인 구별을 강조해 왔고 또한 하나님의 초월성을 지나치게 강조해 왔다. 몰트만의 이러한 주장은 매우 적절한 지적이 아닐 수 없다. 그렇게 함으로써, 말하자면 서구 교회 전통이 자연의 신성한 신비를 빼앗고 세속화를 통한 탈신성화에 그것을 내버려두었고, 결과적으로 이것은 심각한 생태계 파괴로 이어진 것이다. 몰트만은 "이 시기에 유럽을 매료시켰던 자연에 대한 무자비한 정복과 착취는 하나님과 세계를 구별하는 그 오래된 구별에서 적절한 종교적 정당성을 찾았다"[11]고 지적한다. 따라서 몰트만이 하나님과 피조물을 새로운 방식으로 생각하려는 동기는 오늘날의 생태 위기가 하나님의 초월성에 대한 지나친 강조가 초래한 비참한 결과라는 인식에 뿌리를 두고 있고, 하나님의 형상에 대한 전통적인 인간 중심적 해석에 대한 문제의식에서 비롯된다. 이러한 맥락에서 몰트만의 창조 신학이 창조 안에 있는 하나님의 초월적 내재성에 대한 개념에 기초하고 있다는 것은 충분히 이해할 만하다.

캅(John B. Cobb Jr.)은 현재도 활동 중인 대표적인 과정신학자

---

11 Moltmann, *God in Creation*, 13-14.

로 역시 피조물의 세계를 이해하는 데 적용되는 이른바 '인간중심주의'(Anthropocentrism)와 자연에 대한 인간의 착취 경향에 맞서 왔다. 이미 1969년 여름, 자서전적 에세이에서 고백한 바와 같이, 캅은 일종의 회심, 즉 자신의 신학 작업에 있어 중대한 전환을 경험했고, 이를 통해 인류가 자신들이 공유하는 자연 환경에 대해 무엇을 하고 있는지 직시하게 되었다.[12] 캅은 그의 아들 클리프(Cliff)에게 자극받아 스탠퍼드 대학 생물학자 에를리히(Paul R. Ehrlich)의 『인구폭탄』(The Population Bomb, 1968)을 읽게 되었고, 그 책의 내용에 큰 충격을 받았다.[13] 이는 진보의 역사적, 유기적, 상호작용적, 미학적 역동성 전체가 과연 지속 가능할지, 나아가 더 광범위한 인간 번영으로 이어질 수 있을지에 대한 심각한 의문을 제기했다. 에를리히의 재앙 예언과 마찬가지로, 캅은 이러한 역동적 과정이 결국 죽음과 파괴로 이어질 것이라고 우려했다.

1970년대 동안 캅은 인류가 생태학적 재앙에 직면하고 있음을 인식하는 데 주력했다.[14] 그리고 지난 수십 년 동안 환경 위기로 인해 심하게 번민해온 캅은 생태학적 위기가 왜 발생했는지 질문하였고, 그 질문에 대한 답은 "유한한 피조물인 인간의 선(善)이 절대화된다"[15]는 것이었다. 특히 서구인들이 인류를 우상화하여 그 결과에 대

---

12 Cf. "Cobb's Intellectual Autobiography," *Religious Studies Review* 19 (1993): 9-11.

13 John B. Cobb Jr., *Sustainability - Economics, Ecology and Justice* (Maryknoll: Orbis, 1992), 1. 에를리히(Paul R. Ehrlich)는 자신의 책에서 "1970-80년대에 어떤 비상조치를 내놓더라도 수억명이 굶어죽는다"고 주장했지만, 실제로는 시간이 지난 수록 전세계적으로 출산률 및 인구증가세는 감소해 왔다.

14 John B. Cobb Jr., *Sustaining the Common Good* (Cleveland: Pilgrim, 1994), 1-2.

15 John B. Cobb Jr., *Can Christ Become Good News Again?* (St. Louis: Chalice, 1991), 180.

한 생각 없이 자연을 지배하고 착취해 온 것은 사실이다. 캅에 따르면, 근대의 통념은 인간만이 본질적 가치를 지니며, 다른 피조물들은 그렇지 않다는 것이었다. 그리고 다른 모든 피조물은 그들이 만약 가치가 있다면, 오직 인간을 위해서만 그렇다는 것이다. 그 결과, 다른 피조물들, 즉 자연에 대해 가지는 우리의 실제 관계는 이와 같은 근본적으로 인간 중심적인 관점을 반영해 왔다. 캅은 이러한 관점이 "근본적으로 잘못되었다"[16]고 주장한다. 캅은 특히 하나님과 세계의 관계에 대한 범재신론적(panentheistic)[17] 관점을 강조하는데, 이러한 전향적 신관은 예를 들어 몰트만의 창조 신학의 경우와 같이 최근 신학에서 자기 자리를 잡아 왔다. 사실 많은 신학자들은 하나님의 초월성만을 강조하는 것은 성경에 충실한 이해가 아니며, 실제 그리스도인의 경험과 배치된다는 것을 인정하고 있다. 캅은 자연 속 하나님의 무제한적 내재성을 인정하는 움직임이 지구와 모든 피조물에 대한 그리스도인의 관심을 깊게 할 것이라고 믿는다고 말했

---

16 Cobb, *Sustainability - Economics, Ecology & Justice*, 94.
17 범재신론(from Greek πᾶν (pân) "all"; ἐν (en) "in"; and θεός (theós) "God"; "all-in-God")은 신이 인격적으로 실존하고, 자연의 모든 부분에 침투하며, 시간을 초월하여 그것을 넘어 확장한다고 가정하는 믿음 체계이다. 범재신론은 신이 어떤 구별된 존재가 아니라 우주와 동의어라고 주장하는 범신론과 구별된다. 간단히 말해서, 범신론에서 하나님은 전체이다. 그러나 범재신론에서는 전체가 하나님 안에 있다. 이것은 그 첫번째 진술로서는 우주가 실질적으로 전체 그 자체라는 것을 의미한다. 두번째로는, 우주와 신은 존재론적으로 동등하지 않다. 범재신론에서 하나님은 우주의 배후에 있는 영원한 힘, 생명을 불어 넣는 힘으로 간주된다. 어떤 견해들은 우주가 하나님의 명백하게 드러난 부분에 지나지 않는다고 제안한다. 또 범재신론의 어떤 형태들에서, 우주는 하나님 안에 존재하며, 하나님은 다시 우주에 "퍼져" 계시거나 "안에" 계신다. 범신론은 하나님과 우주가 공존한다고 주장하는 반면, 범재신론은 하나님이 우주보다 더 크다고 주장한다. 또한 어떤 형태는 우주가 하나님 안에 포함되어 있음을 나타낸다. 많은 힌두교 사상은 범재신론과 범신론으로 크게 특징 지어진다.

다.[18]

한편, 전통 신학이 생태학적 위기에 관해 잘못된 방향을 제시해왔다는 지적 외에도, 생태학자 집단의 일부 새로운 목소리들은 현재의 생태 위기가 이른바 '진보 신화'의 왜곡된 측면에서 비롯되었다고 주장한다. 예를 들어 브라이언 스웜메(Brian Swimme)와 토마스 베리(Tomas Berry)는 그들의 저서 『우주 이야기』(The Universe Story, 1992)에서 그 신화가 우리가 현재 진화론적 우주에 대해 가지고 있는 새로운 이해에 긍정적인 측면을 가지고 있지만, 지구의 자원을 약탈하고 생태계의 기본 기능을 방해하는 파괴적인 방식으로 사용되어 왔다고 지적했다. 스웜메와 베리는 지난 세기 동안 인간이 지구에 대한 광범위한 통제권을 가졌으나, 자신의 기술적 능력과 즉각적인 필요를 충족하는데 몰두한 나머지 행성 문제의 보다 빈틈없는 역학(dynamics)에 대한 민감성은 거의 없었다고 주장한다.[19]

요약하면, 오늘날 생태학적 위기에 대한 일반적인 신학적 입장은 다음과 같다. 즉 창세기의 창조 이야기에 표현된 바와 같이, 하나님의 초월성과 피조 세계의 중심 기관으로서의 인간에 대한 유대-기독교적 이해가 인간의 자연 지배를 승인함으로써 결과적으로 우리 인류로 하여금 생태학적 파멸의 위기에 직면하게 했다는 것이다. 더불어 진화적 진보에 대한 왜곡된 개념과 지구 생태계의 핵심적 역동성에 대한 부적절한 태도가 인간의 지배와 자연 파괴를 급진화시켜 왔

---

18 Cobb, *Sustaining the Common Good*, 20.
19 Brian Swimme & Tomas Berry, *The Universe Story - From the Primordial Flaring Froth to the Ecozoic Era* (New York: Harper SanFransisco, 1992), 241.

다. 결과적으로 그러한 입장에 대한 응답으로, 최근의 신학은 이러한 왜곡된 상황에 맞서 싸우는 방법으로 하나님과 자연의 관계에 대한 범재신론적(panentheistic) 믿음을 지지하는 경향이 있다. 그리고 몰트만과 캅과 같은 신학자들의 지지를 받는 하나님과 피조물의 관계에 대한 생태학적 비전이 틸리히의 신학, 특히 틸리히의 철학적 신학이 말하는 '동일성의 원리' 측면에서도 확인되는 것이다. 본 글의 후반부에서는 틸리히 신학의 생태학적 비전을 의식하면서, 틸리히 신학의 중심 개념 중 하나인 동일성의 원리가 하나님과 자연, 인간과 다른 피조물 사이의 왜곡된 관계를 극복하는 데 어떻게 도움이 되는지에 초점을 맞출 것이다.

3. '동일성 원리' 전통과 신학적 의미

동일성의 원리(the Principle of Identity)를 이해하는 데 있어, 틸리히는 쉘링(Friedrich Wilhelm Joseph von Schelling, 1775-1874)의 자연 철학과 낭만주의의 영향을 강하게 받았다. 사실 동일성의 원리는 낭만주의 철학의 특징적 요소이다. 예를 들어, 완벽한 범신론자인 스피노자는 존재하고 발생하는 모든 것이 신의 존재의 한 측면이라고 믿었다. 또한 그는 일원론자로, 오직 하나의 실체만 있다고 믿었다. 낭만주의 시대의 주요 철학자는 신학자 슐라이어마허(Friedrich D. E. Schleiermacher, 1768-1834)가 그의 생애의 한 단계에서 긴밀한 관계를 맺었던 슐레겔(Friedrich Schlegel, 1772-1829)이었지만,[20] 낭만주의 시대의 또 다른 주요 철학자는 칸트가 당연한 것으로 여겼던 기계론적 세계관과는 근본적으로 다른 자연의 새로운 형이상학 또는 '생의 철학'(Philosophy of Life)을 투영한 인물, 즉 쉘링(Schelling)이었다.[21] 동일성의 원리는 신비주의에 뿌리를 두고 있지만, 틸리히는 그것을 쉘링에 의해 매우 의미심장한 방식으로 철학적으로 표현된 것으로 간주한다. 따라서 이 시점에서 낭만주의와 쉘링의 맥락을 중심으로 '동일성의 원리'의 역사적 배경을 간략하게 살펴보는 것이 도움이 될 것이다.

18세기 후반과 19세기 초반 일어난 낭만주의는 그 자체로 계몽주의와 칸트의 합리주의에 대한 반발이었으며, 낭만주의는 특히 철학, 문학, 음악, 신학에 영향을 미쳤다. 본질적으로 낭만주의는 인간과 인간 경험에 대해 더욱 넓은 차원의 이해를 가진다. 낭만주의에서는 이성이 다른 모든 것보다 우위에 있지 않다. 오히려 느낌, 상상력, 직관이 이성 이상으로 더 중요했다. 낭만주의에서 인간은 단순히 사고하는 존재가 아니라 느끼고 직관하고 상상하는 피조물이다. 또한 낭만주의 운동은 자연에도 관심을 가졌다. 그러나 여기서 자연은 우주적 기계로서의 자연이 아니다. 오히려, 낭만주의가 관심을 갖는 대상은 무한히 다양한 것으로서의 자연이다. 즉, 낭만주의에서 신은 계몽주의(이신론/理神論/Deism)의 경우처럼 시계를 만들어 놓고 방

---

20 틸리히가 슐라이어마허에 대해 논의할 때, 그는 소외와 분리의 원리와 구별되는 것으로서 동일성의 원리를 언급한다. Paul Tillich, *Perspectives on 19th and 20th Century Protestant Theology* (New York: Harper & Row, 1967), 94.

21 Santmire, *The Travail of Nature*, 141.

치한 우주의 창조주가 아니다.

더욱이 낭만주의에서는 유한(the finite)과 무한(the infinite)이 서로에 대해 철저히 대립해 있지 않다. 낭만주의에서 신은 모든 것 안에 현존하고 새로운 것을 존재하게 하는 것으로, 자연의 배후에 있는 영(the Spirit)으로 이해되었다. 틸리히에 따르면, 낭만주의 운동의 주요 특징은 무한이 유한 안에 항상 현존하고 유한 안에서 자신을 표현하려고 노력한다는 관념이었다. 이런 이유로 자연, 역사, 개별 인간의 경험 안에서의 무한의 현존이 낭만주의의 주요 관심이었다.

이제 틸리히가 동일성 원리의 전통 안에서 쉘링을 어떻게 해석하는지 살펴보아야 한다. 틸리히는 그의 저서 『19-20세기 프로테스탄트 사상사: 19세기와 20세기 개신교 신학에 대한 관점들』(Perspectives on 19th and 20th Century Protestant Theology, 1967)에서 쉘링을 헤겔의 주요 비평가 중 한 사람으로 다룬다. 틸리히에 따르면, 쉘링은 쇠렌 키에르케고르(Søren Kierkegaard, 1813-1855) 이전에 있었던 모든 실존주의자들의 전신이었던 파스칼(Blaise Pascal, 1623-1662) 이후 본질주의 사상에 대한 최초의 위대한 실존주의 비평가였다. 여기서 우리는 틸리히가 쉘링으로부터 받은 영향의 크기를 확인할 수 있다. 틸리히는 "쉘링에게서 배운 것이 내 철학적, 신학적 발전을 결정지었다"[22]라고 고백할 정도였다. 쉘링은 칸트의 비판적 인식론과 스피노자의 신비주의적 존재론을 종합한 낭만주의 철학자로서 자연 철학에서 낭만적 사고의 시작을 대표했을뿐만 아

---

22 Tillich, *Perspectives on 19th and 20th Century Protestant Theology*, 142.

니라 낭만주의의 변화하는 시기에 발맞추어 나갔으며, 그 중 결정적인 전환점은 틸리히에 따르면 낭만주의가 실존주의로 되기 시작했을 때였다. 따라서 쉘링에게 있어서 낭만주의의 두 번째 단계는 실존주의 단계였다.[23]

쉘링은 초기 사상부터 스피노자주의적 원리, 즉 영원한 존재 안의 모든 것의 존재론적 통일성 원리를 극단적으로 발전시켰다. 틸리히에 따르면, 쉘링이 스피노자주의 원리를 급진화할 때 동일성 원리의 한 측면은 주체와 대상이 절대적으로 분리되어 있지 않다는 것이다. 그 이유는 대상에 도달하기 위해서는 대상에 대한 주체의 근본적인 소속성이 있어야 하기 때문이다. 그것들은 우리의 유한한 존재 안에서 분리되어 있지만, 본질적으로 함께 속해 있다. 즉, 그들 사이에는 영원한 연합이 존재한다. 그리고 동일성 원리의 다른 측면은 하나와 다수의 문제에 관한 것이다. 틸리히에 따르면, 이에 대한 대답은 하나와 다수의 본래적 통일성이 있어야 한다는 것이다. 동일성의 원리는 하나의 실체(스피노자가 말하는 실체로, 아리스토텔레스와 스콜라 학파에서 유래한 강력한 개념)가 동일한 시공간에서 공생(togetherness)을 가능하게 한다는 것을 의미한다. 하나의 실체가 없으면 사물 사이에 인과적 연결이 있을 수 없고, 서로 다른 실체의 실질적인 결합과 분리가 있을 수 없다.[24]

쉘링은 스피노자의 영향으로 하나의 실체, 즉 주체와 대상을 초월한 존재, 정신과 물질을 초월한 존재에 의해 붙잡혔다. 따라서 쉘링

---

23 *Ibid.*, 141-142.
24 *Ibid.*, 144.

의 자연 철학은 모든 자연물에 잠재적 정신이 내재해 있음을 보여주고, 이것이 인간에게 어떻게 실현되는지를 설명하려는 시도였다. 어떤 의미에서, 자연에 대한 낭만주의 철학은 쿠사의 니콜라스(Nicholas of Cusa)의 프로그램, 즉 유한 안에 있는 무한의 현존, 그리고 쉘링 자신의 프로그램, 즉 물질적인 것 안에서의 영적인 것의 현존을 실행하는 것과 다르지 않다. 틸리히는 더 나아가 쉘링의 자연 철학이 반은 철학적, 반은 미학적인 방식으로 자연 속 존재의 힘, 즉 영적인 것과 물질적인 것의 분리를 초월하는 힘에 대한 직관 체계가 된다고 해석한다.[25]

틸리히가 자신의 존재론을 지배하는 개념 중 하나로 받아들인 동일성 원리에 따르면, 앞서 살펴본 낭만주의와 쉘링에 대한 간략한 설명에서 볼 수 있듯이 신과 세계(자연)는 근본적으로 서로 분리되어 있지 않다. 무한과 유한은 항상 관계 속에 있다. 그들은 일치한다. 유한한 모든 것에는 무한이 존재한다. 틸리히는 이를 무한이 모든 것을 창조적으로 결합시키는 힘으로서 유한한 것에 현존한다는 의미로 해석한다. 신성한 영역과 인간 영역은 서로 완전히 분리되어 있지 않으며, 화해 가능하다. 신성은 창조 안에 있다. 그러므로 신성은 또한 문화의 모든 측면 안에 있다. 이와 같은 동일성의 원리는 틸리히의 신학에서 매우 근본적이다.[26]

---

25 *Ibid*., 145.
26 물론 틸리히 역시 하나님과 피조물들 사이에는 무한한 구별이 있으며, 특히 하나님은 모든 유한한 구별들을 초월하신다는 의미에서 그러하다고 주장한다. 그러나 그것은 초기 바르트의 기본 원리가 된 것, 즉 키르케고르의 저 유명한 원리인, 시간과 영원 사이의 무한한 질적 차이(the infinite qualitative distinction between time and eternity) 원리와는 완전히 반대되는 것이다.

요약하면, 틸리히에게 '동일성의 원리'는 신과 세계, 무한과 유한, 신성과 문화 간의 근본적 연관성을 주장하는 존재론적 토대다. 이는 이원론적 분리를 거부하고, 모든 존재 안에서 신성의 창조적 현존을 인정하는 포괄적 세계관을 제시한다. 그렇다면 '동일성의 원리'에 대한 틸리히의 해석, 즉 자연에 대한 그의 신학적 비전이 오늘날 생태학적 논의에 미치는 영향은 무엇인가?

4. 틸리히의 자연신학과 생태학적 비전

먼저 틸리히의 자연신학은 그의 신학에서 '동일성의 원리'가 시사하고 있듯이 자연에 대한 풍부한 가치를 인정하고 있다. 다른 말로 하면, 틸리히의 자연신학은 하나님이 자연과 관계 속에 있다는 것을 전제한다는 의미에서 하나님이 자연, 즉 창조 세계의 선함을 인정하신다는 것을 말하고 있다. 그의 저서 『19-20세기 프로테스탄트 사상사: 19세기와 20세기 개신교 신학에 대한 관점들』에서 틸리히는 프랑스의 과학자이자 신학자이며 또한 철학자이기도 했던 피에르 테야르 드 샤르댕(Pierre Teilhard de Chardin, 1881-1955)의 형이상학적 사변에 대해 다음과 같이 논평했다. "만일 우리가 이것을 시도하지 않는다면, [즉, 자연 과학의 발견을 넘어서는 자연에 대한 비전을 갖지 못한다면] 우리는 자연에서 하나님을 제거하는 것이 된다. 그리고 만일 하나님이 자연에서 제거되면 하나님은 점차적으로 전적으로 사라진다. 왜냐하면 우리는 자연이기 때문이다. 우리는 자연에서 왔다. 하나님이 자연과 아무 상관이 없다면, 그는 결국 우리의 전(全) 존재와 아무런 상관이 없다."[27] 따라서 하나님은 필연적으로 자연과, 나아가 인간을 포함한 모든 피조물과 관계 맺고 계신다. 그것은 틸리히의 신 존재론이 모든 피조물의 선함과 가치를 재확인하는 데까지 이어진다는 것을 의미한다.

노먼 영(Norman J. Young)은 현재 우리의 삶의 방식과 관련하여 창조의 의미를 발전시키는 것을 주된 신학적 관심으로 삼고 있으며, 창조 교리에 대한 접근 방식으로서 관계적 또는 내재적 모델과 같은 선상에 서 있다. 그는 유기적 모델 또는 자신이 칭한 존재론적 접근이 군주제 또는 초월적 모델보다 생태학적 책임에 대한 더 나은 기반을 제공하는지 질문한다.[28] 영에 따르면, 창조 교리에 대한 대안적인 접근으로서의 존재론적 접근은 불연속성보다는 연속성을 인식함으로써 자극을 받고 있고 하나님과 세계 사이의 긍정적인 관계를 확증하는데, 그것은 곧 초월주의자의 주요 특징들을 부정함으로써 발휘되는 상상력이 풍부한 신학적 구조이다.[29] 또한 영은 다음과 같이 주장한다. "틸리히의 글을 유기적 모델의 예(例)로 간주한다면, 이는 환경 보호를 위한 신학의 근거가 될 수 있다. 예를 들어, '기원하는 창조성'에 대한 그의 견해에는 물질 세계를 포함하여 피조세계 전체의 선함과 가치에 대한 재확인이 있다. … 다른 비인간 피조물들에

---

27 Tillich, *Perspectives on 19th and 20th Century Protestant Theology*, 126.
28 Norman Young, *Creator, Creation, and Faith* (London: Collins, 1976), 125.
29 Young, *Creator, Creation, and Faith*, 103.

대한 인간의 오만함은 정당화될 수 없는데, 왜냐하면 그들 사이의 구별은 존재론적인 것이지만, 이것이 가치의 차이를 의미하지는 않기 때문이다."[30] 이러한 맥락에서, 틸리히의 자연신학에 의해 뒷받침되는 하나님과 자연의 관계에 대한 유기적 또는 관계적 모델은 생태학적 관심에 대한 건전한 신학적 기초를 제공할 수 있다.

결론적으로, 하나님과 피조 세계에 대한 이러한 '관계적' 생태학적 비전이 초월적 모델을 대체한다. 틸리히의 신과 자연에 대한 역동적인 존재론은 생태학적으로 부적합한 것으로 평가되는 바, 신-세계(God - the world) 관계에 대한 전통적인 군주제 모델을 대체하고, 특히 세계가 신에게 없어서는 안 될 존재라는 의미에서 신과 세계 사이의 유기적 관계를 확언한다. 유사한 맥락에서 하나님, 인간, 그리고 생명계를 일원론적으로 설명할 수 있는 우주적 모델을 모색하는 여성 생태신학자 맥페이그(Sallie McFague)는 어머니로서의 하나님, 연인으로서의 하나님, 친구로서의 하나님과 같은 모델로 전통적 군주적 모델을 대체할 것을 제안한다.[31]

둘째로, 틸리히의 자연신학은 하나님과 피조물 간의 상호적 역동성을 강조한다. 틸리히는 종종 신학자 쿠사의 니콜라스(Nicolas of Cusa, 1401-64)를 *coincidentia oppositorum* (대립의 일치, 대립의 공존) 교리의 창시자로 언급한다. *coincidentia oppositorum* (대립의 일치) 신학의 논리에 따르면, 모든 반대하는 대립들은 그 대립들

---

30 *Ibid.*, 125-26.
31 Sallie McFague, *Models of God* (Philadelphia: Fortress, 1982), 59-87, and *The Body of God* (Minneapolis: Fortress, 1993), 27-63.

을 결합시키는 상황을 암시한다. 대립이 극단적일수록 그 상황은 더욱 포괄적이다. 게다가 모든 대립 사이에는 역동성이 존재한다. 아일랜드 예수회 신학자로 칼 라너의 신학을 연구하고 해석하는데 중요한 공헌을 한 오도노휴(N. D. O'Donoghue)는 "대립을 변증법적이라고 부르는 것은 그것이 정적이지 않고 역동적이며, 대립의 양극 사이에 지속적인 상호 작용이 있어, 이를 통해 상황이 확인되고 또 상황에 의해 확인된다는 것을 의미한다"[32]라고 설명한다. 이러한 맥락에서 신은 지고의 선(*summum bonum*)으로서 독립적인 창조자가 아니다. 오히려 하나님과 세상은 상호 의존적이다. 테드 피터스(Ted Peters)가 옳게 지적했듯이, 존 캅(John B. Cobb Jr.)의 저서 『하나님과 세상』(*God and the World*)의 제목에 있는 연결어 'and'가 가장 중요한 단어이다. 우리는 다른 하나 없이는 하나를 가질 수 없다. 하나님과 자연은 창조와 피조물 모두에서 상호 의존적 관계에 있다.[33]

틸리히에 따르면, 하나님과 피조물 간의 상호적 역동성에서 흥미롭게도 하나님은 세계의 중심이며 둘레이다. 하나님은 내재적이면서 동시에 초월적이다. 즉, 하나님은 모든 것의 중심에 계시며, 또한 모든 것을 포용하신다. 그리고 두 가지 측면 모두가 사실이다. 유한은 무한에 참여한다. 특히 유한한 존재가 인간일 때, 그 인간은 우주의 중심에 있다. 이것은 실로 광범위한 의미들을 가진다. "인간은

---

[32] N. D. O'Donoghue, "Creation and Participation," in *Creation, Christ, and Culture - Studies in Honour of T. F. Torrance* (Edinburgh: T. & T. Clark, 1976), 139.

[33] 이 글에서 필자는 신과 자연에 대한 틸리히의 유기적 비전을 뒷받침하기 위해 과정신학자 캅(John B. Cobb Jr.)의 글에서 일부를 빌려왔다. 사실, 필자는 이 문제에 대해 틸리히와 과정 사상가들 사이에 무시할 수 없는 일치가 있음을 발견했다.

소우주이며, 그 안에는 모든 우주적 힘들이 잠재적으로 현존하고 있고, 우주의 모든 영역과 층위에 참여한다."[34] 대우주와 소우주 사이에는 역동적인 관계가 있다. 이러한 생태학적 비전은 하나님과 세상의 관계의 충만함이 하나님 편에 국한되지 않으며, 오히려 하나님의 현재와 미래 경험의 본질이 우리 모두, 즉 인간과 모든 현존하는 피조물의 행위와 미래의 행위에 의해 영향받을 수 있음을 의미한다.

셋째, 틸리히의 자연신학은 결과적으로 인간에게 자연에 대한 책임 있는 행위자의 역할을 제공한다. 중심에 있는 존재로서 인간, 즉 각 개인은 정적인(static) 존재가 아니며 그럴 수도 없다. 중심에 있는 존재로서 인간은 자기 자신 밖으로 눈을 돌릴 때, 동물처럼 단순히 중립적인 '환경'을 만나는 것이 아니라 오히려 자신이 열정적이고 창조적인 관계로 들어갈 수 있는 그야말로 '세계'를 만난다. 틸리히는 "'총체적 중심성'이란 실제로 자기 자신과 함께하는 상황이면서, 동시에 자신이 한 부분으로 속한 세계를 가지는 상황"[35]이라고 말한다. 이들 다른 피조물처럼, "인간은 환경 속에서 산다." 그러나 그들과는 달리 인간은 '세계'를 가지고, 즉 "무한한 잠재력과 현실들로 구조화된 전체"와 관계를 맺고 있다. "자신의 환경(예: 이 집, 이 나무, 이 사람)과의 만남을 통해 인간은 환경과 세계를 동시에 경험한다."[36] 캅(Cobb)이 또한 말했듯이, "인간의 경험은 신체, 다른 사람들, 그리고

---

34 Paul Tillich, *The Courage to Be* (Glasgo: Collins, 1952), 104.
35 Paul Tillich, *Systematic Theology III* (Chicago: University of Chicago, 1951), 38.
36 *Ibid*.

인간이 아닌 피조물과의 관계에 의해 구성된다."[37] 이는 인간 관계의 차원이자 현실에 대한 참여의 영역이다. 그것은 인간을 자연과 자연의 다른 존재와 연결하는 수평적 차원이다. "자연이 인간에게 다가오듯 인간도 자연에게 손을 뻗는다. 이들은 서로 참여하며 분리될 수 없다."[38] 이것은 인간과 세계 사이의 실제 관계를 설명한다. '자아'는 활발한 상호 관계를 가진 것들로 구성된 환경에 살고 있다. 자아와 환경 또는 세계는 상관 관계적인 개념이다. "세상이 없는 자아는 텅 비어 있으며, 반대로 자아가 없는 세상은 죽은 것이다."[39]

틸리히에 따르면, 인간은 그 순수한 본성에서 하나님의 형상일 뿐만 아니라 하나님과 교제할 수 있는 힘을 지니고 있으며, 따라서 최초 타락과 함께 이 힘이 상실되긴 했지만, 다른 피조물과 자신에 대한 의로움의 힘이기도 하다.[40] 틸리히는 인간이 다른 모든 피조물과 다르다는 점, 즉 이성적 구조에서 신의 형상이라는 점을 강조한다. 틸리히에게 이성은 자유의 구조이며, 그것은 잠재적 무한을 의미한다. 그리고 인간은 "하나님의 형상"인데, "그 이유는 그 안에서 존재론적 요소들이 피조물로서의 기초 위에서 완전하고 결합되어 있기 때문이다."[41] 인간을 완전한 존재로 만드는 이러한 '존재론적 요소

---

37 John B. Cobb Jr., "Process Theology and an Ecological Model," in *Cry of the Environment: Rebuilding the Christian Creation Tradition*, ed. P. N. Joarnson & K. Butigan, (Santa Fe: Bear and Co, 1984), 330.
38 Paul Tillich, *Systematic Theology II*, 43.
39 John Herman Randall, Jr., *The Ontology of Paul Tillich, The Theology of Paul Tillich* (New York: Macmillan, 1952), 152-153.
40 Paul Tillich, *Systematic Theology I*, 258.
41 *Ibid.*, 259.

들'은 참여자와 개인, 역동성과 형식, 자유와 운명이라는 세 쌍의 상반된 특징으로 해석된다. 영(Young)은 인간이 자기 실현을 위해 가진 능력, 즉 불순종할 수 있는 자유가 환경 위기 상황에서 긍정적 또는 부정적 영향을 미칠 수 있다고 말한다. 긍정적으로, 그것은 인간의 삶과 태도의 진정한 변화를 가능하게 하고 결과적으로 진정한 인간의 창의성을 통해 세상에 대한 새로운 희망을 가능하게 한다. "부정적으로는 그것은 인간 능력의 더 큰 소외와 왜곡을 초래하여 결과적으로 자연 질서의 파괴를 가져올 수 있다."[42] 즉, 유한한 인간의 자유는 자연 질서의 파괴라는 위협뿐만 아니라 인간의 삶과 태도의 급진적 변화를 가져 올 가능성도 있다. 이러한 유한한 자유의 상황에서 인간은 자신을 잃거나, 자신의 세계를 잃을 수도 있다.

따라서 우리는 "생태학적 위기에 대한 책임이 누구에게 있으며, 인간과 하나님 중 누가 책임을 져야 하는가?"라는 질문에 답해야 한다. 우리 인간은 종종 혼돈의 권세들을 몰아낼 하나님의 나라에 대해 이야기한다. 우리는 죽음을 이기는 영생에 대해 말할 수 있으며, 지상의 불의와 폭력을 몰아낼 신성한 정의를 소망할 수 있다. 그러나 하나님 나라와 하나님의 정의에 대해 말하는 것만으로는 부족하며, 이 생태학적 위기 속에서 인간은 책임 있는 행위자로서 창조적 역할을 해야 한다. 개인으로서 인간은 생명체와 비생명체 모두를 위해 결정하고 행동하는 책임 있는 대리인의 역할을 수행해야 한다. 이런 의미에서 틸리히는 하나님과 인간 사이의 상호성을 주장한다. "신은 신-인간의 상호성

---

42 Young, *Creator, Creation, and Faith*, 125-126.

안에 서 계시지만, 오직 그 상호성을 초월하고 상호성의 양측을 포함하시는 분으로서만 그러하다. 그는 우리의 유한한 자유를 통해 작용하는 자신의 행위에 반응하신다."[43] 그러므로 유한한 자유는 범신론이라는 비난에 대항하여 하나님과 세계의 관계에 대한 자신의 입장을 변호하는 틸리히의 변호에 의해 설명된다. 말하자면 "범신론을 불가능하게 만드는 것은 피조물 안에 존재하는 유한한 자유의 특성이지, 세계와 함께 하는 어떤 최고의 개념이 아니다."[44] 피조물은 단순한 자동 장치가 아니라 자신이 무엇일지를 결정하는 데 참여하고, 궁극적으로 하나님의 창조적 목적들에 저항할 자유를 가지며 자신이 가진 불확실성의 창조 능력을 파괴로 향하게 할 자유를 가진 우연성의 존재이다. 같은 맥락에서 캅은 "서로에 대해, 모든 피조물에게, 그리고 하나님을 향한 진정한 개방성, 온전한 반응 안에서 발견되는 그러한 진정한 자유에로 하나님은 우리를 부르신다. 그러나 우리는 어느 정도는 항상 저항하고, 때때로 극적으로 반응한다."[45]라고 말한다.

이와 같은 인간-세계 관계에 대한 이해를 바탕으로, 라이(Panchui Lai)는 다음과 같은 결론에 도달한다. "하나님과 세계의 관계를 관계적 또는 내재적 모델에 의존하는 일반적인 접근법과는 달리, 틸리히의 접근법은 특정한 신-세계 모델에서 도출된 것이 아니다. 일반적 접근법은 하나님의 초월성을 약화시킬 위험이 있지만, 틸리히

---

43 Paul Tillich, *Biblical Religion and the Search for Ultimate Reality* (Chicago: University of Chicago, 1955), 81.
44 Tillich, *Systematic Theology II*, 8.
45 Cobb, *Can Christ Become Good News Again?*, 182.

의 접근은 그렇지 않다."[46]라는 결론에 도달한다. 라이에 따르면, 틸리히의 접근 방식은 창조 차원에서의 하나님과 세상의 관계가 아니라 구원 차원에서의 인류와 자연의 관계를 논의의 중심에 두는 것으로서, 즉 타락과 구원의 과정에 자연이 함께 참여한다는 교리를 기반으로 한다.

결론적으로, 자연에 대한 틸리히의 비전에는 실재에 틈들이 없으며, 피차 분리된 존재의 차원들이 없다. 실재는 하나의 전체로 존재한다. 모든 존재는 역동적인 관계, 즉 모든 것과 다른 모든 것의 상호 의존성 안에서 결합되어 있다. 존재는 역동적인 전체와 관련되어 있을 뿐만 아니라 모든 존재는 존재의 기초, 존재 자체와 관련되어 있으며, 그로부터 존재의 힘을 얻는다. 존재 그 자체가 '위에' 존재한다는 초월이 있지만, 본질적인 간격은 없다. 존재는 존재 자체에 참여한다. 모든 존재는 "'존재하는' 모든 것의 가장 일반적인 특징"[47], 즉 존재성을 공통적으로 가지고 있다. 사물로서가 아니라 힘으로 해석되는 존재 자체는 존재를 가지는 모든 것에 참여하고 또한 그것에 의해 참여된다.[48] 따라서 동일성의 원리 배후의 관심사는 전형적으로 '틸리히적'이며, 보편성과 일관성에 대한 요구이다. 모든 생명체와 다른 사물의 내적 관계를 포함하여 신과 자연의 관계성에 대한 이러한 신학은 인간이 자연의 모든 피조물에 대해 더 많은 책임을 지도록 요구하는 현실에 대한 생태학적 비전을 나타낸다.

---

46 Pan-chui Lai, "Paul Tillich and Ecological Theology," 243.
47 Paul Tillich, *Protestant Era* (Chicago: University of Chicago, 1948), 79.
48 Tillich, *The Courage to Be*, 88-89.

5. 결론: 생태학적 위기 시대의 신학적 과제

틸리히가 자신의 신학의 실천적 함의에서 생태학적 사항을 충분히 발전시키지 않았다는 점을 부인하기는 어렵다. 사실, 신과 자연에 대한 그의 신학, 즉 신과 인간과 자연 사이의 내적 관계를 설명하려는 그의 모든 시도는 생태학적이라기보다는 존재론적 성격을 띤다. 그러나 필자는 틸리히 신학의 이러한 한계가 생태신학의 문제에 대한 그의 심오하고 독특한 통찰력에 대한 우리의 인식을 방해해서는 안 된다는 판추이 라이의 주장에 동의하고 귀 기울였다.[49] 위에서 논의한 바와 같이, 틸리히의 동일성 원리는 생태학적 상황에 대한 보다 포괄적인 전망, 즉 신과 자연의 관계뿐만 아니라 인간과 자연의 관계, 즉 피조물 간의 관계를 언급하는 것일 수 있기 때문이다.

자연에 대한 틸리히의 신학은 대우주와 소우주 사이의 역동적인 관계를 그려낸다. 틸리히의 신과 인류에 대한 유기적 생태학적 모델에 따르면, 신이 어떤 사람이나 사물을 일방적으로 변형시킬 수 있다는 주장은 옳지 않다. 물론 피조물을 유지하고, 보존하고, 새롭게 하는 것으로 첫 번째이자 가장 중요한 것은 신의 일, 즉 하나님의 일이다. 그러나 동시에 유한은 무한에 참여한다. 우주의 중심에 있는 인간은 우주의 모든 영역들과 층들에 참여한다. 그러므로 인간은 창조의 위대한 설계와 창조를 위한 이 위대한 계획에 참여해야 할 윤리적 책임을 가진다. 자연의 창조 질서에 내재하시는 하나님의 지혜

---

49 Lai, "Paul Tillich and Ecological Theology," 249..

는 인간의 지속 불가능성으로 인해 심각하게 위협받는 피조물의 통일성과 온전함을 유지하고, 보존하고, 회복하도록 우리를 부르신다.

더욱이 오늘날 인류가 직면하고 있는 생태학적 위기에 신학적으로 대응하는 데 있어 우주 자체를 포함한 자연에 대한 유기체적 시각, 그와 같은 비전을 갖는 것은 절대적으로 필요하다. 우주의 미래를 위한 어려운 결정들을 내릴 때 우리의 진행할 바를 인도할 수 있는 올바른 방법이 있다면, 그것은 자연 세계의 가장 친밀한 측면들에 대한 깊은 이해를 통해서만 발견될 것이다. 그것은 현재 일어나고 있는 변화의 규모와 확장된 인간의 역할을 명확히 보여주어야 한다. 이 새로운 생물학적 시기가 어느 정도 의미 있는 성취를 이루기 위해서는 지구 공동체의 모든 구성원이 온전히 참여해야 하기 때문이다. 지구의 다양한 민족은 지구 공동체의 다양한 생물 및 무생물 구성 요소에 관계되어 있다는 것을 점차 인식하고 있다. "지구의 모든 살아있는 존재는 다른 모든 살아있는 존재의 사촌이다."[50] 그리고 전체 지구의 안녕을 최우선으로 고려하는 새로운 인간-지구 관계는, 인간의 실재 참여에 대한 신학적 기반의 생태적 비전에 의해 뒷받침되어야 한다. 이는 인간을 자연 및 다른 존재들과 연결하는 수평적 차원을 의미한다.[51]

---

50 Brian Swimme & Tomas Berry, *Universe Story*, 5.
51 *Ibid.*, 15.

참고문헌

Tillich, Paul. *Perspectives on 19th and 20th Century Protestant Theology*. New York: Harper & Row, 1967.

_____. *Protestant Era*. Chicago: University of Chicago, 1948.

_____. *Systematic Theology*. Vol. I, II, III. Chicago: University of Chicago, 1951.

_____. *The Courage to Be. 1952*. Glasgo: Collins, 1952.

_____. *The Eternal Now*. New York: Scribner, 1963.

Beyer, Carl W. "Creation and fall in Tillich's Ontology." *Dialog* 4 (Winter 1965): 62-65.

Cobb, John B. Jr. *Can Christ Become Good News Again?*. St. Louis: Chalice, 1991.

_____. "Intellectual Autobiography." *Religious Studies Review* 19 (Jan. 1993): 9-11.

_____. "Process Theology and an Ecological Model." In *Cry of the environment: rebuilding the Christian creation tradition*, ed. P. N. Joarnson & K. Butigan, 329-336. Santa Fe: Bear and Co, 1984.

_____. *Sustainability - Economics, Ecology and Justice*. Maryknoll: Orbis, 1992.

_____. *Sustaining the Common Good*. Cleveland: Pilgrim, 1994.

Ford, Lewis S. "The Appropriation of Dynamics and Form for Tillich's God." *Harvard Theological Review* 68 (1975): 35-51.

Hammond, Guy B. "Tillich on the Personal God." *Journal of*

Religion 44 (Oct. 1964): 289-293.

Hartshorne, Charles. "Tillich's Doctrine of God." In *The Theology of Paul Tillich*, ed. Kegley Charles W. & Bretall, Robert W, 164-195. New York: MacMillan, 1952.

Inbody, Tyron. "Paul Tillich and Process Theology." *Theological Studies* 36 (Summer 1975): 472-492.

Irvin, Alexander C. *Eros toward the World*. Minneapolis: Fortress, 1991.

Kegley, C. W. & Bretall, R. W. *The Theology of Paul Tillich*. New York: Macmillan, 1952.

Lai, Pan-chui. "Paul Tillich and Ecological Theology." *Journal of Religion* (Apr. 1999): 233-249.

McFague, Sallie. *Metaphorical Theology - Models of God in Religious Language*. Philadelphia: Fortress, 1982.

_____. *The Body of God - An Ecological Theology*. Minneapolis: Fortress, 1993.

Moltmann, Jürgen. *God in Creation*. Minneapolis: Fortress, 1993.

O'Donoghue, N. D. "Creation and Participation." In *Creation, Christ, and Culture - Studies in Honour of T. F. Torrance*, 135-148. Edinburgh: T. & T. Clark, 1976.

Santmire, H. Paul. *The Travail of Nature*. Philadelphia: Fortress, 1985.

Swimme, Brian & Berry, Tomas. *The Universe Story - From the Primordial Flaring Froth to the Ecozoic Era*. New York: Harper SanFransisco, 1992.

Thatcher, Adrian. *The Ontology of Paul Tillich*. Oxford: Oxford University, 1978.

White, Lynn Jr. "The Historical Roots of Our Ecologic Crisis." *Science* 155 (Mar. 1967): 1203-1207.

Young, Norman. *Creator, Creation, and Faith*. London: Collins, 1976.

일곱째 글

몰트만의 생태-정치적 종말론:
이 세상의(*this-worldly*) 역사와 희망, 종말(*Eschaton*),
하나님 나라의 통합적 이해

필자가 신학을 연구하며 오랫동안 관심을 가져온 질문은 종말론적 관점이 가지는 생태-윤리적 기능에 대한 것이다. 즉, 종말론적 개념이 인간, 특히 그리스도인들의 정신에 윤리적, 특히 생태-윤리적 중요성을 환기하는 데 어떤 역할을 하는지에 대한 질문이 그것이다. 이 글에서 필자는 몰트만의 종말론적 비전이 그 사회정치적 함의와 의도에도 불구하고 자칫 비(非)역사적, 비(非)시간적, 현실 도피적 낙관주의로 기울어질 수 있다는 관점을 제기한다. 달리 말해, 몰트만의 종말론적 가르침이 다른 많은 '종말론적' 해석처럼 왜곡되고 부정적인 방식으로 전유될 수 있다는 가정이다. 이를테면 몰트만의 종말론에서 확인되는 미래와 현재의 급진적 대립이라는 측면, 즉 사실상 몰트만 신학의 윤리적, 정치적 함의의 강력한 기초가 되고 있는 것으로서, 창조를 완성하고 동시에 현재와 모순되는 미래로서의 종말론에 대한 그의 비전은 그 성격상 창조를 경멸하는, 또는 역사를 종결시키는 것으로서의 그리스도인들의 세계관을 자극하는 데 사용될 수 있다는 것이다.

한편, 이 글에서 필자는 몰트만 종말론의 부정적 기능을 지적하는 반론들을 소개하는데, 그 반론들은 미래에 대한 희망, 하나님과 세계의 관계, 종말론과 하나님의 나라와 같은 주요 종말론적 교리들이 소위 과정-관계적 종말론적 관점의 도움을 받아 재구성될 때 종말론의 부정적 기능들이 견제될 수 있다는 주장을 펴고 있다. 이러한 과정-관계적 신념들에는 "미래에 대한 희망은 진정으로 열린 가능성과 과정에 기초를 두고 있다", "창조(피조세계)의 모든 부분에는 하나님과 함께 창조하는 일에 있어 어느 정도의 가치와 자유가 부여된다", "하나님의 나라는 모든 질서의 기초인 원초적 욕구의 충족으로서 수용과 개혁에 의해 완성된 현세적 세계이다"라는 관념들이 포함된다. 요약하면, 과정-관계적 관점에서의 미래관과 그 생태·윤리적 함의는 몰트만의 종말론보다 인간편에서의 생태-정치적 책임의식을 환기시키는 데 더 효과적일 수 있다는 의미이다.

오늘의 신학은 현 세계에 대해 더욱 긍정적이고 윤리적으로 적절한 종말론을 구성해야 하는 도전에 직면해 있다. 신학이 역사적 현재 안에서 하나님의 현존을 명료화해야 한다고 가정한다면, 그것은 종말론의 사회-정치적, 생태-윤리적 관련성에 대한 보다 설득력 있는 설명을 제공할 필요가 있다. 이 글에서 필자는 과정-관계적(process-relational) 종말론의 생태-윤리적 원칙들에 대한 보다 상황적인 성찰, 즉 생태학적 위기라는 상황에 초점을 맞춘 숙고를 의도하였다. 말하자면 이 글은 생태학적으로 타당한 종말론에 대한 개념적 탐색을 넘어서서 그 생태학적 신앙과 실천이라는 실제적인 제안을 향해 나아간다.

1. 서론: 종말론과 윤리

이 글에서 필자는 위르겐 몰트만(Jürgen Moltmann, 1926-2024)의 신학, 특히 종말론에 대한 몰트만의 구체적 진술들의 맥락에서 확인되는 바, 즉 미래에 대한 희망, 종말(*eschaton*), 그리고 하나님의 나라에 대한 그의 개념들 또는 비전들에 집중하면서, 특히 "이 세상의"(*this-worldly*) 역사에 대한 관계 속에서 이들 종말론적 주제들을 숙고하는 데 집중한다. 특히 창조(creation)와 관련하여, 발생하는(originating) 창조, 계속되는(continuing) 창조, 그리고 완성되는(completing) 창조 등 창조를 서로 다른 단계의 과정들로 나눔으로써 하나님과 세계의 관계에 대한 개념들을 구분한다는 점에서 몰트만의 신학은 매우 독창적이다. 한편, 몰트만의 소위 "생태학적 창조 교리"는 최종적으로 그의 신중심적(神中心的) 종말론적 비전에 의해 추진되는 원래의(*originalis*), 지속적인(*continua*), 그리고 새로운(*nova*) 창조를 일방적으로 하나님께로만 제한하고 있다는 점이 주목해야 할 특징이다. 바로 이 문제와 관련하여 간단치 않은 질문이 제기될 수밖에 없으며, 바로 이 질문이 필자가 이 글을 통해 토론하고자 의도한 연구 목적이기도 하다. 우선 여기서 간략하게 표현하면, 종말론에 대한 몰트만의 사고들에는 필연적으로 중대하게 문제가 될만한 함의들이 있지 않은가 하는 지적이다. 특히 몰트만의 우주론적 비전의 관점, 즉 하나님과 세계의 관계에 대한 그의 가르침에 제기되는 질문으로, 구체적으로 말하면, 하나님과 인간, 그리고 다른 피조적 존재들 사이의 관계에 대한 몰트만의 가르침은 재고되어야 하고, 특히 "지속적인 창조"와 "창조의 완성"의 현실들에 그 논의의 초점이 맞추어질 때 몰트만의 종말론은 이 글에서 필자가 제기하게 될 질문들을 피할 수 없어 보인다. 독자들은 필자가 제기하게 될 질문들에 주목해 주길 바란다.

종말론은 윤리를 내포한다(Eschatology implies ethics). 이것은 어떤 의미인가? 종말론적 비전은 그 자체로 매혹적이기도 하지만, 뿐만 아니라 그것은 또한 윤리적 진전을 위한 행동을 자극한다는 것이다. 종말론은 행동을 자극할 뿐만 아니라 궁극적으로 그것은 윤리의 바로 그 기초이다. 바넷(William Barnett)이 적절하게 묘사하듯, 예를 들어 하나님 나라의 상징에 대한 긍정적인 강조는 분명 다른 사람들을 위한 윤리적 관심에 대한 강조이고, 특히 가난하고, 부서지고, 절망하고, 죽어가는 사람들에 대한 관심에 있는 것이다. 그와 같은 처지에 있는 사람들을 위한 모든 행동은 우리의 역사적 상황에서 항상 가능하며, 사실상 하나님 나라의 상징에 의해 불러 내어지고 요청된다.[1] 그런 맥락에서 최근의 신학 논의들은 종말론적 차원에서 하나님 나라의 신학이 생태학적 위기 속에서, 뿐만 아니라 정치적, 경제적 폭력에 대항하는 그리스도인의 삶의 의제에까지 결정적인 영향을 미칠 수 있음을 보여준다.

사실, 희망의 신학자 몰트만의 신학은 종말론에 대한 논의, 특히 신학이 기독교의 생태-정치적 윤리에 기여할 수 있다는 관점에 기

---

[1] William R. Barnett, "The Contemporary Resource of Liberal Theology," *The Christian Century* 96 (Mar. 1979): 308.

초해 궁극적으로 이 세상을 변화시키려는 윤리적 시도에 많은 것을 제공하는 것처럼 보인다. 몰트만 자신의 가장 특징적인 측면이라 할 수 있는 바, 즉 몰트만은 자신의 희망의 신학(Theology of Hope)이 현대 세계의 교회와 사회를 위해 어떻게 관련되는지를 보여주고자 한다. 이 점은 종말론에 대한 생각이 단지 엄격한 신학적 체계로만 기능하는 판넨베르크(Wolfhart Pannenberg, 1928-2014)와는 확실히 다른 면모이다. 몰트만은 "교회 생활과 사회 정의, 세계 평화, 개인의 자유와 같은 뜨거운 정치적 이슈들을 다루면서 성경적 종말론적 관점이 포함하는 실제적인 결과를 보여주는 데 훨씬 더 관심이 있다."[2] 따라서 몰트만은 현대신학이 교회의 바깥을 바라보게 하고, 교회가 힘난한 세상에서 희망의 도구로 부름 받았기에 세속 세계에서 일어나고 있는 일의 관점에서 신앙을 해석하도록 교회와 신학을 도전한다.[3] 몰트만은 기독교 신앙의 종말론적 토대는 특히 세상에 관심을 기울이는 데서 그 적절한 표현을 발견할 수 있다고 믿는다. 결과적으로, 몰트만은 가난한 사람들, 억압받는 사람들, 착취당하는 지구에 대한 기독교적 관심을 환기시키는 방식으로 기독교적 희망을 정립하고자 다른 어떤 신학자보다 많은 노력을 기울여 왔다. 그럼에도 불구하고, 우리가 바로 이러한 측면, 즉 "종말론의 윤리적 중요성"을 재고하고자 할 때, 특히 몰트만의 종말론적 비전에서 그의 신학을 면밀히 검토하게 될 경우, 다음과 같은 몇 가지 질문이 중

---

2 Hans Schwarz, *Eschatology* (Grand Rapids: Wm. B. Eerdmans, 2000), 146.
3 Ellen T. Charry, "The Crisis of Modernity and the Christian Self," in *A Passion for God's Reign*, ed. Miroslav Volf, (Grand Rapids: Wm. B. Eerdmans, 1998), 89.

요해진다는 점을 여전히 간과할 수 없다. 즉, "몰트만의 종말론에서, 세상과 역사의 측면, 또는 인간과 사물의 측면이 상실되어 사라지고 말 것인가, 아니면 사라지지 않을 것인가?", 또는 "마지막 것(일)들에 대한 몰트만의 신학이 함의하는 종말(*eschaton*)에서 과연 시간과 역사는 계속될 것인가? 혹은 그렇지 않은가?" 그리고 이러한 질문들은 생태-정치신학(Eco-political theology)으로서의 몰트만의 종말론이 가지는 중요성을 가늠하는 핵심 이슈라고 할 수 있다.

2. 생태-정치신학적 종말론

미래에 대한 소망: 하나님에 대한 *기독교적* 믿음

몰트만은 기독교 신앙을 본질적으로 인류와 이 세상(세계)의 미래에 대한 희망의 원천으로 이해한다. 특히 그 미래는 출애굽의 하나님과 십자가에 못 박히신 예수의 부활이 약속한 미래이다. 따라서 몰트만의 종말론의 가장 특징적인 점은 희망에 대한 기독교 교리로서, 기본적으로 하나님에 대한 기독교적 믿음에 근거한다는 것이다. 몰트만은 하나님 자신이 무엇보다도 소망의 하나님이시며(롬15:13), 우리는 그를 소유할 수 없지만 소망 가운데 그를 기다려야 한다고 강조한다.[4] 즉, 몰트만의 『희망의 신학』(*Theology of Hope*)은 우리

---

4 Jürgen Moltmann, *Theology of Hope* (James W. Leith, trans. 1967; Minneapolis: Fortress, 1993), 16.

보다 앞서 계시며, 궁극적으로 만물을 새롭게 하실 하나님에 대한 이해를 다룬다. 지금 하나님이 알려지는 것은, 다름 아닌 하나님의 약속들 안에서이다. 따라서 몰트만에게 있어서, 종말론은 하나님에 대한 모든 신앙의 밑바탕이 되는 기대(expectancy)의 태도를 표현한다. 한 마디로, 몰트만에게 있어서 소망은 하나님에 대한 신앙의 또 다른 측면이다.

또한 미래에 대한 희망을 말하는 몰트만의 신학은 기독론에 기초하고 있으며, 기독론적으로 방향지어져 있다. 자신의 종말론적 체계를 발전시키는 과정에서, 몰트만은 블로흐(Ernst Bloch, 1885-1977)의 "희망의 철학", 즉 블로흐의 저작인 『희망의 원리』(*Das Prinzip Hoffnung*)로부터 많은 영감을 얻었지만, 그는 여전히 기독교적 종말론의 기초를 확립하는 것에 대해 더욱 세심하고 철저하였다. 말하자면 몰트만에게 그 기초는 블로흐의 철학에서와 같은 물질의 과정 자체, 즉 능산적 자연(*natura naturans*, 스피노자의 철학에서 유래한 개념으로 원인으로서의 자연, 즉 자연이 스스로 창조하는 것이라는 의미)이 아니라 십자가에 못 박힌 예수의 부활이다. 이것은 그리스도의 부활에 뿌리를 둔 미래에 대한 희망이, 이와 관련하여 몰트만이 판넨베르크의 "역사로서의 계시" 프로그램을 비판적으로 지적했듯이, 십자가의 중요성을 대체할 수 없음을 의미한다.[5] 몰트만은 부활과 십자가가 서로 분리되지 않은 일치 속에서 기독교적 희망의 기초를 형성한다고 주장한다: "그러므로 모든 기독교 부활 종말론은 종말론

---

5 Moltmann, *Theology of Hope*, 76-77. Cf. The programmatic volume *Offenbarung als Geschichte* (1961) by W. Pannenberg, R. Rendtorff, U. Wilckens and T. Rendtorff.

적 십자가(eschatologia crucis)의 흔적을 지닌다."[6] 미래의 나라(the future kingdom)는 예수 안에서 현존하지만, 여전히 미래의 것이다. 예수 그리스도의 부활은 부활의 첫 열매이며, 그 의미는 오직 그 보편적인 의미의 지평 안에서만 가질 수 있다. 몰트만의 견해에 따르면, 그리스도인의 삶과 구원은 십자가에서 죽으시고 부활하신 그리스도 안에 있는 하나님의 미래에 대한 약속 안에서 살아 있는 첫 번째 열매들이다.

대표적인 몰트만 연구자 바우컴(Richard Bauckam)이 지적하듯, 여기서 중요한 것은 기독교의 희망은 또 다른 세상을 위한 것이 아니라 바로 이 세상에 대한 신적 변혁, 즉 하나님의 변혁을 위한 것임을 기억하는 것이다.[7] 몰트만의 『희망의 신학』(Theology of Hope)은 인간 실존과 사회적 실존의 "아직 아님"("not yet")의 차원을 생생하게 인식하고 있는 세상, 희망이 그것의 인간 수준에서 의미 있는 실존을 나타낸다는 사실을 인식하는 세상을 향해 말한다. 이런 종류의 상황 속에서, 말하자면 성경의 종말론적 또는 묵시적 비전에 대한 새로운 확신을 바탕으로 신학적 실존주의(예를 들어, 불트만)의 개인주의적 과장들에 대응하는 맥락에서, 몰트만은 신학을 다시 생각하려고 했다. 즉, 몰트만에게 기독교 종말론은 "미래 그 자체"를 의미하지 않는다. 그것은 "역사 속의 현실"에서 출발하여 "그 현실의

---

6 Moltmann, *Theology of Hope*, 83.

7 Richard Bauchkam, "Moltmann's Theology of Hope Revisited," *Scottish Journal of Theology* 42 (1989): 207.

미래, 그 미래의 가능성들, 미래에 대한 그것의 힘"을 선포한다.[8] 적어도 여기서 우리는 말할 수 있다. 즉, 몰트만은 기독교 종말론을 우리 시대의 억압받고 고통 가운데 있는 사람들에게 대안적인 미래에 대한 희망을 주기 위한 적극적인 희망의 교리로 제시한다는 것이다. 그에게 이 희망은 세상에서 해방이라는 동기부여의 힘으로 작용한다.

그러므로 몰트만이 종말론적 사고의 원천들을 재분석하는 과정에서 기독교 종말론이 현재를 변혁시키고 변형시키는 것을 지향한다는 것을 발견한 것은 납득할 만하다. 그렇기 때문에 몰트만에게 있어 "신학자는 단순히 세계, 역사, 인간의 본성에 대한 다른 해석(interpretation)을 제공하는 데 관심이 있는 것이 아니라 신적 변혁을 기대하면서 그것들을 변혁(transformation)시키는 데 관심이 있다."[9] 몰트만에게 있어서 역사는 하나님의 현존 속에서 하나님의 약속으로 세워진 실재이며, 인간이 기대 속에서 약속의 움직이는 지평으로 경험하는 것이다. 바우컴에 따르면, "… 이런 의미에서 그의 『희망의 신학』은 '내세'에 관한 전통적인 신학적 종말론들과는 다르다. 몰트만의 견해에 따르면, 이것은 다른 세계에로 희망을 완전히 투사하면서 동시에 이 세상 일들의 불가변성(unalterability)에 굴복하고 따라서 현상 유지를 정당화하는 데 기여하는 형태(혹은 종류)의 저 세상적(other-worldly) 종말론으로부터 진정한 기독교적 희망을 구별시키

---

8 Moltmann, *Theology of Hope*, 17.
9 *Ibid.*, 84.

는 결정적인 지점이 된다."[10] 이런 의미에서 몰트만은 판넨베르크의 종말론적 형이상학을 단순히 세계에 대한 해석에 불과한 것으로 평가절하한다.[11] 따라서 몰트만에게 있어 "희망"과 "미래에 대한 개방성"을 다른 모든 것보다 우선시하는 것은 정적(靜的)이고 형이상학적 사고방식으로 안전에 대한 추구로 유지되는 것들, 즉 정치적 보수주의, 억압적 사회 제도들과 관행들, 개인들의 비(非)진정성을 극복하는 데 있어 중요한 핵심이다.

그럼에도 불구하고 부인할 수 없는 것은 십자가에 못 박히신 그리스도의 부활에 기초를 둔 기독교의 희망은 해방적 실천을 가져오는 만물의 임박한 변혁에 대한 지식의 형태를 띠며, 종말론적 희망으로부터 현재에서 변혁시키는 실천으로 전환되는 것이다. 그리고 이것이 몰트만 신학의 특징이다. 즉, 몰트만에게 종말론은 그리스도의 부활과 십자가에 뿌리를 두고 있기 때문에, "고통과 악과 죽음에 대한 우리의 현재 체험과 모순되는 희망의 진술을 공식화해야 한다."[12] 이러한 맥락에서 몰트만은 그리스도의 부활에 기초한 희망의 신학과 그리스도의 사건을 세상의 다가오는 미래로 재(再)제시하는 성령의 활동에 기초한 선교 신학을 결합한다. 다른 의미에서 "기독교 종말론은 그리스도의 부활과 미래성의 경향에 대한 연구이며, 따라서

---

10 Bauckham, "Moltmann's Theology of Hope Revisited," 207.

11 Christoph Schwöbel, "Last Things First?," in *The Future as God's Gift: Explorations in Christian Theology*, ed. David Fergusson and Marcel Sarot, (Edinburgh: T & T Clark, 2000), 230-231.

12 Moltmann, *Theology of Hope*, 19.

즉시 선교에 대한 실천적 지식으로 이어진다고 말할 수 있다."[13] 그러므로 몰트만의 종말론 논의는 "하나님 나라의 이름으로 일어나는 세상의 윤리적 변화"에만 국한되지 않는다고 결론지을 수 있다. 이 변혁시키는 실천에 동기를 부여하는 힘은 예수 메시지의 윤리적 요구가 아니라 오히려 그분의 십자가와 부활의 변혁시키는 힘이다. 몰트만은 기독교 종말론이 역사적 과정의 덧없음에 대항하여 불변의 영속성을 가정하는 역사관에 갇히지 않도록 하는 것이 바로 그 '기독론적' 기초라고 거듭 주장한다. 미래에 대한 희망을 말하는 몰트만의 신학은 무엇보다 하나님에 대한 기독교적 믿음이다.

종말(*eschaton*)과 하나님의 나라

그렇다면 몰트만의 종말론의 관점에서 볼 때 "종말"(*eschaton*)의 본성과 하나님 나라의 본질은 어떻게 이해될 수 있을까? 우리는 무엇보다 몰트만의 종말 이해에 내재한 긴장을 간과해서는 안 된다. 몰트만은 "종말"을 "열린 체계"(open system)로 설명한다. 동시에 몰트만은 "무시간적 영원"(timeless eternity)으로부터 스스로를 거리두기하려는 것처럼 보이는 것도 사실이다. 오히려 그는 "무시간적 영원 혹은 시간을 초월한 영원"보다는 "영원한 시간"(eternal time)을 지지한다고 말하기를 좋아한다.[14]

무엇보다 분명한 것은, "현세적(시간 속)·역사적 창조로부터 '종

---

13 Moltmann, *Theology of Hope*, 195.
14 Jürgen Moltmann, *The Future of Creation* (Philadelphia: Fortress, 1979), 126.

말'(*eschaton*)으로의 연속성"이라는 개념은 몰트만이 그의 저서 『삼위일체와 하나님의 나라』(1981)와 『창조 안에 계신 하나님』(1993)에서 주장하고 견지하는 핵심 주제라는 것이다. 몰트만에 따르면, 그리스도인의 현재의 성령 경험은 "시간을 완성하는 미래 영광의 현존이지 시간을 완전히 소멸시키는 영원의 현존이 아니다. 따라서 이러한 [성령] 경험은 사람들을 시간으로부터 분리시키는 것이 아니라, 오히려 그들을 시간의 미래를 향해 열려 있게 한다."[15] 궁극적으로, 성령을 통해 인간과 만물이 성부와 성자의 삼위일체적 영광 안으로 "모이게" 될 것이다.[16] 이런 의미에서 몰트만에게 있어 삼위일체의 사회적 본성은 또한 인간 존재의 본질적으로 사회적인 본성에 대해 그 근거가 된다. 이것이 암시하는 바 바로 그 만큼, 몰트만의 종말론적 비전에서 이 역사적 시간은 지워지지 않을 것이며, 세상은 잃어버려지지 않을 것으로 보이는 것이다.

그러나 슈어만(Douglas Schuurman)이 지적하듯, 몰트만 자신 또한 "이 창조세계의 종말 비전에 불길한 그림자를 드리우는 몇 가지 진술을 하고 있다."[17] 슈어만에 따르면, 몰트만은 종말(*eschaton*)이 본래의 창조(original creation)와 마찬가지로 근본적으로 새로운 것인 무(無)로부터의 창조(*creatio ex nihilo*)가 될 것이라고 제안한다. 즉, 이 종말(*eschaton*)에서는 창조의 가장 근본적인 구조들

---

15 Jürgen Moltmann, *The Trinity and the Kingdom of God* (London: SCM, 1981), 125.
16 Moltmann, *The Trinity and the Kingdom of God*, 126.
17 Cf. Douglas Schuurman, "Creation, Eschaton, and Ethics," *Calvin Theological Journal* 22 (Apr. 1987): 48.

과 세상에 대한 우리의 경험까지도 무효화된다. 이 점에서 몰트만이 강력하게 강조하는 것이 소위 "부정성의 부정"(the negation of the negative)이다.

> 새 창조는 옛 창조의 회복에서 나오는 것이 아니다. 그것은 창조의 끝에서 비롯된다. "부정적인 것의 부정"에서 존재와 비존재 사이의 갈등을 극복한, 그러므로 절대적으로 새로운 하나의 존재(Being)가 일어난다.[18]

따라서 슈어만이 주장하듯이, 매우 중요한 것은 피오레의 요아킴(Joachim of Fiore)의 역사 구조론에서 "종종 간과되는" 제4왕국을 몰트만이 강조하고 있다는 것이다. 이 넷째 왕국, 즉 종말(eschaton)은 성부, 성자, 성령의 왕국을 넘어서며, 죽음과 역사의 조건을 초월하여 신화(神化)와 절대적 자유의 완성된 영역으로 나아간다.[19] 그러므로 몰트만의 부정적 예측들로서의 종말의 조건들을 말하면서, 슈어만은 그것들이 시간, 자연, 그리고 창조 그 자체에 대한 인간의 경험을 위한 바로 그 기초들이 될 것이라고 제안한다.[20] 따라서 슈어만은 저 세상적(other-worldly) 종말에 대한 이 약속을 인간이 어떤 의미에서 결코 지상의 것이 아닌 자유를 갈망한다는 인간학적 개념에 연결되어 있는 것으로 해석한다. 말하자면 인간은 초월적 영원의 개념을 추구하고 있다. 왜냐하면 자유에 대한 인간의 갈증은 어떤 부

---

18 Moltmann, *Future of Creation*, 164.
19 Schuurman, "Creation, Eschaton, and Ethics," 49.
20 *Ibid*.

분적인 만족으로도 해소될 수 없으며, 그 갈망에는 한계가 없기 때문이다.[21]

몰트만에 따르면, 기독론의 관점에서도 종말(*eschaton*)으로의 창조(피조 세계)의 연속성은 새로운 창조(new creation)에 대한 하나님의 행위 안에서 주어진다. 마찬가지로 하나님의 약속은 모든 물질적이고 현세적인 실재 속에 있는, 즉 또 다른(another) 세상을 위한 것이 아니라 이(this) 세상의 새로운 피조물을 위한 것이라고 말한다. 죄와 고통, 죽음에 묶인 모든 피조물은 하나님의 새 창조 안에서 변화될 것이다. 몰트만은 모든 피조물과 함께 우리는 하나님의 창조적 행위 안에서 은혜에 의해 완전해지고 성취될 것이라고 말한다. 그러나 몰트만의 견해에 따르면, 또한 이 부분에서도 슈어만이 해석하듯이, 우리, 그리고 우리와 함께한 모든 피조물도 소멸될 것이며, 첫 번째 창조가 절대적으로 무(無)에서 나온 것처럼 종말은 *ex nihilo*(무(無)로부터) 일 것이다.[22] 여기서 다시 말하지만, 슈어만이 결론적으로 말하듯이, 창조와 재창조/새로운 창조 사이의 어떤 종류의 연속성에 대한 희망은 "창조된 존재들"이 무엇이든 간에 (만약 창조된 존재들에 대해 말하는 것이 정말로 정당하다면, 현재에 뿌리를 두고 있다) 시간성, 관계성, 변화의 가능성을 배제하고, 창조주께서 우리에 대해 그토록 부드럽게 설정하시고 "심히 좋다"고 부르신 모든 한계들을 제거한다.[23] 따라서 몰트만의 견해에 따르면, 분명히 이 세상의

---

21 *Ibid*.
22 *Ibid*., 50.
23 *Ibid*.

시간적, 관계적 측면은 사라질 것이다.

그렇다면, 이제 몰트만의 성숙한 종말론을 담은 『오시는 하나님』(The Coming of God)을 살펴볼 필요가 있다. 바우컴(Richard Bauckham)이 지적했듯이, 시간과 영원의 관계는 몰트만의 『오시는 하나님』이 몰두하고 있는 바(preoccupation)이다.[24] 몰트만 자신은 『오시는 하나님』에서 다루는 종말론이 '끊임없이 진행되는' 역사가 모든 종말론을 흡수하는 것을 허용하지 않으며, 항상 현존하는 영원이 모든 역사를 종식시키는 것을 허용하지 않는 그런 미래에 대한 개념에서 출발한다는 점에서 『희망의 신학』과 일치한다고 말한다. 여기서 몰트만은 다시 강조한다. "종말은 시간의 미래도 아니고 시간을 초월한 영원도 아니다. 그것은 하나님의 오심이며 그의 도래이다."[25] 만일 그렇다면, 몰트만은 종말의 시간적 성격을 어떻게 설명하는가? 『오시는 하나님』에서 드러나듯, 노붐(novum) 개념은 몰트만 사상에서 궁극적 종말론적 상태를 나타내는 지배적 표상(figure)이다.[26] 여기서 몰트만은 그의 사상에서 훨씬 더 기본적인 것으로, 즉 '완성'이라는 범주의 도움으로 노붐을 이해한다.[27] 말하자면 몰트만은 역사에서 벗어나거나 역사에 얽매이는 것을 모두 거부하면서, 대신 영원을 시간성에 대항하는 입장이 아니라 긍정적인 관계에 둘

---

24 Richard Bauckham, "Time and Eternity," in *God Will Be All In All*, ed. Richard Bauckham, (Minneapolis: Fortress, 1999), 155.
25 Jürgen Moltmann, *The Coming of God* (Minneapolis: Fortress, 1996), 22.
26 *Ibid.*, 27-29.
27 Miroslav Volf, "After Moltmann: Reflections on the Future of Eschatology," in *God Will Be All In All*, ed. Richard Bauckham, (Minneapolis: Fortress, 1999), 245.

것을 제안했다. 즉, 영원은 영원함이 아니라 "시간의 충만"이다.[28] 그렇다면, 몰트만에게서 "시간의 충만"이란 무엇을 의미하는가? 몰트만은, "구원에 관한 질문이 역사적 진보라는 유토피아적 목표에 대한 질문을 대체했다."[29]고 말한다. 몰트만은 이것을 역사의 힘으로부터 미래를 구속(redemption)하는 것이라고 부른다.

> 새로운 관점들이 열린다. 경제적, 생태적, 핵에 의한 재앙 및 유전학적 재앙을 향한 진행의 막다른 끝이 인정된다. 그리고 현대 세계에 더 이상 미래가 없음이 인식된다. The way becomes free for alternative developments(대안적 진행들을 위한 길은 열려 있다). 나는 이것을 회심의 카이로스(*kairos*)에서 역사의 힘으로부터의 미래의 구속이라고 부르고 싶다. 오직 그것만이 신학적 종말론을 다시 가능하게 할 것인데, 왜냐하면 그것을 통해서 신학적 범주로서의 희망이 역사적 이성의 폐허로부터 구속될 것이기 때문이다.[30]

또한 몰트만은 종말론적 미래가 '이 세상'에 대해 가지는 치유와 구원의 차원을 강조하며, 기독교 종말론, 즉 메시아적, 치유적, 구원적 차원을 의미하는 종말론이 "천년왕국 종말론"(millenarian eschatology)이라고 주장한다.[31] 그러나 여기서 다시 몰트만은 종말론적 천년왕국주의와 역사적 천년왕국주의를 명확히 구별한다. 역사적 천년왕국주의는 정치적 또는 교회적 측면에서, 또는 보편 역사의

---

28 Moltmann, *The Coming of God*, 264.
29 *Ibid.*, 44.
30 *Ibid.*, 45-46.
31 Cf. Moltmann, *The Coming of God*, 131-146.

맥락에서 보는 현재에 대한 천년왕국적 해석이다. 이와는 대조적으로, 종말론적 천년왕국설은 마지막에 대한 종말론적 맥락에서 보는 미래, 그리고 세상의 새로운 창조에 대한 기대이다. 몰트만이 '역사적 천년왕국주의'라고 부르는 역사 속의 천년왕국을 조기에 실현하려는 시도들은 비참한 결과로 끝났다고 하면, 반면 몰트만의 관점에서 종말론적 천년왕국주의는 "저항, 고통, 그리고 이 세상의 망명자들 속에서 희망에 대한 필연적인 묘사"[32]이다.

몰트만의 입장을 옹호하는 자신의 에세이 "시간과 영원"에서 바우컴이 말하는 대로, "종말론을 역사 속으로 붕괴시키는 모든 형태의 역사적 진보주의에 대항하여, 몰트만은 역사에 대한 종말론적 미래의 초월성을 주장하는 동시에, 초기 바르트, 초기 알트하우스, 불트만과는 달리, 그는 역사를 넘어서는 종말론적 미래의 초월성을 주장한다."[33]고 우리는 말할 수 있다. 따라서 몰트만에게 종말론적 미래는 과거로부터 현재를 거쳐 미래로 이어지는 것, 말하자면 연속적인 시간적 선을 따라 도달하게 될 역사의 목표가 아니다. 모든 역사적 진보주의의 기반인 역사와 종말론 사이의 연속성을 깨뜨릴 필요성에 대해 논하면서, 몰트만은 바르트와 불트만, 그리고 로젠츠바이크와 벤야민의 의견에 전적으로 동의한다. 그러나 바우컴이 주장하듯이, 몰트만은 또한 "변증법적 신학자들이 종말론을 영원의 초시간

---

32 Moltmann, *The Coming of God*, 192.
33 Bauckham, "Time and Eternity," 157. "참으로 종말론적인 미래"를 정의하기 위해 초월의 관념을 사용하는 것에 관해서는 다음을 보라. Cf. Moltmann's early essay, "The Future as a New Paradigm of Transcendence" in *Future of Creation*, 1-17, first published in 1969.

적 현존으로 해석하는 것"³⁴을 거부한다. 역사로부터의 이러한 초월적 추상화와 진보주의의 내재적 역사 완성을 거부하면서, 몰트만은 역사의 구속을 추구한다. 그리고 이것은 몰트만에게 종말론을 (변증법적 신학과 달리) 미래이자 (진보주의와 달리) 초월적인 것으로 생각할 것을 요구한다. 몰트만의 종말론에서, 바우컴이 최종적으로 결론을 내린 것처럼, "종말론적 미래는 미래로서의 역사와 관련되어 있지만, 모든 역사를 초월한다. 그것은 미래의 역사가 아니라 역사의 그 미래이다(not future history, but the future of history)."³⁵

볼프(Miroslav Volf)는 그의 에세이 "몰트만 이후: 종말론의 미래에 대한 고찰"에서 "문제가 되는 것은 종말론적 완성의 성격(the character of the eschatological consummation) 자체이다."라고 말한다. 볼프가 쓴 것처럼, "종말론의 이러한 측면은 덧없음이 지배하는 현 창조가 덧없음과 그에 관련된 모든 고통이 사라진 새로운 창조에 의해 완성될 것이라는 희망으로 공식화되었다."³⁶ 볼프는 계속해서 "종말론적 구속은 역사의 종말에 일어나는 것으로 가정되었지만, 역사적 시간과 공간을 가로질러 적용되는 것으로 여겨졌다"³⁷고 논평했다. 볼프는 종말론적 구속의 범주가 더욱 중요하다고 계속 주장하는데, 그 이유는 죄가 덧없음보다 새로운 세상의 창조에 더 근본적인 장애물이기 때문이다. 구속이 없다면, 과거가 보존된 시간의

---

34 Bauckham, "Time and Eternity," 157.

35 *Ibid.*

36 Volf, "After Moltmann: Reflections on the Future of Eschatology," 248.

37 *Ibid.*

충만함은 구속되지 않은 바로 이 세상의 영원화에 불과할 것이다.[38]

더 나아가 볼프는 다음과 같은 말로 그의 주장을 뒷받침한다. "기독교의 희망은 모든 역사들이 선과 악을 초월한 영원한 신성 영역으로 구속되는 것을 바라본다. 이것이 궁극적으로 기독교 종말론의 핵심이다."[39] 이러한 맥락에서 볼프는 종말론과 미래학을 다음과 같이 구별한다.

> 미래학은 사물의 과거와 현재 구성에 기초하고 미래를 지향하는 서술적이고 과학적인 담론 방식이다. 종말론은 미래의 궁극적 구속에 기초하고 모든 역사를 지향하는 평가적이고 예언적인 담론 방식이다.[40]

참으로, 종말(*eschaton*)은 당혹스러운 것이나 부끄러운 것이 아니다. 오히려 미래의 두려움들, 희망들, 계획들의 관점에서 생각하고, 계획하고, 꿈꾸는 세상에서 기독교에 개인적이면서 보편적인 의의를 부여한다. 말하자면, 이러한 형태의 신학함은 공동체 안의 남성과 여성의 더 광범위한 문제와 혁명의 문제라는 관점에서 교회의 사명을 바라보는 방법을 제공한다. 몰트만의 주제는 "끝이 아니라 모든 것의 새로운 시작, 즉 개인의 삶, 인류의 공동체적 역사적 삶, 그리고 우주 전체의 삶에서 시작되는 것이다. 그래서 몰트만은 '진정한 창조는 우리 곁에, 그리고 무엇보다도 우리 앞에 서 있

---

38 *Ibid*., 251.
39 *Ibid*., 252.
40 *Ibid*., 254.

다.'"(Frankfurter Allgemeine Zeitung) 이러한 맥락에서 바우컴은 몰트만의 이해에 대한 자신의 견해를 다음과 같이 명확하게 설명한다.

> 종말론에 대한 몰트만의 해석은 그 강력한 실천적 추진력으로 인해 특히 영향력이 있는 것으로 입증되었다. 그것은 기독교적 희망을 교회가 세상과 선교적으로 참여하도록 동기를 부여하는 힘으로 만들었고, 특히 사회적, 정치적 변화의 과정에 기독교인이 참여하도록 했다. 교회를 종말론적 미래에 개방함으로써, 교회는 또한 세상에 대해서도 개방되었고, 교회를 다가오는 하나님 나라를 향해 나아가게 하는 것이 사회에서 종말론적 불안의 대리인의 전조에 처하게 했다.[41]

그럼에도 불구하고, 몰트만의 관점에서 종말론적 하나님 나라는 단순히 현재의 내재적 가능성의 성취가 아니라, 근본적으로 새로운 미래, 즉 죽은 자를 위한 생명, 불의한 자를 위한 의, 악과 죽음에 종속된 피조물을 위한 새로운 피조물을 나타낸다. 이러한 맥락에서 교회는 약속 안에 임재하시는 하나님 안에서 희망을 경험하는 희망의 백성으로 이해되어야 한다. 다가오는 하나님 나라는 교회에게 "단순한" 개인 구원의 사적 비전을 넘어 훨씬 더 넓은 현실의 비전을 제공한다. 교회는 안전을 위해 인류가 건설한 모든 장벽에 맞서 싸워야 한다. 그것은 자신을 절대화하는 모든 구조에 도전하며, 예수 그리스도 안에서 올 현실의 이름으로 사람들 사이에 세워진 모든 장벽들

---

41 Bauckham, "Moltmann's Theology of Hope Revisited," 200.

에 도전해야 한다. 오시는 왕국은 하나님의 백성의 사명을 위해 현실의 구조들을 직면하고 변혁시키는 비전을 창출한다. 따라서 몰트만에게 이러한 종말론적 관점은 '출애굽 교회'와 인류를 위한 그리스도의 봉사 사명을 따르라는 부르심에 초점을 맞춘 역사 속의 사회변혁 프로그램으로 확장될 수 있다. 그러나 "이 사명은 사회가 교회에 양보하는 사회적 역할들이 제공하는 기대의 지평 안에서 수행되는 것이 아니라, 다가오는 하나님 나라, 다가오는 의와 다가오는 평화, 다가오는 인간의 자유와 존엄성에 대한 종말론적 기대라는 그 자체의 독특한 지평 안에서 수행된다."[42]

3. '영원한 시간' 개념의 비평적 재고찰

위에서 언급했듯이, 몰트만에게 종말론의 주제는 미래이며, 그리고 미래 그 이상이다. 몰트만에게 종말론은 하나님의 미래에 대해 말하고 있고, 따라서 이것은 미래의 시간 그 이상에 대한 것이다. 몰트만이 말했듯이, "그것은 시간 자체의 미래, 즉 과거의 시간, 현재의 시간, 그리고 다가올 시간이다."[43] 이는 "영원한 시간"(*Eternal Time*)을 의미한다. 따라서 몰트만은 "하나님의 존재는 세상의 생성

---

42 Moltmann, *Theology of Hope*, 327.
43 Moltmann, "Liberating and Anticipating the Future," in *Liberating Eschatology: Essays in Honor of Letty M. Russell*, ed. Margaret A. Farley and Serene Jones, (Louisville: Westminster John Knox, 1999), 189.

과정에 있지 않고, 따라서 그는 일시적인 것들의 모든 경향과 의도의 통합된 목표, 말하자면 궁극적인 목적지인 최종 목표(*finis ultimus*), 오메가 포인트(*Point Omega*)인 것"[44]이라고 말한다.

여기서, 생태-정치적 신학으로서 몰트만의 종말론에 대한 필자의 논의를 완성하기 위한 시도로, 필자는 몰트만의 종말론에 대해 제기되어야 할 몇 가지 질문과 의구심을 숙고하고자 한다. 필자가 덧붙이고자 하는 질문은 다음과 같다. 즉, 그의 종말론에서 이 현재의 세상과 역사는 어떻게 되나, 어떤 의미를 가지는 것인가? 결국 '이 세상'의 역사 안에 있는 인간과 사물은 사라질 것인가, 아니면 존속할 것인가? 하는 것이다. 몰트만이 묘사하고자 하는 것처럼, 하나님의 내주하심(*shekinah*)이 '그의' 피조물 안에서 전체적으로 그리고 전적으로 의도하는 바는 무엇인가? 그것은 피조물이 피조물의 성격을 잃어버리고 단순히 하나님의 일부가 된다는 것을 의미하나? 그렇다면, 몰트만의 영원한 시간(*Eternal Time*)은 종말론의 윤리적 함의와 관련하여 어떻게 논의될 수 있는가? 이것이 몰트만의 종말론 앞에서 필자가 가지는 주저함이고 질문이다.

몰트만에게 세계의 소멸(*annihilatio mundi*)은 그 변혁의 일부라고 볼 수 있다. 이는 하늘과 땅의 새로운 창조가 세계의 현재 상태를 전제로 하기 때문이다. 몰트만에 따르면, "새로운 피조물이 불멸하고 영원한 피조물이 되려면, 그것은 죄와 죽음의 세계에 대항하여 이루어져야 할 뿐만 아니라, 첫 번째, 즉 현세적 피조물에 대해서도

---

44 Moltmann, "Theology as Eschatology," in *The Future of Hope: Theology as Eschatology*, ed. Frederick Herzog, (New York: Herder & Herder, 1970), 13.

새로워져야 한다. 피조물의 존재 자체의 본질적인 조건이 바뀌어야 한다."[45] 바우컴(Richard Bauckham)은 이 표현이 오해되어서는 안 된다고 주장한다. 이는 재창조를 위해 세계가 반드시 소멸되어야 한다는 엄격한 의미가 아니기 때문이다.[46] 실제로, 몰트만은 세계의 소멸이라는 개념에 대해 어느 정도 의구심을 가지고 있으며, 이를 거부하는 듯한 태도를 보인다. 예를 들어, 몰트만은 "결과적으로, 세상의 종말조차도 완전한 소멸과 새로운 창조일 수는 없다. 그것은 덧없음에서 영원으로의 변화일 뿐이다."[47]라고 말한다. 바우컴에 따르면, 요점은 오히려 바로 이것이다. 즉, "원칙적으로 이 삶과 이 세상에서 영생과 신(新)세계로의 필수적인 연속성이 있는 것은 아니다." 이 현재의 창조는 그 자체로 일시적이며, 그 자체로는 아무것도 아니다. 인간의 삶은 죄로 가득 차 있으며, 심판을 받아야 한다. 바우컴은 "인류 자체가 인류 역사의 종말과 지구상 대부분 생명체의 종말을 위협하는 현재의 '종말' 상황이 과연 재앙으로 끝날지 여부는 우리는 알 수 없다. 그러나 쉽게 낙관할 근거가 없다는 것이 문제"[48]라고 지적한다. 몰트만은 또한 마지막에 하나님의 새로운 피조물이 하나님의 거처가 될 때, "하나님 안에 있는 세상과 세상 안에 있는 하나님이 함께 내주하게 될 것이다. 이를 위해 범신론이 말하는 것처럼 세계가 하나님 안으로 용해될 필요도 없고, 무신론이 주장하

---

45 Moltmann, *The Coming of God*, 272.
46 Richard Bauckham, "Eschatology in THE COMING OF GOD," in *God Will Be All In All*, ed. Richard Bauckham, (Minneapolis: Fortress, 2001), 8.
47 Moltmann, *The Coming of God*, 271.
48 Bauckham, "Eschatology in *THE COMING OF GOD*," 8.

는 것처럼 하나님이 세상에 녹아들 필요도 없다. 하나님은 하나님으로 남아 있고, 세상은 피조물로 남아 있다. 그들의 상호 내주를 통해, 그들은 섞이지 않고 또한 나뉘어지지 않은 채로 남아 있는데, 왜냐하면 하나님이 하나님과 같은 방식으로 피조물 세계 안에 살아 계시고, 세상은 세상과 같은 방식으로 하나님 안에 살아 있기 때문이다."[49]

한편, 몰트만의 견해와 대조적으로, 라틴 아메리카의 개신교 해방신학자 알베스(Rubem A. Alves)는 그의 저서 『인간의 희망에 대한 신학』(A Theology of Human Hope, 1969)에서, 몰트만의 신학이 현상 유지에 대한 비판과 희망의 자극제로서 매우 유용하지만, 결코 역사를 형성하는 사회정치적 힘들에 완전히 기초하고 있지는 않다고 주장했다.[50] 알베스는 몰트만의 역사적 움직임 패턴이 "본질적으로 이상적(platonic)"이라고 단언하는데, 그 이유는 "(몰트만의) 하나님이 아리스토텔레스의 개념처럼 역사를 미래로 이끌지만 역사에 관여하지 않는 제일원동자(primum movens)이기 때문"[51]이다. 이와

---

49 Moltmann, *The Coming of God*, 307.

50 콕스(Harvey Cox)는 알베스(Alves)의 *A Theology of Human Hope*에 서문을 쓰면서 다음과 같이 몰트만과 알베스를 비교한다. 알베스가 몰트만에게 크게 영향을 받고 있고, 소위 희망의 신학 운동에도 영향받고 있는 것은 분명하다. 그는 하나님을 열린 미래로부터 인간을 향해 도달하는 힘으로 보며, 역사 속에서 새로운 내일을 가능하게 하는 힘으로 보고 있다. 그러나 알베스에게 있어 하나님의 이름은 어떤 초역사적 실체를 가리키는 암호가 아니다. 그것은 삶을 인간적인 것으로 만들고 또한 그렇게 유지하는 데 요구되는 것에 대해 말하는 믿음의 방식이다. 희망은 역사적 경험, 특히 그런 일이 일어날 수 있다는 증거가 없는 곳에서 일어나는 해방의 경험에서 비롯된다. Rubem A. Alves, *A Theology of Human Hope* (New York: Corpus, 1969), x.

51 Alves, *A Theology of Human Hope*, 59.

관련하여 필자는 알베스의 다음 말에 동의한다. 즉, "희망은 완전한 사회에 대한 비역사적 관념에서 오지 않는다. 그것은 오히려 현재의 부정적이고 비인간적인 것을 부정함으로써 나타나는 긍정적인 형태일 뿐이다."[52] 알베스는 이렇게 쓰고 있다.

> 몰트만의 입장은 초기 바르트의 초월성 관념을 90도 회전시킨 것으로 내게 설득력 있게 제시한다. '시간과 영원 사이의 무한한 질적 차이'('infinite qualitative difference between time and eternity')는 우리를 하나님의 미래로부터 분리시키는 무(無)로부터(ex nihilo)의 간극을 의미하며, 항상 파악하기 어렵고, 항상 앞에 있으며, 결코 현존하지 않고, 결코 역사가 아니며, 항상 행동이고, 결코 존재가 아닌, 오직 말씀의 선포 안에서만 파악된다.[53]

따라서 알베스에 따르면, 몰트만은 희망을 순전히 초월적인 것으로, 그 성격상 어떤 특정한 역사적 상황에도 전혀 무관한 것으로 만든다. 그러나 알베스에게 있어서 하나님은 역사적 현재에 현존하시고, 진정한 미래를 위한 길을 열어 주시며, 하지만 그러한 미래를 만들기 위한 투쟁 속에서만 파악된다.

마찬가지로, 몰트만의 생태신학에 관한 글에서, 캅(Cobb)은 그 자신의 과정신학적 관점에 기초하여 몰트만의 종말론을 비판한다. 이 글의 서두에서 캅은 창조의 생태학적 교리에 관한 문제에 대해 몰트만과 과정신학 사이에는 광범위한 합의와 차이가 모두 있다고 주장

---

52 *Ibid.*, 15.
53 *Ibid.*, 61.

한다. 특히, 몰트만이 가난한 사람들, 억압받는 사람들, 착취당하는 사람들에 대한 기독교적 관심을 불러일으키는 방식으로 기독교적 희망을 공식화하기 위해 다른 누구보다도 더 많은 기여를 했다는 의견에 캅은 동의한다.[54]

그럼에도 불구하고, 캅은 왜 그가 몰트만의 종말론을 반대하는지에 대한 이유를 계속 설명한다. 캅이 다시 정리한 바에 따르면, 몰트만은 하나님과 세상의 관계를 다음과 같이 세 단계 또는 기간으로 구별한다. 첫째는 세상이 창조되기 전의 단계로, 세상을 무(無)에서 존재로 부르시는 것에서 절정에 달한다. 둘째는 우리가 살아가는 단계로, 우리의 경험적 지식은 이 단계에 국한된다. 마지막으로는 우리가 희망 안에서 기대하는 완성의 단계이다.[55] 이 시점에서 캅은 몰트만과 과정신학 사이의 밀접한 연관성이 몰트만이 두 번째 단계에 대해 말한 것에 있다고 지적하며, 이를 유효한 논리로 제시한다. 캅에 따르면, 과정신학자들은 첫 번째 단계나 세 번째 단계가 현재의 단계와 근본적으로 다르기 때문에 이 두 단계에 대해 알 수 없다고

---

54 사실, 특징적으로 판넨베르크의 방법과는 다른 방식으로, 몰트만은 신학의 기초들에 관한 문제를 제기한다. 사우터(Gerald Sauter)가 지적하듯이, 그의 글의 부제, *Theology of Hope, On the Ground and the Consequences of a Christian Eschatology*가 의미하듯이, 몰트만은 그것을 종말론의 윤리적 결과를 지적하고 이러한 결과들로부터 희망을 위한 근본적인 이유들을 추론해야 하는 도전에 연결한다. 사우터의 말에 따르면, 그렇게 함으로써 몰트만은 이러한 도전들이 신학을 재고하도록 하는 자극 그 이상이라는 점을 시사하면서 단지 시간(the time)의 도전들에 들어가기만을 원하는 것은 아니다. 오히려, 그에게 신학은 그러한 도전들에 대한 해답이어야 하고 (희망 가득하게 생산적인 해답이어야) 한다. Cf. Gerald Sauter, *What Dare We Hope? - Reconsidering Eschatology* (Harrisburg: Trinity Press International, 1999), 133.

55 John B. Cobb, Jr., "Jürgen Moltmann's Ecological Theology in Process Perspective," *Asbury Theological Journal* 55/1 (Spr. 2000): 116.

주장한다.[56] 그러므로 캅의 관점에서 볼 때, 몰트만의 문제는 미래에 대한 희망이 오히려 시간적 미래가 형이상학적으로 변형된 성격을 가질 것이라는 확신이다. 따라서 캅은 다음과 같은 말로 이의를 제기한다.

> 몰트만의 더 깊이 있는 설명에 따르면, 충분히 시간이 흐른 후에 피조물들은 여전히 피조물들로 남아있음에도 불멸의 존재들이 될 것처럼 보인다. 시간의 본질 자체가 변화하는 것이다. 그가 희망하는 상황은 우리가 현재 알고 있는 것과는 형이상학적으로 다른 상황이다.[57]

켈러(Catherine Keller)는 몰트만의 『오시는 하나님』(The Coming of God)에 대한 그녀의 서평에서[58] 몰트만에게 일련의 비판적인 질문들을 제기한 바 있다. 예를 들어, 켈러는 몰트만의 새로운 창조가 신비적 물질로 만들어진다고 지적한다. 말하자면 그것은 비시간적이고, 비역사적이며, 비확장적이고, 그리고 죽음이 없다. 또한 켈러는 다음과 같은 질문들을 제기한다. "『오시는 하나님』은 시간을 끝내기보다 오히려 그것을 완성한다는 주장에도 불구하고 실제로 시간을 영원에 희생시키고 있지 않는가?" 그리고 "만약 그렇다면, 그러한 시간의 희생이 성경적으로 정당화되는가?" 마지막으로 켈러는 이렇게 묻는다. "종말론적 시작, 희망, 열림이라는 이름으로 왜 역사

---

56 Cobb, "Jürgen Moltmann's Ecological Theology in Process Perspective," 116.
57 Ibid., 121.
58 Keller, "The Last Laugh," *Theology Today* 54 (Oct. 1997): 381-391.

를 추상적이고 죽음 없는 영원성으로 닫아버려야 하나? 왜 우리의 피조물로서의 자리를 나타내는 무한한 가능성을 지닌 유한한 시간성을 드러내지 않는가? 왜 시간과 공간의 무한한 복합성을 열어 두지 않고 이미 그것들을 충분히 이해했다고 가정하며 뒤로 하고 떠나려 하는가?"[59]

결론적으로, 시간적으로 전개되지 않는 자연 세계, 즉 "출생과 필멸성"을 통해 전개되는 자연 세계를 상상하는 것이 불가능한 켈러에게는 몰트만의 『오시는 하나님』은 필연적으로 "위에서 내려오는 초자연적인 새 예루살렘으로, 즉 저자 자신의 하나님의 고난에 대한 기독론과 지상 생활에 대한 성령론에도 불구하고, 죽음을 생명으로, 바실레이아(basileia)를 최후의 영광으로, 시간을 영원으로 대체하듯이 이 세상을 변화시키기만 하는 것이 아니라 이 세상을 다음 세상으로 대체해 버린다."[60]

사실, 필자가 몰트만의 우주론적 비전에서 발견한 문제는 몰트만이 역사 속에서의 하나님의 창조 사역의 여러 단계를 구별하였는데, 그의 사상은 헤겔의 변증법적 사고 체계에 크게 영향 받았다는 것이다. 예를 들어, 유대교에서 유래한 찜춤(zimzum) 개념애 대한 몰트만의 논의, 그리고 원초적 창조(creatio originalis), 지속적 창조(creatio continua), 새로운 창조(creatio nova)에 대한 그의 사고에서 바로 이 점이 확인된다. 몰트만은 후자(오고 있는 단계)가 전자(현재)보다 우월하다(또는 더 완벽하다)고 말하면서 오고 있는 단계를 가

---

59 Ibid., 390.
60 Ibid.

지고 현재 단계를 부정하려고 하는 것처럼 보인다. 필자의 생각으로는, 몰트만의 비전 안에서, 피조물성 그 자체를 완전히 긍정하는 것은 불가능할 것으로 보인다. 예를 들어, 찜춤(zinzum) 교리가 몰트만으로 하여금 범신론적 사고를 피할 수 있게 해준다는 것을 우리가 이해하더라도, 만약 그것이 찜춤 교리에서 설명되는 것처럼 하나님의 버리심과 내적 철회를 전제로 한다면, 어떻게 하나님의 창조 행위가 본질적으로 선하다고 말할 수 있겠는가? 하나님의 창조 행위가 어떻게 본질적으로 선하다고 말할 수 있겠는가? 같은 맥락에서, 필자는 몰트만에게 있어서 창조는 항상 '구원을 위한' 것이지, 결코 그 자체를 위한 것이 아니라는 사실을 지적한 월시(Brian J. Walsh)의 말에 동의한다. 월시가 말한 것처럼, 몰트만에게 창조는 주로 다가올 왕국에 대한 약속으로 여겨진다. 그러나 몰트만은 "약속은 그것의 성취 안에서 포착되고 흡수된다. 말하자면, 약속된 것이 성취될 때, 그 약속은 폐기된다."[61]고 덧붙인다. 그러나 월시가 주장하듯이, 새로운 창조(creatio nova)가 최종적으로 실현될 때, 적어도 몰트만이 말하고 있는 것으로 보이는 것처럼, 그 약속(creatio originalis and creatio continua, 즉 이 세계의 역사)이 폐기된다면, 이것이 어떻게 창조를 긍정할 수 있는 신학이 될 수 있는지 생각하기 어렵다.[62]

마찬가지로, 불행하게도, 종말(eschaton)이 근본적으로 새롭고 현재의 모든 형태의 현재의 삶과 다르다는 몰트만의 주장은 종말이 가

---

61 Moltmann, *God in Creation*, 63.

62 Brian J. Walsh, "The Theology of Hope and the Doctrine of Creation: An Appraisal of Jürgen Moltmann," *Evangelical Quarterly* 59 (Jan. 1987): 75-76.

지는, 즉 피조세계를 무효화시키는 측면, 다시 말하면 기존의 모든 사회-정치적 제도와 관행에 대해 부정적이고 비판적인 입장을 불러일으키는 측면을 의미할 수 있다. 종말은 현존하는 모든 질서들을 상대화시킨다는 점에서 현재 상태, 즉 세상 역사와 모순된다. 희망의 신학(Theology of Hope)에서 미래와 현재 사이의 주요 관계는 모순의 관계이다. 희망은 현재의 경험을 뒤에 남겨진 것으로서 즉 "신에 의해 버림받은 일시적인/찰나적인 현실"로 드러낸다. 이것이 바로 그리스도인들이 세상과 갈등 관계에 놓이게 되는 이유이다. 이러한 맥락에서 몰트만은 종말이 현재하는 실재의 본질을 조명하고 제시한다는 판넨베르크의 주장을 일축한다. 왜냐하면 종말론적 약속이 실제로는 "현존하는 실재와 모순되고, 인류와 세계를 위한 그리스도의 미래에 관한 그 자체의 과정을 드러내기" 때문이다. 따라서 예를 들어 라틴 아메리카의 일부 해방 신학자들에게는, 그리스도를 본받는 몰트만의 윤리는 어떤 특정한 도덕적 지침을 제시하지 못할 뿐만 아니라 명확한 종말론적 근거도 결여되어 있다. 가히 냉소적으로 말하자면, 희망의 신학은 그 입장에 대한 증거가 궁극적으로 미래에 있기 때문에 역사적 검증에 대해 상대적으로 안전하다. 모든 종류의 입증할 수 없는 신학적 주장을 할 수 있으며, 왜냐하면 모든 것이 미래의 우연성과 수정가능성에 열려 있기 때문이다.

이러한 맥락에서, 우리는 슈어만(Douglas J. Schuurman)의 말에 다시 귀 기울일 필요가 있다. 즉, 슈어만은 몰트만의 종말론 개념과 현재의 도덕적 행동과의 관계를 분석하고 평가하면서 이렇게 주장한다. "몰트만의 종말론과 윤리에 대해 내가 반대하는 주된 논점은, 종말론에 대한 그의 비전이 피조세계의 부당한 소멸을 포함하고, 피조세계의 삶을 긍정하는 평가 및 도덕적 지침과 관련하여 부적절한 윤리를 초래한다는 것이다."[63] 종말론적 지향으로 일관된 역사의 비전 안에서, 인간과 자연(피조세계)의 상호 관계는 지금 그리고 여기에서 무엇을 의미할 수 있는가? 이미 예견된 것으로서의 세상에 대한 비전은 인간의 자유와 책임을 무의미한 것으로 축소시키지 않는가? 기독교적 실존은 종말론적 시간을 기다리는 것이 맞다. 그러나 계속되는 창조에 대한 인간 존재들 편에서의 협력적 참여가 없이, 과연 시간은 세상을 변혁시키는 진정한 종말(*eschaton*)이 될 수 있겠는가?

4. 결론: 인간·역사·자연에 대한 긍정으로서의 종말

요약하면, 다음과 같이 말할 수 있겠다. 몰트만의 신학, 특히 그 신학에서 드러나는 종말론적 설명은 궁극적으로 다음과 같은 질문들을 초래한다. 즉, "세상과 역사, 또는 인간과 사물은 최종적으로 상실되고 없어지는 것인가?", 혹은 "이 세상의 시간과 역사는 마지막 일들에 대한 비전들이 의미하는 그 종말(*eschaton*)에서도 여전히 계속될 것인가?" 몰트만의 관점에서 볼 때, 기독교의 희망은 오직 그리스도의 부활에 그 기초를 둔 것으로서, 즉 모든 것들의 단 하나의

---

63 Schuurman, "Creation, Eschaton, And Ethics," 43.

최종적인 성취에 있다. 말하자면 그것은 시간 속에서의 미래가 형이상학적으로 변형된 성격을 가질 것이라는 확신이다. 그리고 근본적으로 새롭고 모든 형태의 현재의 삶과는 본질적으로 다른, 말하자면 현재의 시간, 이 세상의 역사와 충돌하는 그 종말은 이 피조 세계의 소멸, 영원을 위해 희생된 시간을 암시할 수 있다. 달리 말하면, 몰트만의 종말론적 비전에서는 세상의 시간적 측면과 관계적 측면이 사라지게 될 것이다.

그러므로 세상에 대한 하나님의 관계성의 충만은, 몰트만이 말하듯이 하나님의 과거, 현재, 미래가 이미 결정되어 있는 방식으로, 말하자면 일방적으로 하나님 편으로만 제한되어서는 안 된다. 적어도, 몰트만의 종말론적 관점인 기원적 창조(*creatio originalis*), 계속되는 창조(*creation continua*), 그리고 새로운 창조(*creatio nova*)의 비전에 따르면, 과거와 현재의 창조의 측면들을 종말에 종속시키려는 것처럼 보이며, 이런 구도에서는 피조세계 또는 세상 자체를 긍정하는 것, 즉 각각의 역사적 사건의 가치와 의미에 대해 이야기하는 것은 매우 어려운 것처럼 보일 수 있다.

오히려 하나님의 현재와 미래의 경험은 우리 인간과 모든 생명체들이 하는 행동, 그리고 앞으로 할 행동들에 의해 영향을 받아야 한다. 즉, 세상이 겪게 될 모든 가능한 경험들에 의해 영향을 받아야 한다는 것이다. 또한 하나님이 세상과 맺는 관계성의 충만함 속에서, 하나님과 자연과 인류간의 진정한 관계는 모든 개별 존재들이 사랑과 평화 안에서 공유하는 자유의 정도를 기반으로 세워질 수 있어야 한다.

지금 필요한 것은 하나님의 창조물인 '이 세상'에 대한 끝없는 지배와 파괴를 추진하는 산업적, 기술적 정신에 맞서도록 촉구하는 강력한 신학적, 윤리적 도전이다. 그러므로 오늘의 신학은 다음과 같은 유신론을 생각할 필요가 있다. 즉, 과거로부터 물려받은 생물학적, 사회적 구조에 의해 부과된 인간의 나약함과 제약을 인정하면서도, 하나님의 목적을 증진시키기 위해 창조적으로 일해야 할 우리의 책임을 강력하게 지지할 수 있는 신학이 바로 그것이다. 이안 바버(Ian Barbour)가 주장하듯이 시간과 역사, 그리고 자연은 긍정되어야 한다. 즉, "우리는 미완성의 우주와 하나님의 계속되는 사역에 참여하는 존재이다. 하나님은 우리를 자유와 정의와 사랑으로 부르신다. 시간과 역사, 자연이 긍정되어야 하는 이유는, 바로 여기에서 하나님의 목적들이 미래를 향해 진전될 수 있기 때문이다."[64]

---

64 Ian Barbour, *When Science Meets Religion* (New York: Harper Collins, 2000), 178.

참고문헌

[도서]

Alves, Rubem A. *A Theology of Human Hope*. Washington: Corpus, 1969.

Barbour, Ian G. *When Science Meets Religion: Enemies, Strangers, Or Partners*? New York: HarperCollins, 2000.

Bauckham, Richard. ed. *God will be all in all: the Eschatology of Jürgen Moltmann*. Edinburgh: T&T Clark, 1999.

Herzog, Frederick. *The Future of Hope: Theology as Eschatology*. New York: Herder & Herder, 1970.

Moltmann, Jürgen. *God in Creation*. Minneapolis: Fortress, 1993.

_____. *The Coming of God: Christian Eschatology*. Minneapolis: Fortress, 1996.

_____. *The Future of Creation*. Philadelphia: Fortress, 1979.

_____. *Theology of Hope: On the Ground and the Implications of a Christian Eschatology*. Minneapolis: Fortress, 1993.

_____. *The Trinity and the Kingdom of God - the Doctrine of God*. London: SCM, 1981.

Sauter, Gerald. *What Dare We Hope? - Reconsidering Eschatology*. Harrisburg: Trinity Press International, 1999.

Schwarz, Hans. *Eschatology*. Grand Rapids: Wm. B. Eerdmans, 2000.

Volf, Miroslav. ed. *A Passion for God's Reign - Jürgen Moltmann*. Grand Rapids: Wm. B. Eerdmans, 1998.

[논문]

Barnett, William R. "The Contemporary Resource of Liberal Theology." *The Christian Century* 96 (Mar. 1979): 306-311.

Bauckham, Richard. "Moltmann's Theology of Hope Revisited." *Scottish Journal of Theology* 42/2 (1989): 199-214.

_____. "Time and Eternity." In *God Will Be All In All*, ed., Richard Bauckham, 155-226. Minneapolis: Fortress, 1999.

Cobb, John B. Jr. "Jürgen Moltmann's Ecological Theology in Process Perspective." *Asbury Theological Journal* 55/1 (Spring 2000): 115-128.

Keller, Catherine. "The Last Laugh: A Counter-Apocalyptic Meditation on Moltmann's Coming of God." *Theology Today* 54 (Oct. 1997): 381-391.

Moltmann, Jürgen. "Theology as Eschatology." In *The Future of Hope: Theology as Eschatology*, ed. Frederick Herzog, 1-50. New York: Herder & Herder, 1970.

_____. "Liberating and Anticipating the Future." In *Liberating Eschatology: Essays in Honor of Letty M. Russell*, ed. Margaret A. Farley and Serene Jones, 189-208. Louisville: Westminster John Knox, 1999.

Olson, Roger. "Trinity and Eschatology: The Historical Being of God in Jürgen Moltmann and Wolfhart Pannenberg." *Scottish Journal of Theology* 36/2 (1983): 213-227.

Schuurman, Douglas J. "Creation, eschaton, and ethics: an analysis of theology and ethics in Jürgen Moltmann." *Calvin Theological Journal* 22 (Apr. 1987): 42-67.

Schwöbel, Christoph. "Last Things First?" In *The Future as God's Gift: Explorations in Christian Theology*, ed. David Fergusson and Marcel Sarot, 217-241. Edinburgh: T & T Clark, 2000.

Volf, Miroslav. "After Moltmann: Reflections on the Future of Eschatology." In *God Will Be All In All*, ed. Richard Bauckham, 233-258. Minneapolis: Fortress, 1999.

Walsh, Brian J. "Theology of Hope and the Doctrine of Creation: An Appraisal of Jürgen Moltmann." *Evangelical Quarterly* 59 (Jan. 1987): 53-76.